KB232302

한 권으로 끝내는
재테크 용어 사전

한 권으로 끝내는
재테크 용어 사전

주식·부동산·금융·코인까지

주정엽 지음

리프레시

투자의 세계로 들어가는 당신을 위한 '통역서'

"외국에 떨어졌는데 말 한마디 못 하는 느낌, 받아보신 적 있나요?"

재테크를 처음 시작하는 분들을 만날 때마다 저는 이 질문을 떠올립니다. 남들은 주식으로 돈을 벌었다며 떠들썩한데, 정작 나는 뉴스에 나오는 '금리 인상'이나 'PER' 같은 단어가 낯설어 소외감을 느낍니다. 마치 자본주의라는 낯선 나라에 홀로 떨어진 이방인이 된 듯한 기분. 그 막막함과 두려움이 바로 여러분이 투자를 시작하지 못하거나, 시작하자마자 실패하는 가장 큰 이유입니다.

투자는 결국 '언어'입니다.

영어를 배울 때 단어부터 익히듯, 부의 세계로 들어가려면 그들의 언어인 '용어'부터 익혀야 합니다. 워런 버핏 같은 대가들이 성공한 이유도 남들은 읽지 못하는 흐름을 해석할 '언어 능력'을 갖췄기 때문입니다. 하지만 서점의 두꺼운 용어 사전들은 지루하고 실전에 약합니다. 그래서 저는 이 책을 단순한 사전이 아닌, 투자의 여정을 따라가는 '실전 가이드북'으로 집필했습니다.

이 책은 여러분에게 세 가지를 약속합니다.

첫째, '뜻'이 아니라 '맥락'을 알려드립니다. 'PER'의 사전적 정의보다 중요한 건 "그래서 언제 사야 하는가?"라는 판단 기준입니다. 용어가 실전에서 어떻게 쓰이고, 투자자인 당신에게 어떤 행동을 요구하는지를 알려드립니다.

둘째, 투자 여정에 맞춘 '로드맵'을 제공합니다. 무작정 나열하지 않았습니다. 계좌 개설에 필요한 '예수금'부터 종목 선정을 위한 'PER', 위기 대응을 위한 '금리 역전'까지, 책장을 넘기는 순서가 곧 초보에서 고수로 성장하는 과정이 되도록 구성했습니다.

셋째, 난이도별 '맞춤 전략'을 드립니다. 모든 용어를 다 알 필요는 없습니다. 당장 알면 좋을 [기초 용어 ★], 수익과 관련된 [필수 용어 ★★], 깊이를 더하는 [심화 용어 ★★★]로 명확히 구분했습니다. 현재 내 레벨에 맞는 무기부터 챙기십시오.

용어를 안다는 것은 무기를 갖는 것과 같습니다. '대항력'과 '우선변제권'을 알아야 전세 사기 공포를 피하고, '공매도'와 '경기사이클'을 이해해야 하락장에서도 기회를 봅니다. 이 책이 여러분의 투박한 첫걸음을 단단한 확신으로 바꿔줄 '친절한 통역서'가 되기를 바랍니다.

자, 이제 자본주의라는 낯설지만 매력적인 나라로 함께 들어가 보시죠.

작가 주정엽 드림

[목차]

PART IV. 블록체인·코인: 디지털 자산의 미래

PART Ⅰ

주식 (Stock)

[주린이에서 슈퍼개미로 레벨업]

투자의 언어를 익히면, 비로소 숫자가 '돈'으로 보입니다

주식 시장은 '주린이'에게 결코 친절하지 않습니다. 준비 없이 뛰어들었다간 수업료라는 명목으로 소중한 자산을 잃기 십상입니다.

초보는 "무엇을 사야 해?"라고 묻지만, 고수는 "왜 사야 해?"라고 묻습니다. 이 차이는 바로 '용어'에서 나옵니다. 용어를 모르면 투자가 도박처럼 보이지만, 용어를 알면 기업의 가치와 돈의 흐름이 보이기 시작합니다.

PART Ⅰ [주식: 주린이에서 슈퍼개미로 레벨업]은 여러분이 시장에서 살아남아 스스로 수익을 내는 투자자로 성장하도록 5단계 로드맵을 제시합니다.

Chapter 1은 '생존'입니다. HTS/MTS의 낯선 용어에 당황하지 않도록 기초 시스템 용어를 다집니다.

Chapter 2는 '가치'입니다. PER, ROE 등 재무 지표를 통해 팩트에 기반한 눈을 키웁니다.

Chapter 3은 '타이밍'입니다. 차트와 기술적 분석으로 매매 시점을 잡는 법을 익힙니다.

Chapter 4는 '확장'입니다. 미국 주식과 ETF 등 더 넓은 기회의 땅으로 안내합니다.

Chapter 5는 '전략'입니다. 리스크 관리와 분산투자로 내 돈을 지키는 마인드셋을 완성합니다.

주식은 불로소득이 아닌, 자본이 일하게 만드는 '시스템 소득'입니다. 이 시스템의 작동법인 용어를 익히는 것이 경제적 자유로 가는 첫걸음입니다.

Chapter 1

내 돈이 오가는 시스템의 기초

(HTS/MTS를 켰을 때, 이 용어들을 알면 당황하지 않는다)

주식 (Stock) / 티커 (Ticker) [기초 용어 ★]

"기업의 조각을 소유하는 권리증과 고유한 이름표"

주식은 회사의 소유권(자본금)을 잘게 쪼갠 증서입니다. 주식을 한 주라도 샀다면, 당신은 그 회사의 '주주(주인)'가 되어 이익을 배당받을 권리를 가집니다. 티커(Ticker)는 주식 시장에서 특정 기업을 헷갈리지 않고 찾기 위해 붙인 '고유한 식별 코드'입니다. 한국은 주로 6자리 숫자(예: 005930), 미국은 알파벳 약어(예: AAPL)를 씁니다. 이름이 비슷한 회사가 많으므로 회사명보다 티커(코드)를 확인해야 엉뚱한 주식을 사는 실수를 피할 수 있습니다. 특히 이름 뒤에 '우'가 붙은 우선주는 티커가 다르니 주의해야 합니다.

- **예시 (삼성전자를 사고 싶다면?)**

이름만 보지 말고 '005930'이 맞는지 확인해야 보통주(의결권 있음)를 정확히 살 수 있습니다.

예수금 (Deposit) [기초 용어 ★]

"주식 계좌에 들어있는 현금, 투자를 위한 총알"

예수금은 주식 거래를 위해 증권 계좌에 입금해 둔 현금을 말합니다. 아직 주식을 사지 않은 '대기 자금'으로, 언제든지 출금하거나 주식을 사는 데 쓸 수 있습니다. 다만, 주식을 매도한 직후에는 장부상에만 돈이 들어온 것으로 찍히고, 실제 현금인 예수금으로 들어오기까지는 이틀(D+2일)이 걸립니다. 따라서 주식을 판 돈을 바로 출금하려고 할 때 "출금 가능 금액이 부족합니다"라고 떠도 당황하지 말고 결제일을 기다려야 합니다.

- 예시

100만원을 계좌에 넣고 30만원어치 주식을 샀다면? 내 예수금은 70만원이 남습니다.

증거금 / 미수금 [기초 용어 ★]

"주식을 외상으로 살 때 필요한 보증금과 갚아야 할 빚"

주식을 살 때는 현금 100%가 없어도 '증거금(보증금)'만 있으면 매수가 가능합니다. 예를 들어 증거금률이 40%인 주식은 40만원만 있어도 100만원어치를 주문할 수 있습니다. 이때 모자란 60만원이 바로 '미수금(외상값)'이 됩니다. 미수금은 이틀 뒤(D+2, 결제일)까지 반드시 계좌에 채워 넣어야 하며, 만약 갚지 못하면 증권사가 다음 날 아침 내 주식을 강제로 하한가에 팔아버리는 '반대매매'를 당하게 됩니다. 초보자는 실수로 빚을 내지 않도록 계좌 설정을 '증거금률 100%'로 해두는 것이 안전합니다.

- 예시

현금 100만원으로 증거금률 40%인 주식 250만원어치를 덜컥 샀다면? D+2일까지 나머지 150만원을 급히 입금해야 하는 비상사태가 벌어집니다.

매수 / 매도 [기초 용어 ★]

"주식을 사는 것과 파는 것, 투자의 시작과 끝"

'매수'는 주식을 사는 것, '매도'는 가지고 있던 주식을 파는 것을 뜻합니다. 주식 시장에서는 붉은색(양봉)이 상승을 의미하므로 보통 매수 버튼은 빨간색, 매도 버튼은 파란색으로 표시됩니다. 아주 기초적인 용어지만, 급변하는 시장 상황에서 긴장한 나머지 매수와 매도 버튼을 반대로 누르는 '주문 실수'가 종종 발생합니다. 주문을 전송하기 전 마지막 팝업창에서 '산다/판다'의 구분을 확실히 확인하는 습관이 필요합니다.

- 예시

 "삼성전자 매수 주문"은 삼성전자 주식을 사겠다는 뜻이고, "매도 주문"은 팔아서 현금화하겠다는 뜻입니다.

체결 / 미체결 [기초 용어 ★]

"주문이 성사되었는가, 아직 줄을 서 있는가?"

주식 주문을 넣었다고 해서 무조건 내 것이 되는 것은 아닙니다.

체결: 내가 부른 가격과 맞아서 **거래가 완료된 상태.**

미체결: 내가 부른 가격이 현재가와 맞지 않아 **대기 중인 상태.**

- 예시 (미체결 확인 필수)

 현재가가 10,000원인데 9,000원에 사겠다고 주문을 넣으면? → 주가가 9,000원까지 내려오지 않는 한 '**미체결**' 상태로 남아 있습니다. 마음이 바뀌어 취소하고 싶다면 반드시 '**미체결 내역**' 탭에 가서 취소 주문을 해야 합니다.

호가 / 호가창 [기초 용어 ★]

"사고파는 가격들이 줄 서 있는 전광판"

'호가'는 주식을 사거나 팔기 위해 사람들이 부르는 가격을 말하며, 이 가격들이 위아래로 쭉 나열된 화면을 '호가창'이라고 합니다. 호가창을 보면 현재 얼마에 팔려는 물량이 얼마나 쌓여있는지(매도 호가), 얼마에 사려는 물량이 대기 중인지(매수 호가)를 한눈에 볼 수 있습니다. 주식은 파는 사람과 사는 사람의 가격이 딱 맞아야 체결되므로, **빨리 사고 싶다면 매도 호가에, 싸게 사고 싶다면 매수 호가**에 주문을 넣어야 합니다.

- **예시**

10,000원에 팔겠다는 물량이 있고 9,900원에 사겠다는 물량이 있다면, 현재가는 그 사이에서 거래가 성사되는 가격으로 결정됩니다.

틱 (Tick) [기초 용어 ★]

"호가창이 움직이는 최소 단위, 한 계단의 높이"

호가창에서 가격이 오르내리는 **최소 단위**를 말합니다. 주식의 가격대에 따라 이 '한 틱'의 가치가 다릅니다. 예를 들어 1,000원짜리 주식은 1원 단위(1틱)로 움직이지만, 10만원짜리 주식은 100원 단위로, 50만원짜리 주식은 500원 단위로 움직입니다.

- **예시 (1틱 떼기 단타)**

- 1,000원 미만: 1원 단위로 변동. 995원 → 996원 1틱 상승.
- 1,000원 이상: 5원이상 구간별 단위변동. 10만원대는 100원씩 1틱 상승.

지정가 / 시장가 [기초 용어 ★]

"원하는 가격에 살 것인가, 지금 당장 살 것인가?"

주식을 주문할 때 가격을 설정하는 두 가지 대표적인 방식입니다.

지정가: 내가 **원하는 가격**을 딱 정해서 주문하는 것.
시장가: 가격 상관없이 **지금 당장** 가능한 가격으로 즉시 주문하는 것.

- 예시
  - 지정가: "10,000원에 사줘." (현재가가 10,100원이면 체결 안 됨)
  - 시장가: "지금 얼마든 상관없으니 당장 사줘!" (10,100원이든 10,200원이든 바로 매수체결됨. 생각보다 비싸게 살 위험이 있음)

시초가 / 종가 [기초 용어 ★]

"하루의 시작을 알리는 가격과 끝을 맺는 가격"

'시초가'는 장이 시작되는 오전 9시에 처음으로 체결된 가격이고, '종가'는 장이 마감되는 오후 3시 30분에 마지막으로 결정된 가격입니다. 특히 종가는 그날 하루 동안의 치열한 전투 결과를 요약한 가격이자, 내일의 기준이 되는 가격이라서 매우 중요합니다. 또한 차트의 **캔들(봉) 모양을 결정짓는 기준**이 되기도 합니다. 시초가보다 종가가 높으면 빨간색(양봉), 낮으면 파란색(음봉)으로 표시됩니다.

- 예시

  오늘 10,000원에 시작(시초가)해서 장중에 오르내리다가, 결국 10,500원(종가)으로 끝났다면? 시초가보다 올랐으므로 '양봉(빨간색)'으로 기록됩니다.

고가 / 저가 [기초 용어 ★]

"오늘 하루 중 가장 뜨거웠던 순간과 차가웠던 순간"

장중에 거래된 가격 중 가장 높은 가격을 **고가**, 가장 낮은 가격을 **저가**라고 합니다. 종가나 시초가와 달리, 장중에 잠시라도 터치했던 가격까지 모두 기록됩니다. 차트의 캔들(봉)에서 위아래로 삐죽 튀어나온 '**꼬리**' 부분이 바로 이 고가와 저가를 나타냅니다.

- **예시 (롤러코스터 같은 하루)**

  주가가 장중에 12,000원(고가)끼지 치솟았다가, 한때 8,000원(저가)까지 추락했으나, 결국 10,000원(종가)에 끝났다면? → 캔들의 몸통은 10,000원 위치에 있지만, 위아래로 긴 꼬리가 달린 모양이 됩니다.

상한가 / 하한가 / VI [기초 용어 ★]

"더 이상 갈 수 없는 가격의 끝, 그리고 과속 방지턱"

한국 주식 시장은 투자자 보호를 위해 하루에 오르내릴 수 있는 가격폭을 제한해 두었습니다.

상한가/하한가: 하루 최대 상승/하락 폭인 ±30%에 도달한 가격. 이 가격에 도달하면 더 이상 오르거나 내릴 수 없습니다.

VI (변동성 완화 장치): 주가가 갑자기 너무 빠르게 오르거나 내릴 때, **2분간 거래를 멈추고 열기를 식히는 냉각 장치입니다.**

- **예시 (급등주 추격)**

  갑자기 호재가 터져 주가가 미친 듯이 오르면 "VI 발동"이라며 거래가 잠시 멈춥니다. 2분 뒤 거래가 재개되고, 계속 올라 +30%가 되면 "상한가 문 닫았다"고 하며 더 이상 살 수 없게 됩니다.

보합 [기초 용어 ★]

"어제와 똑같은 가격, 폭풍 전야일까?"

주가가 어제 종가(기준가)와 비교했을 때 변동이 없는 상태(0%)를 말합니다. 차트에서는 십자가 모양(Doji)이나 가로줄 형태로 나타납니다. 넓은 의미로는 주가가 아주 조금 오르거나(강보합), 아주 조금 내린(약보합) 상태로 큰 변동 없이 횡보하는 구간을 통칭하기도 합니다.

- **예시 (지루한 흐름)**

어제 10,000원에 끝났는데, 오늘도 하루 종일 9,990원과 10,010원 사이를 오가다가 결국 10,000원으로 끝났다면? → "오늘 주가는 보합으로 마감했다"고 표현합니다.

거래량 [기초 용어 ★]

"주가의 신뢰도를 보여주는 가장 강력한 지표"

하루 동안 주식이 얼마나 사고 팔렸는지를 나타내는 수치입니다. 주가가 오르거나 내릴 때 거래량이 평소보다 많다면, 그 상승이나 하락에 '진짜 힘'이 실려 있다는 뜻입니다. 반면 거래량 없이 주가만 찔끔 오르는 것은 속임수일 가능성이 있습니다.

- **예시**

- 거래량 폭발: 어떤 주식이 상한가를 갔는데 거래량이 평소의 10배가 터졌다? → 많은 사람이 관심을 갖고 샀다는 뜻이므로 추가 상승 확률이 높습니다.

- 거래량 미미: 주가는 올랐는데 거래량이 거의 없다? → 사는 사람이 별로 없는데 호가 공백 때문에 일시적으로 오른 것일 수 있습니다.

결제일 (D+2) [기초 용어 ★]

"주식을 팔아도 현금은 이틀 뒤에 들어온다"

주식 시장의 가장 큰 특징 중 하나는 '3일 결제 시스템'입니다. 오늘 (D-day) 주식을 팔아서 내 계좌에 돈이 찍혔어도, 그건 장부상의 숫자일 뿐입니다. 진짜 현금은 영업일 기준 이틀 뒤(D+2)에 들어옵니다. 따라서 급하게 돈을 써야 한다면 최소 이틀 전에는 주식을 팔아야 합니다.

- **예시 (금요일에 팔면 언제 돈이 나올까?)**
- 금요일(D): 주식 매도. (돈 못 찾음)
- 월요일(D+1): 하루 지남. (주말은 영업일 아님)
- 화요일(D+2): 드디어 현금 출금 가능!

시간외 거래 (장전 / 장후 시장) [기초 용어 ★]

"9시 전과 3시 30분 후에도 주식은 움직인다"

정규 주식 시장(09:00 ~ 15:30) 앞뒤로 주식을 거래할 수 있는 시장입니다. 출근 전이나 퇴근 후에, 혹은 장 마감 후 터진 뉴스에 대응하기 위해 이용합니다.

장전 시간외: 08:30 ~ 08:40 (전날 종가로 거래)

장후 시간외: 15:40 ~ 16:00 (당일 종가로 거래)

시간외 단일가: 16:00 ~ 18:00 (10분 단위로 체결, 당일 종가 ±10% 내에서 가격 변동)

- **예시 (오후 5시에 대형 호재가 터졌다면?)**

정규장은 이미 끝났지만, '시간외 단일가' 시장에서 거래할 수 있습니다. 보통 이런 경우 시간외 가격이 상한가까지 치솟곤 합니다.

상장 / 상장폐지 [기초 용어 ★]

"주식 시장 입학과 퇴학, 종이조각이 되느냐 마느냐"

상장: 기업이 주식 시장(코스피/코스닥)에 정식으로 등록되어, 누구나 주식을 사고팔 수 있게 되는 것. (기업 공개, IPO라고도 함)

상장폐지: 기업이 망하거나 회계 부정을 저지르는 등 자격 미달로 시장에서 쫓겨나는 것. 상장폐지가 되면 주식은 휴지 조각이 될 위험이 큽니다.

• **핵심 포인트**

정리매매: 상장폐지가 확정되면 마지막으로 7일간 주식을 팔 기회(정리매매)를 주지만, 이때 가격은 평소의 1/10, 1/100 토막이 나곤 합니다.

관리종목 지정: 상장폐지 전에 거래소는 '관리종목'이라는 빨간 딱지를 붙여 경고를 줍니다. 초보자는 관리종목 근처에는 얼씬도 하지 말아야 합니다.

• **예시 (학교 생활)**
  - 상장: 입학 시험을 통과해서 정식 학생이 됨.
  - 상장폐지: 교칙을 심각하게 위반해서 퇴학당함.

관리종목 / 거래정지 [기초 용어 ★]

"상장폐지(퇴학) 당하기 전의 마지막 경고장"

관리종목: 영업 실적이 엉망이거나 회계 장부를 제대로 제출하지 않는 등 문제가 생겨 "이 회사 위험하니 조심하세요"라고 거래소가 지정한 종목입니다. 여기서 더 나빠지면 상장폐지가 됩니다.

거래정지: 횡령, 배임 등 대형 사고가 터지거나 상장폐지 심사를 받을 때,

투자자 보호를 위해 **매매를 아예 못 하게 막아두는 것**입니다. 내 돈이 묶여버리는 끔찍한 상황입니다.

- **예시 (증권 앱의 빨간 딱지)**

종목 이름 앞에 '관'이라는 빨간 글씨가 붙어 있다면? → "관리종목"입니다. 초보자라면 매수하지 말고, 가지고 있다면 매도를 심각하게 고민해야 합니다.

투자주의 / 경고 / 위험 종목 [기초 용어 ★]

"과속 단속 카메라에 찍힌 급등주들"

주가가 단기간에 비정상적으로 폭등하거나 투기적인 움직임이 보일 때, 한국거래소가 투자자들에게 "진정하세요"라고 지정하는 3단계 경보 시스템입니다. 단계가 올라갈수록 페널티가 세집니다.

투자주의: "어? 좀 이상한데? 조심해." (가장 낮은 단계, 딱지 붙음)
투자경고: "너무 과열됐어. 신용 거래 금지시킨다." (증거금 100% 적용)
투자위험: "이건 도박판이야. 하루 동안 거래 정지시킬 거야." (가장 높은 단계, 거래 중단 조치)

- **예시 (불나방 경계령)**

이름 앞에 **'경'** 또는 **'위'** 딱지가 붙은 주식은 이미 바닥 대비 몇 배씩 오른 상태입니다. 더 오를 수도 있지만, 폭탄 돌리기의 끝물일 확률이 높으므로 초보자는 쳐다보지 않는 게 좋습니다.

Chapter 2

재무제표를 읽을 줄 알아야 '가치 있는 기업'이 보인다

(묻지마 투자를 멈추고 숫자로 검증하는 법)

공시 [기초 용어 ★]

"기업의 공식 알림장, 뜬소문 말고 팩트 체크"

공시는 상장 기업이 회사의 중요한 경영 내용(실적, 계약, 합병, 배당 등)을 주주와 투자자에게 의무적으로 알리는 제도입니다. 한국에서는 금융감독원의 전자공시시스템인 'DART(다트)' 사이트에서 모든 공시를 확인할 수 있습니다.

정보 불균형 해소: 내부자나 기관만 알고 있는 정보를 일반 개인 투자자도 동시에 알 수 있게 하여 공정한 투자를 돕습니다.

루머 검증: "카더라" 통신으로 주가가 급등락할 때, 회사가 "사실무근입니다"라고 공시를 내면 주가는 제자리로 돌아옵니다. 뉴스보다 공시가 우선입니다.

- **예시 (가정통신문)**
- 뉴스/찌라시: 옆 반에서 "내일 소풍 간대!"라고 떠드는 것. (틀릴 수 있음)
- 공시: 학교장 도장이 찍힌 '가정통신문'. (내일 소풍 가는 것 확정)

영업이익 / 당기순이익 [필수 용어 ★★]

"본업으로 번 돈인가, 운 좋게 생긴 돈인가"

주식 초보자는 '순이익'만 보지만, 고수는 '영업이익'을 먼저 봅니다.

영업이익: 회사가 물건을 팔거나 서비스를 제공하는 '본업'으로 번 돈.

당기순이익: 영업이익에서 세금 내고, 이자 내고, 부동산이나 자회사를 팔아서 생긴 일회성 이익까지 다 합친 '최종적으로 남은 돈'.

- **핵심 포인트**

주가의 원동력: 주가는 일회성 보너스인 순이익보다, 지속 가능한 영업이익의 성장에 더 민감하게 반응합니다.

적자 주의: 순이익은 흑자인데 영업이익이 적자라면? 본업은 망해가는데 가지고 있던 땅을 팔아서 겨우 흑자를 낸 것일 수 있습니다.

- **실전 활용법**

턴어라운드: 영업이익이 적자에서 흑자로 돌아서는 순간(턴어라운드)이 주가가 가장 폭발적으로 상승하는 시기입니다.

함정: PER이 갑자기 낮아졌다면, 영업이익은 그대로인데 일회성 순이익만 급증한 것은 아닌지 의심해봐야 합니다.

- **예시 (치킨집 사장님의 장부)**
- 영업이익: 치킨 팔아서 번 돈
- 당기순이익: 치킨 판 돈 + 배달 오토바이를 중고로 팔아서 생긴 돈

EPS (주당순이익) [필수 용어 ★★]

"기업의 덩치보다 중요한, 내 주식 한 주의 진짜 실력"

EPS는 기업의 순이익(당기순이익)을 발행한 총 주식 수로 나눈 값입니다. 쉽게 말해, "내가 가진 주식 1주가 1년 동안 얼마를 벌어왔는가?"를 보여주는 성적표입니다. 아무리 회사가 돈을 많이 벌어도(순이익), 발행한 주식 수가 너무 많으면 정작 내 몫(EPS)은 작아질 수밖에 없습니다. 따라서 투자자에게는 전체 순이익 규모보다 1주당 이익인 EPS가 훨씬 피부에 와닿는 실질적인 지표입니다.

• 핵심 포인트

주가 상승의 엔진: 주가는 기업이 버는 돈(이익)을 따라갑니다. EPS가 매년 꾸준히 우상향하는 기업은 주가도 함께 오를 확률이 매우 높습니다.

PER의 기준: 주가의 고평가 여부를 따지는 PER(주가수익비율)을 계산할 때 분모가 되는 핵심 값입니다. (주가 ÷ EPS = PER)

• 실전 활용법

성장성 확인: 절대 수치보다 중요한 것은 "작년보다 늘었는가?"입니다. EPS가 전년 대비 증가했다면 회사가 성장하고 있다는 뜻입니다.

자사주 매입 효과: 순이익이 그대로여도 기업이 자사주를 사서 없애면(소각), 전체 주식 수가 줄어들어 EPS는 자동으로 올라갑니다. 주주 가치를 높이는 호재입니다.

• 예시 (똑같이 연간 1억원을 버는 두 빵집)

- A 빵집: 주식 10,000주 발행 → EPS 10,000원
- B 빵집: 주식 100,000주 발행 → EPS 1,000원

결과: A 빵집의 주식 1주는 B 빵집보다 10배 더 가치 있는 주식이므로, 주가도 훨씬 비싸게 거래되는 것이 정상입니다.

PER (주가수익비율) [필수 용어 ★★]

"투자 원금을 회수하는 데 걸리는 시간, 10년인가 5년인가?"

PER은 현재 주가가 1년 동안 버는 이익의 몇 배인가를 보여줍니다. 투자자 입장에서는 "지금 이 가격에 사면, 기업이 버는 돈만으로 내 원금을 찾는 데 몇 년이 걸릴까?"를 계산하는 것과 같습니다. PER이 10배라면 10년, 5배라면 5년이 걸린다는 뜻입니다. 낮을수록(저PER) 원금 회수 기간이 짧으니 저평가되었다고 봅니다.

- **핵심 포인트**

상대평가 필수: "PER 10배면 싸다"는 절대적 기준은 없습니다. 반드시 경쟁사나 업종 평균과 비교해야 합니다. (바이오 업종은 50배도 싸다고 하고, 은행 업종은 5배도 비싸다고 할 수 있습니다.)

기대감의 척도: PER이 높다는 건 '비싸다'는 뜻도 되지만, 사람들이 그만큼 미래 성장을 기대하고 있다는 뜻이기도 합니다.

- **실전 활용법**

저평가 함정 주의: PER이 낮은데 주가가 계속 안 오른다면, 기업의 이익이 줄어들 것이라 예상되는 '사양 산업'일 수 있습니다.

이익 추정치 확인: 현재 PER(과거 실적 기준)보다 중요한 건 선행 PER(미래 실적 기준)입니다. 앞으로 돈을 더 잘 벌 것이라면 현재 PER이 높아도 주가는 더 오를 수 있습니다.

- **예시 (10억짜리 치킨집 인수)**

- 가게 A: 1년에 순이익 1억원 → PER 10배 (무난함)
- 가게 B: 1년에 순이익 2억원 → PER 5배 (완전 꿀매물! 저평가)

BPS (주당순자산) [필수 용어 ★★]

"회사가 당장 망해도 주주에게 돌려줄 수 있는 최소한의 몫"

BPS는 기업이 활동을 중단하고 모든 자산을 팔아 빚을 갚고 남은 돈(순자산)을 주식 수로 나눈 값입니다. 일명 '청산가치'라고도 합니다. 기업이 그동안 장사를 해서 창고에 쌓아둔 돈이 1주당 얼마인지를 보여주는 지표로, 기업의 '기초 체력(재무 안정성)'을 나타냅니다.

• **핵심 포인트**

안전마진의 기준: 현재 주가가 BPS보다 낮다면, 지금 당장 회사를 청산해도 주주에게 돈을 다 나눠주고도 남는다는 뜻입니다. 잃지 않는 투자를 위한 강력한 안전장치입니다.

자산주 분석: 공장, 땅, 현금 등 눈에 보이는 자산이 많은 제조업이나 금융업을 분석할 때 유용합니다.

• **실전 활용법**

PBR과의 관계: BPS는 PBR(주가순자산비율)을 계산하는 기준점이 됩니다. (주가 ÷ BPS = PBR)

꾸준한 우상향: BPS가 매년 증가한다는 것은 회사가 번 돈을 엉뚱한 데 쓰지 않고 내실 있게 곳간을 채우고 있다는 증거입니다.

• **예시 (지갑 속에 10억이 있는 회사)**

회사 금고에 현금과 부동산이 100억원 있고, 주식이 10만 주라면?

100억 ÷ 10만 = BPS 100,000원

(주가가 8만원이라면? 회사를 사서 바로 청산해도 주당 2만원 이득!)

PBR (주가순자산비율) [필수 용어 ★★]

"장부상 가치보다 싸게 거래되는 '바겐세일' 기간인가?"

PBR은 주가가 1주당 순자산(BPS)의 몇 배에 거래되는지를 보여줍니다. PER이 회사가 '버는 돈(수익성)'을 본다면, PBR은 회사가 '가진 돈(자산 가치)'을 봅니다. PBR이 1배 미만이라는 것은 회사의 자산 가치보다도 주가가 싸게 거래되고 있다는 뜻으로, 대표적인 저평가 신호입니다.

- **핵심 포인트**

청산 가치 기준선: PBR 1배는 "주가 = 자산가치"가 되는 기준점입니다. 1배보다 낮으면 '저평가', 높으면 '고평가'의 1차적인 기준이 됩니다.

업종 특성: IT나 서비스 기업은 공장이 없어 PBR이 높고, 철강이나 화학 기업은 설비 자산이 많아 PBR이 낮은 경향이 있습니다.

- **실전 활용법**

가치투자 선별: 워런 버핏은 PBR이 낮으면서도(싸면서도) ROE가 높은 (돈도 잘 버는) 기업을 선호합니다.

하락장의 방패: 금융 위기 등 폭락장이 오면, PBR이 낮은 종목은 보유 자산 가치가 주가를 방어해 주어 하락 폭이 상대적으로 적습니다.

- **예시 (PBR 0.5배의 의미)**

10억원이 들어있는 지갑(기업)을 시장에서 5억원(시가총액)에 팔고 있다는 뜻. 이론적으로는 5억 주고 사서 지갑을 열면 10억이 나오므로, 앉은자리에서 2배 수익 가능!

ROE (자기자본이익률) [필수 용어 ★★]

"경영진이 당신의 돈을 얼마나 똑똑하게 불리고 있는가?"

ROE는 기업이 주주가 맡긴 돈(자기자본)을 굴려 1년 동안 몇 퍼센트의 이익을 냈는지를 보여주는 성적표입니다. 투자자 입장에서 가장 중요한 '내 돈의 수익률'입니다. 은행 예금 금리가 3%인데 어떤 기업의 ROE가 15%라면, 은행에 넣어두는 것보다 이 기업에 투자하는 것이 자본을 5배 더 빠르게 불리는 셈입니다.

• 핵심 포인트
경영 효율성: 경영진이 자본을 놀리지 않고 얼마나 효율적으로 사업을 잘 했는지 판단하는 최고의 지표입니다.

복리 효과: ROE가 높다는 것은 기업의 자산이 복리로 빠르게 불어난다는 뜻입니다. 주가 상승의 가장 강력한 엔진입니다.

• 실전 활용법
슈퍼 개미의 기준: 많은 가치투자자는 "부채가 적으면서 ROE가 꾸준히 15% 이상인 기업"을 최우선 투자 대상으로 삼습니다.

지속성 확인: 한 해만 반짝 높은 것은 의미 없습니다. 3~5년간 꾸준히 높은 ROE를 유지하는지가 '경제적 해자'의 증거입니다.

• 예시 (치킨집 사장님의 장사 수완)
1억원을 들인 치킨집에서 1년 뒤 순이익 2,000만원을 남겼다면?
2,000만원 ÷ 1억원 = ROE 20% (매우 훌륭한 투자처!)

영업이익률 / 순이익률 (OPM, NPM) [필수 용어 ★★]
"물건 하나를 팔았을 때, 주머니에 진짜 남는 돈의 비율"

매출이 아무리 커도 떼가는 게 많아서 남는 게 없다면 '빛 좋은 개살구'입니다. 이익률은 기업의 수익성과 경쟁력을 보여주는 지표입니다.

영업이익률(OPM): 마진율. 100원어치 팔아서 얼마를 남겼는가?

순이익률(NPM): 세금까지 다 떼고 최종적으로 얼마를 챙겼는가?

- **핵심 포인트**

경제적 해자: 영업이익률이 경쟁사보다 압도적으로 높다면? 브랜드 파워가 있어서 비싸게 팔아도 잘 팔리거나, 원가를 절감하는 독보적인 기술이 있다는 뜻입니다.

박리다매 vs 고마진: 유통업은 이익률이 낮아 많이 팔아야 하고(박리다매), 게임/소프트웨어/제약 산업은 원가가 낮아 이익률이 높습니다.

- **실전 활용법**

업종 평균 비교: 제조업은 보통 5~10%면 준수하다고 보지만, 바이오나 소프트웨어 기업은 20~30%는 되어야 경쟁력이 있다고 봅니다.

이익률 개선: 매출은 그대로인데 이익률이 좋아지고 있다면? 비용 절감에 성공했거나 제품 가격을 인상했다는 신호로, 주가에 긍정적입니다.

- **예시 (명품백 vs 우유)**
  - 명품백: 1,000만원짜리 팔면 500만원이 남음 (이익률 50% - 고마진)
  - 우유: 1,000원짜리 팔면 50원이 남음 (이익률 5% - 박리다매)

부채비율 / 유보율 [필수 용어 ★★]

"기업의 안전벨트와 비상금 주머니"

기업의 재무 건강 상태를 체크하는 가장 기초적인 두 가지 지표입니다.

부채비율: 내 돈(자본) 대비 남의 돈(부채)을 얼마나 쓰고 있는가?

유보율: 회사가 벌어들인 돈을 나눠주지 않고 얼마나 쌓아두었는가?

- **핵심 포인트**

적정 부채비율: 업종마다 다르지만, 보통 100% 이하면 매우 안전하고, 200% 이상이면 재무 위험이 있다고 봅니다.

유보율의 의미: 유보율이 높다는 것은 '무상증자'를 할 여력이 있거나, 위기가 왔을 때 버틸 비상금이 두둑하다는 뜻입니다.

- **실전 활용법**

관리종목 피하기: 부채비율이 너무 높거나 자본잠식(내 돈까지 까먹는 상태)에 빠진 기업은 상장폐지 위험이 있으니 피해야 합니다.

무상증자 테마: 유보율이 수천 %에 달하는 기업은 주식 수를 늘려 주주에게 공짜로 나눠주는 '무상증자' 가능성이 높아 주목을 받곤 합니다.

- **예시 (내 집 마련 상황)**
  - 부채비율 400%: 내 돈 1억 + 대출 4억으로 집을 삼.
  - 유보율 높음: 월급을 다 쓰지 않고 통장에 10억을 모아둠.

---

* 성장률 (YoY, QoQ) [필수 용어 ★★]

"주가는 속도가 아니라 '가속도'에 반응한다"

기업의 실적을 볼 때 절대적인 금액보다 중요한 것이 '비교'입니다. 작년보다, 지난 분기보다 얼마나 좋아졌는지를 따지는 것이 성장률입니다.

YoY (전년 동기 대비): 작년 이맘때와 비교 (계절성 희석)

QoQ (직전 분기 대비): 바로 앞 분기와 비교 (최신 트렌드 반영)

- **핵심 포인트**

기저 효과: 작년 실적이 너무 안 좋았다면, 올해 조금만 잘해도 성장률이

폭등해 보일 수 있습니다. 착시를 조심해야 합니다.

성장의 둔화: 매출이 늘고 있어도 성장률이 50% → 30% → 10%로 줄어든다면, 시장은 이를 '성장판이 닫히고 있다'고 해석해 주가를 떨어뜨릴 수 있습니다.

- **실전 활용법**

계절 타는 기업: 아이스크림 회사나 패딩 회사는 반드시 YoY(작년 같은 계절)로 비교해야 정확합니다. 여름 실적을 겨울 실적(QoQ)과 비교하면 엉터리 분석이 됩니다.

주도주 찾기: 매출액 성장률과 영업이익 성장률이 동시에 20~30% 이상 고공 행진하는 기업이 그 해의 주도주가 될 확률이 높습니다.

- **예시 (성적표 비교)**
- YoY: 작년 1학기 중간고사 vs 이번 1학기 중간고사 비교.
- QoQ: 지난 기말고사 vs 이번 중간고사 비교.

---

* 배당금 [기초 용어 ★]

"기업이 이익의 일부를 주주에게 나눠주는 보너스"

회사가 장사를 잘해서 돈을 벌면, 그 이익 중 일부를 주인인 주주들에게 현금으로 나눠주는데 이를 '배당금'이라고 합니다. 은행 예금 이자와 비슷하지만, 회사가 적자가 나면 안 줄 수도 있다는 점이 다릅니다. 보통 1년에 한 번(결산배당) 주지만, 최근에는 분기마다 주는 회사도 늘고 있습니다. 배당을 많이 주는 회사를 '배당주', 잘 안 주는 대신 재투자해서 회사를 키우는 회사를 '성장주'라고 합니다.

• **예시 (용돈 받는 날)**

내가 산 주식이 1주당 500원을 배당한다고 공시했습니다. 내가 100주를 가지고 있다면? → 배당금 지급일에 세금(15.4%)을 떼고 약 42,300원이 계좌로 입금됩니다.

---

* 배당성향 / 배당수익률 [필수 용어 ★★]

"주가 상승을 기다리는 동안 받는 위로금이자 보너스"

주식 투자의 수익은 크게 두 가지, '시세차익'과 '배당'입니다. 이 두 지표는 회사가 주주에게 이익을 얼마나 잘 나눠주는지를 보여줍니다.

배당성향: 회사가 번 돈(순이익) 중 **몇 %를 주주에게 줬는가?**
배당수익률: 내가 투자한 주가 대비 **몇 %의 이자가 통장에 꽂히는가?**

• **핵심 포인트**

성장 vs 배당의 딜레마: 배당성향이 너무 높으면 재투자할 돈이 없어 미래 성장이 정체될 수 있습니다. 성장주(재투자 집중)와 배당주(이익 환원)의 균형을 봐야 합니다.

저금리 시대의 대안: 배당수익률이 은행 예금 금리보다 높다면, 주가가 오르지 않아도 보유할 매력이 충분합니다.

• **실전 활용법**

은퇴 포트폴리오: 현금 흐름이 필요한 투자자는 주가 변동성이 적고 배당수익률이 높은(4~5% 이상) 통신, 금융주 위주로 투자합니다.

배당 함정: 주가가 폭락해서 분모가 작아지는 바람에 일시적으로 배당수익률이 높아 보이는 경우가 있습니다. 내년에도 이익을 내서 배당을 줄 수 있는지 꼭 확인해야 합니다.

- **예시 (삼성전자의 배당)**
  - 1만원을 벌어서 3,000원을 배당으로 줬다면? → 배당성향 30%
  - 내가 7만원에 샀는데, 1주당 2,100원을 받았다면? → 배당수익률 3%

---

* 컨센서스 [필수 용어 ★★]

"주식 시장이 기업에게 요구하는 최소한의 합격점"

컨센서스는 증권사 애널리스트들이 예측한 기업 실적의 평균치(시장 기대치)를 말합니다. 주식 시장에서는 기업이 실제로 얼마를 벌었느냐보다, 이 컨센서스를 넘었느냐 못 넘었느냐가 주가 향방에 훨씬 더 중요합니다. 주가는 이미 '기대감(컨센서스)'을 반영해서 미리 움직여 있는 경우가 많기 때문입니다.

• 핵심 포인트

기대치의 평균: 한 명의 예측이 아니라, 여러 전문가의 예측을 평균 낸 값이라 시장의 보편적인 눈높이를 대변합니다.

주가의 기준선: 실적 발표 시즌이 되면 투자자들은 재무제표보다 이 컨센서스 수치를 먼저 확인합니다.

• 실전 활용법

선반영 확인: "사상 최대 실적!" 뉴스가 떴는데 주가가 빠진다면? 이미 컨센서스에 반영되어 주가가 올랐거나, 막상 뚜껑을 열어보니 컨센서스에는 미치지 못했기 때문입니다.

상향 조정: 애널리스트들이 컨센서스를 계속 위로 올리는 기업은 주가 상승 에너지가 매우 강하다는 신호입니다.

• **예시 (시험 점수와 엄마의 기대)**

이번 시험 점수가 80점이라면 잘한 걸까요?

- 엄마 기대(컨센서스)가 60점이었다면 → 칭찬받음 (주가 상승)

- 엄마 기대가 95점이었다면 → 혼남 (주가 하락)

어닝 서프라이즈 / 어닝 쇼크 [필수 용어 ★★]

"성적표를 받은 날, 시장이 환호하거나 비명을 지르거나"

실적 발표일(Earnings Day)에 실제 실적과 컨센서스의 차이에 따라 시장의 반응은 극명하게 갈립니다.

어닝 서프라이즈: 실적이 컨센서스를 예상 밖으로 크게 뛰어넘은 경우

어닝 쇼크: 실적이 컨센서스보다 현저히 낮게 나온 경우

• **핵심 포인트**

괴리율: 컨센서스와의 차이가 클수록 주가 변동 폭도 커집니다. 단순히 흑자/적자가 중요한 게 아니라 '예상보다' 어땠는지가 핵심입니다.

추세의 시작: 강력한 어닝 서프라이즈는 단발성 호재로 끝나지 않고, 향후 주가 상승 추세의 시작점이 되기도 합니다.

• **실전 활용법**

적자라도 서프라이즈: 100억 적자를 예상했는데 10억 적자가 나왔다면? 이는 '적자 축소'라는 호재로 인식되어 어닝 서프라이즈가 되고 주가는 급등할 수 있습니다.

흑자라도 쇼크: 1,000억 흑자를 기대했는데 500억 흑자가 나왔다면? 시장은 이를 성장성 둔화로 받아들여 어닝 쇼크로 주가를 떨어뜨립니다.

- **예시 (용돈 협상)**
  - 5만원 인줄 알았는데(컨센서스), 10만원 이었다면? → 어닝 서프라이즈!
  - 10만원 인줄 알았는데 3만원만 주셨다면? → 어닝 쇼크!

IR (기업설명회) [필수 용어 ★★]
"투자자들을 향한 기업의 프러포즈"

PR(Public Relations)이 대중을 향한 홍보라면, IR은 주주와 투자자를 향한 홍보 활동입니다. 기업이 실적을 발표하거나 미래 비전을 설명하며 "우리 회사에 투자하세요"라고 설득하는 소통 과정입니다.

- **핵심 포인트**

가이던스: IR 행사에서 기업은 다음 분기나 내년의 예상 실적(가이던스)을 제시합니다. 이것이 컨센서스의 기준이 됩니다.

소통의 척도: IR을 적극적으로 자주 하는 기업은 경영에 자신이 있거나 주주 친화적인 기업일 확률이 높습니다. 반면 IR 담당자와 통화도 안 되는 기업은 투명성이 떨어질 수 있습니다.

- **실전 활용법**

자료 찾아보기: 네이버 증권이나 회사 홈페이지의 'IR' 코너에 가면 '실적 발표 자료(PT)'가 있습니다. 뉴스 기사보다 훨씬 자세한 사업 현황과 미래 전략이 담겨 있으니 꼭 읽어보는 습관을 들이세요.

- **예시 (선거 유세)**

  국회의원 후보(기업)가 유권자(투자자)를 모아놓고 "제가 지난 1년간 이런 일을 했고, 앞으로 이런 공약을 지키겠습니다"라고 설명하는 자리.

EBITDA (상각전영업이익) [심화 용어 ★★★]
"워런 버핏이 가장 경계하는, 위험한 화장술"

투자의 대가 찰리 멍거는 "EBITDA라는 단어를 들을 때마다 넌더리가 난다"고 말했고, 워런 버핏은 "이빨 요정이 장비 교체 비용을 대신 내주기라도 하는가?"라며 이 지표를 신랄하게 비판했습니다. 그럼에도 불구하고 월스트리트와 수많은 애널리스트 리포트에서는 여전히 기업의 가치를 평가할 때 PER만큼이나 자주 'EV/EBITDA'를 언급합니다. 도대체 이 지표에는 어떤 매력과 함정이 공존하는 것일까요?

이익의 착시를 만드는 마법의 공식 EBITDA는 말 그대로 이자(Interest), 세금(Tax), 그리고 감가상각비(Depreciation & Amortization)를 빼기 전의 이익을 말합니다. 기업을 옹호하는 측에서는 이것이야말로 "회계적 기교를 걷어내고, 기업이 순수하게 영업 활동으로 벌어들인 현금 창출 능력을 보여준다"고 주장합니다. 국가마다 다른 세금 체계나 기업마다 다른 이자 비용을 무시하고, 오직 '영업력'만 비교할 수 있다는 논리입니다. 여기에는 치명적인 함정이 숨어 있습니다. 바로 **'감가상각비'를 비용으로 치지 않는다는 점**입니다. 이것이 워런 버핏이 분노하는 지점입니다.

감가상각비는 '장부상의 숫자'가 아니라 '미래의 지출'이다 예를 들어, 100억원짜리 기계로 매년 10억원을 버는 공장이 있다고 칩시다. 이 기계의 수명이 10년이라면, 회계적으로는 매년 10억원씩 감가상각비(비용)가 발생합니다. EBITDA 기준으로는 이 10억원을 비용으로 보지 않으니 이 회사는 돈을 잘 버는 것처럼 보일 수 있습니다. 하지만 10년 뒤에는 무슨 일이 일어날까요? 기계는 고철이 되고, 공장을 계속 돌리려면 반드시 새로운 기계를 사야 합니다. 즉, 감가상각비는 당장 통장에서 돈이 나가지 않을 뿐, 미래에 반드시 지출해야 할 '진짜 비용'인 셈입니다. EBITDA

는 마치 낡아가는 기계와 설비를 영원히 공짜로 쓸 수 있는 것처럼 가정하는, 매우 낙관적이고 위험한 지표입니다.

누가, 왜 EBITDA를 좋아하는가? 그렇다면 왜 시장은 이 지표를 버리지 못할까요? 주로 **막대한 설비 투자가 필요한 통신, 제조 기업**이나, **적자 상태인 스타트업**을 비싸게 포장할 때 유리하기 때문입니다. 순이익은 적자여도 감가상각비를 더한 EBITDA는 흑자로 보일 수 있으니까요. 또한 기업을 사고파는 사모펀드나 M&A 시장에서는 기업의 부채 상환 능력을 과대포장하기 위해 이 지표를 애용합니다.

투자자의 시선: 숫자의 '민낯'을 보라 현명한 투자자라면 EBITDA라는 화려한 화장술 뒤에 숨겨진 기업의 민낯을 봐야 합니다. EBITDA가 높다고 해서 그 기업이 돈을 잘 버는 것은 아닙니다. 그 돈의 상당 부분은 낡은 설비를 교체하는 재투자(CAPEX)로 다시 빠져나갈 수 있기 때문입니다. 결국 주주에게 남는 진짜 몫을 알고 싶다면, EBITDA보다는 실제로 투자를 집행하고 남은 현금인 '잉여현금흐름(FCF)'을 확인하거나, 감가상각비가 영업이익에서 제대로 차감된 '영업이익'의 추이를 살피는 것이 훨씬 안전한 길입니다. 숫자가 복잡하게 포장될수록, 그 안에 감추고 싶은 진실이 있는 법입니다.

개념 한 줄 정리

EBITDA (상각전 영업이익, Earnings Before Interest, Taxes, Depreciation and Amortization)

이자, 세금, 감가상각비를 차감하기 전의 이익, 회계적 비용을 제외하고 기업이 순수하게 영업활동으로 벌어들이는 현금 창출 능력을 보여주는 지표

CAPEX & FCF (자본적 지출 & 잉여현금흐름) [심화 용어 ★★★]

"회계 장부는 '의견'이고, 현금은 '팩트'다"

주식 시장에는 오랜 격언이 하나 있습니다. **"매출은 허영이고(Vanity), 이익은 건전성(Sanity)이며, 현금은 현실(Reality)이다."** 많은 투자자가 재무제표의 맨 윗줄인 '매출'이나 아랫줄인 '당기순이익'에만 집중할 때, 진정한 고수들은 기업의 뒷주머니, 즉 현금흐름표를 뒤져 'CAPEX'와 'FCF'를 찾아냅니다. 왜냐하면 회계상으로는 흑자가 나도 흑자 부도가 날 수 있지만, 곳간에 현금이 쌓이는 기업은 절대 망하지 않기 때문입니다. 이 두 가지 지표는 기업의 진짜 지갑 사정을 보여주는 가장 정직한 거울입니다.

CAPEX: 미래를 위한 투자인가, 생존을 위한 출혈인가? CAPEX(Capital Expenditures)는 기업이 미래의 이윤을 창출하거나 현재의 가치를 유지하기 위해 고정자산(건물, 기계, 설비 등)에 투자하는 비용을 말합니다. 공장을 새로 짓거나, 노후화된 기계를 교체하는 돈이 여기에 해당합니다. 중요한 점은 이 CAPEX의 성격을 파악하는 것입니다. 만약 어떤 기업이 매년 벌어들인 돈의 대부분을 낡은 장비를 교체하는 데(Maintenance CAPEX) 써야만 한다면 어떨까요? 겉으로는 매출이 유지되는 것처럼 보이지만, 실제로는 제자리를 지키기 위해 끊임없이 페달을 밟아야 하는 고단한 사업 구조를 가진 셈입니다. 반면, 새로운 시장을 개척하기 위해 공장을 증설하는 '성장형 CAPEX'라면, 당장의 현금 유출은 뼈아프지만 미래에는 더 큰 이익으로 돌아올 씨앗이 됩니다. 따라서 투자자는 "이 기업이 돈을 어디에 쓰고 있는가? 성장을 위해서인가, 아니면 단지 도태되지 않기 위해서인가?"를 냉정하게 따져봐야 합니다.

FCF: 주주가 가져갈 수 있는 진짜 몫 여기서 FCF(Free Cash Flow, 잉

여현금흐름)의 개념이 등장합니다. FCF는 기업이 영업활동으로 벌어들인 현금에서 앞서 말한 CAPEX를 뺀 나머지 돈을 뜻합니다. 수식으로 표현하면 [영업활동 현금흐름 - CAPEX = FCF]입니다. 이것이 왜 중요할까요? 회계상 순이익이 아무리 1,000억원이라 해도, 공장을 돌리기 위해 매년 1,200억원의 설비 투자가 필요하다면 이 기업의 FCF는 마이너스(-200억원)가 됩니다. 즉, 남는 돈이 없으니 주주에게 배당을 줄 수도 없고, 자사주를 매입할 수도 없으며, 빚을 갚을 수도 없습니다. 오히려 빚을 더 내야만 회사가 돌아갑니다. 반대로 순이익은 적더라도 감가상각비 비중이 크고 추가 설비 투자가 필요 없어 FCF가 넉넉하게 남는다면, 그 기업이야말로 진정한 '현금인출기(Cash Cow)'입니다.

아마존이 보여준 FCF의 마법 세계적인 기업 아마존(Amazon)은 수년 동안 적자를 면치 못했습니다. PER 기준으로 보면 말도 안 되는 고평가 상태였죠. 하지만 제프 베조스는 주주 서한을 통해 항상 이렇게 강조했습니다. **"우리의 목표는 주당 순이익(EPS)의 최적화가 아니라, 주당 잉여현금흐름(FCF)의 극대화다."** 아마존은 회계상 이익을 내는 대신 그 돈을 물류 창고와 서버(CAPEX)에 미친 듯이 쏟아부었습니다. 그 결과, 경쟁자들을 압도하는 인프라를 갖추게 되었고, 투자가 마무리되는 시점부터는 감당할 수 없을 만큼 거대한 현금을 쓸어 담기 시작했습니다. 시장은 당장의 순이익이 아닌, 미래에 폭발할 FCF의 가치를 미리 알아본 것입니다.

투자자의 결론: 현금의 흐름을 쫓아라 결국 주가는 장기적으로 기업이 벌어들일 FCF의 총합에 수렴합니다. 순이익은 회계 기준 변경이나 일회성 요인으로 얼마든지 마사지(조작)할 수 있지만, 통장에 들어오고 나가는 현금은 거짓말을 하지 않습니다. 투자를 결정하기 전 반드시 확인하십시오. 이 기업이 벌어들이는 돈보다 쓰는 돈(CAPEX)이 너무 많지는 않은

지, 그리고 모든 비용을 치르고 나서 주주인 내 몫으로 남겨질 진짜 현금(FCF)이 매년 늘어나고 있는지 말입니다. **이익은 의견(Opinion)이지만, 현금은 사실(Fact)입니다.**

CAPEX (Capital Expenditure)
기업이 설비·장비·건물 등 장기 자산을 취득하거나 유지하기 위해 사용하는 투자성 지출

FCF (Free Cash Flow)
영업활동 후 설비투자(CAPEX)를 제외하고 기업이 자유롭게 활용할 수 있는 실제 잉여현금

ROIC (투하자본이익률) [심화 용어 ★★★]

"경영진의 진짜 실력을 검증하는, 가장 냉정한 성적표"

주식 시장에서 투자자들은 종종 '성장'이라는 단어에 매료됩니다. 매출이 매년 20%씩 늘어나는 기업을 보면 가슴이 뛰고, 순이익이 사상 최대를 기록했다는 뉴스에 매수 버튼을 누릅니다. 하지만 전설적인 투자자들은 그 화려한 성장의 이면을 먼저 봅니다. **"그래서, 그 성장을 만드는 데 돈이 얼마나 들었는가?"** 이 질문에 답해줄 수 있는 가장 강력하고 냉정한 지표가 바로 ROIC(투하자본이익률)입니다. ROE가 주주들의 인기투표라면, ROIC는 기업의 기초 체력을 측정하는 정밀 건강검진과도 같습니다.

ROE의 함정과 레버리지의 착시 많은 투자자가 ROE(자기자본이익률)

를 사랑합니다. 내 돈(자본) 대비 얼마나 벌었는지를 보여주니 직관적이기 때문입니다. 하지만 ROE에는 치명적인 약점이 있습니다. 바로 '부채(빚)'를 활용하면 수치를 인위적으로 부풀릴 수 있다는 점입니다. 10억원을 가진 회사가 90억원을 빚내서 사업을 하면, 내 돈은 10억원뿐이니 조금만 이익을 내도 ROE는 폭등합니다. 이것은 경영을 잘한 것이 아니라, 단지 리스크를 높여 수익률을 뻥튀기한 '레버리지 효과'일 뿐입니다. 반면 ROIC는 주주의 돈(자기자본)뿐만 아니라 채권자의 돈(부채)까지 합친 '투하 자본 전체'를 분모로 둡니다. 즉, 빚을 내서 몸집을 불렸다면 그만큼 더 많은 이익을 증명해야만 ROIC가 유지됩니다. 따라서 ROIC는 재무적 기교를 걷어내고, 기업이 본업에서 공장을 돌리고 영업망을 굴려 실제로 얼마만큼의 현금을 뽑아내는지를 보여주는 '진짜 실력'입니다.

성장의 가치를 판별하는 기준: ROIC > WACC ROIC가 진가를 발휘하는 순간은 기업의 자본조달비용(WACC)과 비교할 때입니다. 기업이 은행 이자를 내고 주주들의 기대치를 맞추는 데 드는 비용이 8%라고 가정해 봅시다. 만약 이 기업의 ROIC가 5%라면 어떨까요? 열심히 일해서 매출을 늘리고 흑자를 냈다 하더라도, 사실상 이 기업은 자본 비용조차 감당하지 못해 가치를 파괴하고 있는 중입니다. 이를 '가치 파괴적 성장'이라 부릅니다. 반대로 ROIC가 20%라면, 이 기업은 자본 비용을 치르고도 남는 장사를 하고 있으므로, 성장하면 할수록 주주 가치는 복리로 불어납니다. 이것이 바로 '가치 창출적 성장'입니다.

경제적 해자(Moat)의 증거 자본주의 사회에서 높은 수익률은 경쟁자를 부릅니다. 어떤 사업이 돈을 잘 번다고 소문나면(높은 ROIC), 경쟁사들이 진입하여 가격 경쟁을 벌이고 결국 수익률은 평균 수준으로 떨어지기 마련입니다. 그런데 10년, 20년이 지나도 여전히 압도적으로 높은 ROIC를 유지하는 기업들이 있습니다. 경쟁사가 감히 넘볼 수 없는 브랜드, 특허, 네트워크 효과 같은 진입장벽을 갖춘 기업들입니다. 워런 버핏이 말하는 '경제적 해자'를 가진 기업인지 확인하고 싶다면, 복잡한 분석 이전에 지난 10년간의 ROIC 차트를 열어보십시오.

투자자의 결론: 복리 기계(Compounder)를 찾아라 결국 주식 투자의 성패는 "높은 ROIC를 유지하면서, 그 벌어들인 돈을 다시 높은 수익률로 재투자할 수 있는 기업"을 찾는 데 달려 있습니다. 이를 '복리 기계(Compounder)'라고 부릅니다. 단순히 PER이 낮다고 싼 주식이 아닙니다. ROIC가 낮거나 하락 추세에 있는 기업은 아무리 싸 보여도 '싼 게 비지떡'일 확률이 높습니다. 경영진이 주주가 맡긴 돈을 얼마나 알뜰하고 효율적으로 굴리고 있는지, 그 성적표를 매기는 채점관이 되어야 합니다. 그것이 당신의 소중한 자본을 지키는 길입니다.

개념 한 줄 정리

> *ROIC (투하자본이익률, Return on Invested Capital)*
> 기업이 투입한 모든 자본이 얼마나 효율적으로 이익을 창출했는지를 보여주는 핵심 수익성 지표

WACC (가중평균자본비용) [심화 용어 ★★★]

"기업이 넘어야 할 최소한의 생존 허들"

세상에 공짜 점심은 없듯이, 기업이 사용하는 돈에도 '공짜'는 없습니다. 기업이 공장을 짓고 마케팅을 하려면 막대한 자금이 필요한데, 이 돈은 크게 두 곳에서 나옵니다. 하나는 은행에서 빌린 돈(부채)이고, 다른 하나는 주주들에게 투자받은 돈(자본)입니다. 은행은 돈을 빌려준 대가로 꼬

박꼬박 '이자'를 요구합니다. 그렇다면 주주들은 어떨까요? 그들은 이자를 받지 않는 대신, 이 기업이 시장 평균이나 다른 투자처보다 더 높은 수익을 내줄 것이라는 '기대수익률'을 요구합니다. 경영진 입장에서 이 두 가지 요구 사항은 반드시 치러야 할 비용입니다. 이 두 비용을 자금 조달 비중대로 평균을 낸 것, 그것이 바로 WACC(가중평균자본비용)입니다.

주식 발행은 결코 '공짜 돈'이 아니다 많은 초보 투자자가 오해하는 것이 있습니다. "은행 빚은 이자를 내야 하니 무섭지만, 주식 발행(유상증자)으로 조달한 돈은 갚을 필요가 없는 공짜 돈 아닌가?" 천만의 말씀입니다. 재무적으로 볼 때, 주주의 돈(자기자본비용)은 은행 빚(타인자본비용)보다 훨씬 비싼 돈입니다. 은행은 담보를 잡고 돈을 빌려주기에 리스크가 낮아 5~6%의 이자만 줘도 되지만, 주주는 원금 손실 위험을 감수하고 투자하기 때문에 그 이상의 높은 수익률(보통 8~12% 이상)을 기대합니다. 만약 기업이 이 기대치를 충족시키지 못하면 주가는 폭락하고, 경영진은 교체 압박을 받습니다. 즉, WACC는 기업이 이 자리에 서 있기 위해 지불해야 하는 '숨만 쉬어도 나가는 비용'과 같습니다.

투자의 성패를 가르는 기준선: ROIC vs WACC WACC가 중요한 이유는 이것이 기업 투자의 '커트라인'이 되기 때문입니다. 예를 들어 어떤 기업의 WACC가 8%라고 가정해 봅시다. 이 회사가 새로운 반도체 공장을 짓는 프로젝트를 구상 중인데, 예상 수익률(ROIC)이 6%라면 어떨까요? 아무리 수천억원의 매출이 발생하고 흑자가 난다 해도, 이 프로젝트는 하면 안 됩니다. 자본을 조달하는 비용(8%)이 벌어들이는 수익(6%)보다 크기 때문입니다. 이는 열심히 일해서 번 돈으로 이자도 못 갚는 꼴이며, 결국 주주가 가져가야 할 몫을 갉아먹는 '가치 파괴' 행위입니다. 반대로 ROIC가 WACC보다 월등히 높다면, 그 기업은 '초과 이익'을 창출하며 경제적 해자를 증명하고 있는 셈입니다.

미래의 가치를 현재로 가져오는 '중력' 또한 WACC는 기업의 가치를 평가할 때 미래의 돈을 현재 가치로 환산(할인)하는 '할인율'로 쓰입니다. 금리가 오르거나 기업의 리스크가 커지면 WACC가 높아집니다. 할인율이 높아진다는 것은 미래에 벌어들일 1억원의 현재 가치가 쪼그라든다는 뜻입니다. 마치 중력과도 같습니다. WACC라는 중력이 강해질수록, 성장주들의 화려한 미래 가치는 땅으로 곤두박질칩니다. 금리 인상기에 적자 성장주들이 폭락하는 이유가 바로 WACC의 상승 때문입니다.

투자자의 결론: 기업을 볼 때 단순히 "돈을 얼마나 벌었나?"만 보지 마십시오. "그 돈을 벌기 위해 조달한 자본의 비용(WACC)을 넘어서는 수익을 냈는가?"를 물어야 합니다. WACC라는 허들을 넘지 못하는 성장은, 성장이 아니라 비만일 뿐입니다. 진정한 가치는 오직 그 허들 위에서만 피어납니다.

WACC (가중평균자본비용, *Weighted Average Cost of Capital*)
기업이 조달한 부채와 자본의 비용을 비중대로 반영한 평균 자본조달비용으로, 투자 판단의 기준이 되는 지표

밸류에이션 (Valuation) [심화 용어 ★★★]

"적정 주가라는 환상과 현실 사이, 나만의 기준선 찾기"

주식 시장에 갓 들어온 투자자들이 가장 알고 싶어 하는 것은 단 하나입니다. "그래서 이 주식의 적정 주가는 얼마입니까?" 많은 이들이 밸류에이션을 '미래의 주가를 정확히 맞히는 마법의 계산기'라고 착각합니다.

엑셀 모델에 복잡한 수식을 넣고 성장률과 할인율을 입력하면, 자판기처럼 정답이 툭 튀어나올 것이라 기대하죠. 하지만 밸류에이션의 대가인 애스워스 다모다란 교수는 이렇게 말했습니다. **"밸류에이션은 과학(Science)이 아니라 예술(Art)에 가깝다."** 정답이 없는 세계에서 가장 설득력 있는 논리를 찾아가는 과정이라는 뜻입니다.

가격(Price)은 지불하는 것이고, 가치(Value)는 얻는 것이다 주식 창에 빨간색, 파란색으로 깜빡이는 숫자는 그저 오늘 시장에서 거래되는 '가격'일 뿐입니다. 밸류에이션은 그 가격표를 떼어내고, 기업이 가진 진짜 '내재 가치'가 얼마인지를 따져보는 작업입니다. 문제는 이 '가치'를 측정하는 자가 제각각이라는 점입니다. 누군가는 당장 벌어들이는 이익을 중시하고, 누군가는 보유한 공장과 부동산을 중시하며, 누군가는 미래에 벌어들일 현금을 현재 가치로 환산합니다. 똑같은 기업을 두고도 어떤 잣대를 들이대느냐에 따라 적정 주가는 천차만별로 달라집니다. 애널리스트마다 목표 주가가 다른 이유도 바로 이 '가정'이 다르기 때문입니다.

숫자 뒤에 숨은 '내러티브(Narrative)'를 보라 초보자는 밸류에이션을 할 때 숫자에 집착합니다. "PER 10배니까 싸다, 30배니까 비싸다"는 식이죠. 고수들은 숫자 뒤에 숨은 '스토리'를 봅니다. 테슬라의 PER이 한때 1,000배를 넘었을 때, 전통적인 가치투자자들은 거품이라며 비난했습니다. 하지만 테슬라에 투자한 사람들은 '자동차 제조사'라는 숫자 너머의 '에너지 플랫폼 기업'이라는 내러티브에 가치를 부여했습니다. 반면, 아무리 PER이 5배로 낮아도 사양 산업에 속해 더 이상 성장 스토리가 없는 기업은 '싼 게 비지떡'일 뿐입니다. 진정한 밸류에이션은 차가운 숫자(Number)와 뜨거운 이야기(Narrative)가 만나는 지점에서 완성됩니다.

안전마진: 틀릴 수 있음을 인정하는 겸손함 정답도 없는 밸류에이션을

굳이 왜 해야 할까요? 역설적이게도 그 목적은 '정확한 가격을 맞히는 것'이 아니라, '터무니없이 비싼 가격에 사지 않는 것'에 있습니다. 우리는 미래를 정확히 예측할 수 없습니다. 그래서 필요한 것이 '안전마진'입니다. 내가 계산한 기업의 가치가 10,000원이라면, 적어도 7,000원이나 6,000원에 거래될 때까지 기다렸다가 사는 것입니다. 그래야 예상치 못한 악재가 터져도 손실을 최소화할 수 있습니다. 밸류에이션은 대박을 위한 도구가 아니라, 실수를 방어하기 위한 방패입니다.

투자자의 결론: 흔들리지 않는 닻(Anchor)을 내려라 시장은 하루에도 수십 번씩 주가가 바뀝니다. 밸류에이션이라는 자신만의 기준이 없는 투자자는 이 파도에 휩쓸려 뇌동매매를 하게 됩니다. 하지만 기업의 가치를 스스로 계산해 본 투자자는 다릅니다. 주가가 폭락해도 "지금은 공포에 질려 싸게 거래되고 있구나"라고 판단하며 오히려 매수의 기회로 여깁니다. 밸류에이션은 폭풍우 치는 시장에서 멘탈을 지켜주는 단단한 닻입니다. 숫자에 매몰되지 말고, 그 숫자를 만든 논리를 믿으십시오.

개념 한 줄 정리

밸류에이션 (Valuation)
기업이나 자산의 현재 가치와 미래 가치를 여러 재무지표·현금흐름·시장환경을 종합해 평가하여 적정 가격을 산정하는 분석 과정

펀더멘털 vs 센티멘털 [심화 용어 ★★★]

"이성(산수)과 감성(심리)의 끊임없는 줄다리기"

주식 시장을 움직이는 힘은 무엇일까요? 실적일까요, 아니면 사람들의

기대감일까요? 정답은 "둘 다"입니다. 주가는 기업의 내재 가치를 뜻하는 '펀더멘털(기초 체력)'과 시장 참여자들의 심리를 뜻하는 '센티멘털(투자 심리)'이라는 두 개의 엔진으로 작동합니다. 성공적인 투자자가되기 위해서는 숫자를 읽는 냉철한 이성과, 대중의 마음을 읽는 뜨거운감성을 모두 이해해야만 비로소 시장의 거대한 파도를 탈 수 있습니다.

단기에는 투표기, 장기에는 저울 가치투자의 아버지 벤저민 그레이엄은주식 시장을 이렇게 정의했습니다. **"시장은 단기적으로는 인기투표 기계지만, 장기적으로는 저울이다."** 단기적으로 주가를 결정하는 것은 펀더멘털이 아니라 센티멘털입니다. 실적이 아무리 좋은 기업이라도 시장의 유행에서 소외되거나 거시경제에 대한 공포가 지배하면 주가는 곤두박질칩니다. 반대로 적자투성이 기업이라도 "세상을 바꿀 기술"이라는강력한 내러티브(스토리)가 붙으면, 센티멘털이 폭발하며 주가는 천정부지로 치솟습니다. 이때 펀더멘털만 믿고 "이건 거품이야!"라고 외치며섣불리 매도를 치는 것은 달리는 호랑이 앞을 막아서는 것과 같습니다.

주인과 산책하는 강아지 센티멘털만 좇으면 될까요? 아닙니다. 유럽의전설적인 투자자 앙드레 코스톨라니는 '주인과 개'의 비유를 들어 펀더멘털의 중요성을 역설했습니다. 주인(펀더멘털/기업 가치)이 산책을 나갈 때, 개(센티멘털/주가)는 주인을 앞서거니 뒤서거니 하며 이리저리 뛰어다닙니다. 때로는 목줄이 끊어질 듯 멀리 달아나기도 하고(과매수/거품), 때로는 주인 뒤로 처지기도(과매도/저평가) 합니다. 하지만 결국 집에 돌아올 때 보면 개는 반드시 주인의 곁으로 돌아와 있습니다. 센티멘털이 아무리 주가를 흔들어도, 긴 호흡에서 보면 주가는 결국 기업이 벌어들이는 이익, 즉 펀더멘털에 수렴하게 되어 있습니다.

가격과 가치의 괴리(Divergence)를 이용하라 투자자가 돈을 버는 기회는 바로 이 펀더멘털과 센티멘털이 어긋나는 순간, 즉 '괴리(Gap)'가 발생할 때 찾아옵니다. 기업은 매년 사상 최대 실적을 갱신하며 펀더멘털이 탄탄해지는데, 시장에는 "이제 경기 침체가 올 거야"라는 공포(센티멘털)가 만연해 주가가 폭락한다면 어떨까요? 이때가 바로 '가치보다 가격이 싼 구간'이며, 용기 있는 투자자가 매수에 나설 최고의 타이밍입니다. 반대로 펀더멘털은 제자리인데 장밋빛 전망만으로 주가가 폭등한다면, 그때는 탐욕에 취한 대중에게 주식을 넘겨주고 나와야 할 때입니다.

투자자의 결론: 펀더멘털을 믿고, 센티멘털을 이용하라 초보자는 센티멘털에 휘둘려 뇌동매매를 하고, 어설픈 전문가는 펀더멘털만 믿다가 시장의 광기를 무시해 기회비용을 치릅니다. 고수는 펀더멘털로 '무엇을 살지(What to buy)'를 정하고, 센티멘털로 '언제 살지(When to buy)'를 결정합니다. 숫자(실적)는 거짓말을 하지 않지만, 그 숫자를 해석하는 것은 인간의 감정임을 잊지 마십시오. 차가운 머리로 기업의 가치를 계산하되, 뜨거운 가슴으로 시장의 심리를 읽어내는 균형 감각이 필요합니다.

개념 한 줄 정리

펀더멘털 (Fundamental)

기업의 실적, 재무상태, 성장성 등 내재가치를 기반으로 주가의 적정성을 판단하는 분석 방식

센티멘털 (Sentimental

시장 참여자의 심리·감정·매수·매도 분위기 등 비이성적 요인이 주가에 미치는 영향을 분석하는 방식

경제적 해자 (Moat) [심화 용어 ★★★]

"경쟁사가 넘볼 수 없는, 자본주의의 성벽"

중세 시대의 성(Castle)을 떠올려 보십시오. 영주가 사는 성 주변에는 깊고 넓은 구덩이를 파고 물을 채워 넣었습니다. 적들이 쉽게 성벽을 기어 오르지 못하게 막는 이 방어 시설을 우리는 '해자(Moat)'라고 부릅니다. 투자의 현인 워런 버핏은 이 개념을 주식 시장으로 가져와 이렇게 말했습니다. **"나는 넓고 깊은 해자를 가진 훌륭한 성(기업)을 찾는다."**

자본주의는 잔혹하다: 이익은 결국 0으로 수렴한다 경제학 교과서에는 '완전경쟁 시장에서 기업의 초과 이익은 0으로 수렴한다'는 무시무시한 원칙이 있습니다. 어떤 기업이 기가 막힌 아이템으로 돈을 쓸어 담는다고 칩시다(높은 ROIC). 그러면 곧바로 냄새를 맡은 경쟁자들이 진입해 더 싼 가격, 더 좋은 품질로 공격을 시작합니다. 결국 치열한 가격 경쟁 끝에 마진은 줄어들고, 수익률은 시장 평균 수준으로 떨어집니다. 이것이 자본주의의 기본 원리입니다. 하지만 아주 드물게, 수십 년이 지나도 여전히 압도적인 마진을 남기며 경쟁자들을 무력화시키는 기업들이 있습니다. 바로 '경제적 해자'를 가진 기업들입니다. 해자는 경쟁자가 내 밥그릇을 뺏으러 오는 것을 막아주는 구조적인 진입장벽입니다.

해자의 4가지 형태: 무엇이 성벽을 지키는가? 그렇다면 무엇이 해자가 될까요? 단순히 '기술력이 좋다'거나 'CEO가 똑똑하다'는 것은 해자가 아닙니다. 기술은 금방 따라잡히고, CEO는 언젠가 은퇴하기 때문입니다. 진짜 해자는 다음과 같은 구조적인 힘에서 나옵니다.

무형 자산(브랜드/특허): 루이비통 가방 가격을 올린다고 사람들이 안 살까요? 코카콜라 대신 펩시를 마실까요? 고객이 가격을 따지지 않고 지갑을 열게 만드는 힘(가격 결정권)이야말로 가장 강력한 해자입니다.

전환 비용(Switching Cost): 기업들이 마이크로소프트의 엑셀이나 오라클의 DB를 다른 것으로 바꾸려면 막대한 비용과 혼란을 감수해야 합니다. 한 번 쓰면 빠져나갈 수 없는 '락인(Lock-in) 효과'는 고객을 인질로 잡는 강력한 해자입니다.

네트워크 효과: 카카오톡이나 유튜브는 쓰는 사람이 많을수록 가치가 기하급수적으로 커집니다. 1등이 모든 것을 독식하는 구조, 후발 주자가 아무리 돈을 쏟아부어도 뒤집을 수 없는 격차입니다.

원가 우위: 코스트코처럼 따라올 수 없는 압도적으로 싼 가격에 물건을 팔 수 있다면, 경쟁자는 가격 경쟁을 시도하다가 먼저 말라죽게 됩니다.

해자가 없는 기업은 '모래성'이다 투자자가 해자에 집착해야 하는 이유는 '시간' 때문입니다. 해자가 있는 기업에게 시간은 친구입니다. 시간이 지날수록 복리 효과로 기업 가치는 눈덩이처럼 불어납니다. 반면 해자가 없는 기업에게 시간은 적입니다. 오늘은 잘나가더라도 내일 새로운 경쟁자가 나타나면 하루아침에 무너질 수 있기 때문입니다. 그것은 성이 아니라 파도 앞에 놓인 모래성일 뿐입니다.

투자자의 결론: 성벽의 두께를 점검하라 차트를 보는 것은 성의 겉모습만 보는 것이고, 재무제표를 보는 것은 성 안에 쌓인 금화를 세는 것입니다. 진정한 투자자는 성벽 밖으로 나가 해자의 깊이와 너비를 잽니다. "이 기업은 10년 뒤에도 경쟁자들로부터 안전한가?" 이 질문에 "Yes"라고 답할 수 있는 기업만이, 당신을 지켜줄 진정한 요새가 될 것입니다.

경제적 해자 (Moat)

경쟁사가 쉽게 따라올 수 없도록 브랜드, 기술력, 네트워크, 규모 등 지속적 경쟁우위를 의미하며 장기적으로 높은 수익성을 지키는 핵심 방어력

Chapter 3

시장의 심리가 그려내는
매수와 매도 시그널

(차트가 보내는 신호를 읽으면 '매매 타이밍'이 잡힌다)

캔들 (양봉/음봉) [기초 용어 ★]

"빨간색은 기쁨(상승), 파란색은 슬픔(하락)을 담은 하루의 기록"

주가 차트에서 양초처럼 생긴 막대기를 '캔들'이라고 합니다. 시초가와 종가 사이를 채운 네모난 부분을 '몸통', 고가와 저가까지 뻗은 선을 '꼬리'라고 부릅니다. 한국에서는 종가가 시초가보다 오르면 빨간색(양봉), 내리면 파란색(음봉)으로 표시합니다. 캔들 하나만 봐도 매수세가 강했는지 매도세가 강했는지 알 수 있습니다.

- 예시
- 양봉(빨강): 아침보다 가격이 올라서 끝남. (사는 힘이 더 강했음)
- 음봉(파랑): 아침보다 가격이 내려서 끝남. (파는 힘이 더 강했음)
- 윗꼬리가 긴 양봉: 장중에 크게 올랐다가 밀려서 조금만 오르고 끝남. (차익 실현 매물이 나옴)

이동평균선 (MA) [기초 용어 ★]

"주가가 지나온 발자국을 평균 내어 만든 길"

매일매일의 종가를 평균 내어 이은 선입니다. 줄여서 '이평선'이라고도 부릅니다. 보통 5일선(일주일), 20일선(한 달), 60일선(분기), 120일선(반기)을 주로 봅니다. 주가는 지그재그로 움직이지만, 이평선을 보면 주가가 전체적으로 오르고 있는지(우상향) 내리고 있는지(우하향) '추세'를 알 수 있습니다.

- **예시 (20일선의 의미, 생명선)**

지난 한 달간 사람들이 주식을 산 평균 가격입니다. 주가가 20일선 위에 있다면? 최근 산 사람들은 대부분 수익 중이므로 심리가 안정적입니다. 반대로 아래에 있다면 대부분 손실 중이라 매도 압력이 셉니다.

지지선 / 저항선 [기초 용어 ★]

"더 이상 떨어지지 않는 바닥과 뚫기 힘든 천장"

차트에서 심리적으로 중요한 가격대를 말합니다.

지지선: 주가가 하락하다가도 특정 가격대만 오면 매수세가 들어와서 반등하는 구간 (바닥).

저항선: 주가가 상승하다가도 특정 가격대만 오면 매도세가 쏟아져서 하락하는 구간 (천장).

- **예시**
- 지지선: "이 주식은 1만원이면 싸지!"라고 생각하는 사람이 많아서 1만원 근처만 오면 다시 오릅니다.
- 저항선: "1만 5천원만 오면 팔아야지"하는 사람이 많아서 가격을 뚫기가 힘듭니다. 저항선을 강하게 뚫으면, 저항선은 새로운 지지선으로 바뀝니다.

갭(Gap) 상승 / 하락 [기초 용어 ★]

"거래 없이 점프해서 시작하는 급격한 가격 변동"

어제 종가와 오늘 시초가 사이에 빈 공간(Gap)이 생길 정도로 가격이 급격하게 변해서 시작하는 현상입니다. 장 마감 후 밤사이에 엄청난 호재나 악재가 터졌을 때 발생합니다.

갭상승: 시초가가 어제 고가보다 훨씬 높게 시작하는 것.

갭하락: 시초가가 어제 저가보다 훨씬 낮게 시작하는 것.

- **예시 (밤사이 터진 뉴스)**

어제 10,000원에 끝났는데, 밤에 미국에서 대박 수주 공시가 떴다면? 오늘 아침 9시에 11,000원이나 12,000원으로 점프(갭상승)해서 시작합니다

골든크로스 / 데드크로스 [필수 용어 ★★]

"추세가 뒤집히는 결정적 신호"

주가 이동평균선(이평선)을 이용해 매매 타이밍을 잡는 고전적인 기법입니다.

골든크로스: 단기 이평선(예: 20일선)이 장기 이평선(예: 60일선)을 아래에서 위로 뚫고 올라가는 것. (상승 추세로 전환 신호 → 매수 관점)

데드크로스: 단기 이평선이 장기 이평선을 위에서 아래로 뚫고 내려가는 것. (하락 추세로 전환 신호 → 매도 관점)

- **핵심 포인트**

힘의 역전: 단기적인 매수세가 장기적인 흐름을 압도했다는 뜻입니다.

후행성 주의: 이미 주가가 어느 정도 오른 뒤에 신호가 나오는 경우가 많아,

맹신하기보다 추세 확인용으로 써야 합니다.

- **실전 활용법**

바닥 탈출 신호: 오랫동안 하락하던 주식에서 골든크로스가 발생하면 바닥을 다지고 상승할 가능성이 높습니다.

손절 신호: 잘 오르던 주식에서 데드크로스가 발생하면 상승세가 꺾였다고 보고 비중을 줄이는 것이 안전합니다.

- **예시 (달리기 경주)**
  - 골든크로스: 뒤쳐져 있던 발 빠른 선수(단기)가 지쳐가는 앞 선수(장기)를 추월하는 순간.
  - 데드크로스: 체력이 떨어진 선수가 뒤따라오던 무리에게 따라 잡히는 순간.

정배열 / 역배열 [필수 용어 ★★]

"순풍에 돛을 달았는가, 역풍을 맞고 있는가?"

정배열: 위에서부터 [주가 > 단기 > 중기 > 장기] 순서로 나란히 뻗어 나가는 상태. (강력한 상승 추세)

역배열: 위에서부터 [장기 > 중기 > 단기 > 주가] 순서로 거꾸로 깔려 있는 상태. (강력한 하락 추세)

- **핵심 포인트**

매물벽: 정배열은 위에 방해물(저항선)이 없어 상승이 쉽지만 역배열은 위에 겹겹이 쌓인 이평선들이 매물벽(저항)이 되어 상승을 막습니다.

이익 구간: 정배열 상태에서는 대부분 수익 중이라 매도 압력이 적지만, 역배열에서는 대부분 물려 있어 조금만 올라도 팔려고 합니다.

- **실전 활용법**

달리는 말에 올라타라: 급등주나 주도주는 대부분 완벽한 정배열 상태에서 나옵니다. 초보자는 정배열 종목만 매매해도 승률이 올라갑니다.

떨어지는 칼날: 싸 보인다고 역배열 상태인 주식을 덥석 잡으면, 지하 1층 밑에 지하 2층이 있음을 보게 됩니다.

- **예시 (고속도로 vs 진흙탕)**
- 정배열: 뻥 뚫린 고속도로. 엑셀을 밟으면 쭉쭉 나갑니다.
- 역배열: 바퀴가 빠지는 진흙탕. 가려 해도 자꾸 뒤로 미끄러집니다.

이격도 [필수 용어 ★★]

"주가와 이동평균선 사이의 팽팽한 고무줄"

이격도는 현재 주가가 이동평균선으로부터 얼마나 멀리 떨어져 있는가를 백분율(%)로 나타낸 지표입니다. 주가는 이동평균선에서 멀어지면 다시 되돌아오려는 성질(회귀 본능)이 있는데, 이를 이용해 매매 타이밍을 잡습니다.

이격도 100%: 주가와 이평선이 딱 붙어 있음.

100% 이상: 주가가 이평선보다 높음 (과열권 → 매도 고려)

100% 이하: 주가가 이평선보다 낮음 (침체권 → 매수 고려)

- **핵심 포인트**

고무줄 효과: 고무줄을 너무 세게 당기면(이격 과다) 다시 튕겨 돌아오듯, 주가도 단기간에 너무 오르거나 내리면 평균으로 회귀합니다.

단기 매매 유용: 단기적인 고점과 저점을 잡는 데 유용한 지표입니다.

- **실전 활용법**

매도 타이밍: 20일선 이격도가 105~110%를 넘어가면 단기 과열로 보고 분할 매도를 고려합니다.

매수 타이밍: 20일선 이격도가 90~95% 밑으로 떨어지면 과매도 구간으로 보고 기술적 반등을 노려 매수를 고려합니다.

- **예시 (강아지 산책)**

주인(이동평균선)과 강아지(주가)가 산책을 합니다. 강아지가 너무 멀리 앞서 가면(이격 확대), 목줄 때문에 다시 주인 곁으로 돌아와야 합니다(이격 축소).

볼린저밴드 [필수 용어 ★★]

"주가가 다니는 길, 좁아지면 폭발하고 넓어지면 쉰다"

볼린저밴드는 이동평균선을 중심으로 주가가 움직이는 표준 편차 범위(밴드)를 나타낸 지표입니다. 통계적으로 주가의 95%는 이 밴드 안에서 움직인다는 원리를 이용합니다. 밴드는 마치 고무줄처럼 주가의 변동성에 따라 늘어났다 줄어들었다 합니다.

- **핵심 포인트**

표준 편차: 주가는 상한선과 하한선 사이를 오가는 경향이 있습니다. **상한선에 닿으면 '과매수', 하한선에 닿으면 '과매도'** 상태로 봅니다.

스퀴즈(Squeeze): 밴드의 폭이 아주 좁아졌다는 것은 변동성이 줄어들며 에너지를 응축하고 있다는 뜻으로, 곧 위로든 아래로든 크게 터질 준비가 되었다는 신호입니다.

- **실전 활용법**

박스권 매매: 주가가 횡보할 때, 하한선 근처에서 사고 상한선 근처에서

파는 전략이 유효합니다.

추세 추종: 밴드 폭이 좁아졌다가 갑자기 상한선을 뚫고 올라가면, 강력한 상승 추세의 시작으로 보고 매수합니다.

- **예시 (강물과 둑)**

강물(주가)은 보통 둑(밴드) 사이를 흐릅니다. 강폭이 좁아지는 구간(스퀴즈)을 지나면 물살이 빨라지며 세차게 흐릅니다(급등).

RSI (상대강도지수) [필수 용어 ★★]

"지금 주가는 과열인가, 침체인가? 매매 타이밍의 나침반"

RSI는 주가가 상승한 힘과 하락한 힘을 비교하여 현재 시장의 분위기가 살 때인지(과매도), 팔 때인지(과매수)를 0과 100 사이의 숫자로 보여주는 지표입니다. 가장 대중적이고 신뢰도 높은 보조지표 중 하나입니다.

- **핵심 포인트**

70과 30의 법칙: 일반적으로 RSI가 70 이상이면 '과매수(너무 비쌈)', 30 이하면 '과매도(너무 쌈)' 구간으로 판단합니다.

추세 반전: 계속 오르던 주가의 RSI가 70을 찍고 내려오기 시작하면, 상승세가 꺾이고 하락할 가능성이 높습니다.

- **실전 활용법**

역발상 투자: 남들이 공포에 질려 투매할 때(RSI 30 이하), 용기를 내어 저점 매수를 시도하는 지표로 활용합니다.

다이버전스: 주가는 계속 오르는데 RSI는 오히려 떨어진다면? 상승 힘이 빠졌다는 강력한 하락 반전 신호입니다.

- **예시 (단거리 달리기)**

선수가 전력 질주를 해서 심박수가 최고치(RSI 70 이상)에 달했다면? 곧 지쳐서 속도를 줄일 것입니다(주가 하락). 반대로 충분히 쉬어서 체력을 회복했다면(RSI 30 이하), 다시 달릴 준비가 된 것입니다(주가 상승)

MACD [필수 용어 ★★]

"이동평균선의 만남과 헤어짐으로 읽는 추세의 방향"

MACD는 단기 이동평균선과 장기 이동평균선이 서로 멀어졌다 가까워지는 성질을 이용해 매수/매도 시점을 알려주는 지표입니다. 추세가 상승인지 하락인지를 파악하는 데 아주 유용합니다.

- **핵심 포인트**

골든크로스: MACD 선이 시그널 선을 아래에서 위로 뚫으면 매수 신호.

데드크로스: MACD 선이 시그널 선을 위에서 아래로 뚫으면 매도 신호.

0선 돌파: MACD가 기준선인 '0'을 돌파해 위로 올라가면 본격적인 상승 추세로 봅니다.

- **실전 활용법**

추세 매매: 단기적인 등락보다는 큰 흐름(추세)을 보고 투자할 때 적합합니다. 속임수 신호가 적은 편이라 직장인 투자자에게 좋습니다.

신호 확인: 주가 이동평균선의 골든크로스보다 MACD의 골든크로스가 한 박자 빠르게 신호를 주는 경우가 많습니다.

- **예시 (토끼와 거북이)**

빠른 토끼(단기 이평)가 느린 거북이(장기 이평)를 앞지르는 순간, 그 격차를 그래프로 그린 것이 MACD입니다. 토끼가 거북이보다 점점 더 빨리 달아나면

(MACD 상승), 상승세가 강하다는 뜻입니다.

OBV [필수 용어 ★★]

"주가는 속여도 거래량은 속일 수 없다, 세력의 발자국"

OBV는 '거래량은 주가에 선행한다'는 원리를 바탕으로 만든 지표입니다. 주가가 오른 날의 거래량은 더하고, 내린 날의 거래량은 빼서 누적한 값입니다. 이를 통해 주가 뒤에 숨은 매집(사는 힘)과 분산(파는 힘)을 파악할 수 있습니다.

- **핵심 포인트**

매집 포착: 주가는 횡보하거나 떨어지는데 OBV 선이 계속 올라간다면? 누군가(세력/기관)가 주식을 몰래 사 모으고 있다는 뜻입니다. 조만간 주가 급등이 예상됩니다.

탈출 신호: 주가는 오르는데 OBV가 꺾여 내려간다면? 큰손들이 주식을 팔고 떠나고 있다는 뜻으로, 곧 주가 하락이 올 수 있습니다.

- **실전 활용법**

바닥 잡기: 긴 하락장 끝에 주가는 제자리인데 OBV가 저점을 높여간다면 강력한 매수 타이밍입니다.

거짓 돌파 확인: 전고점을 돌파했는데 OBV는 전고점을 넘지 못했다면, 가짜 상승일 확률이 높으니 조심해야 합니다.

- **예시 (풍선 불기)**

풍선에 공기(거래량/돈)를 계속 집어넣으면(OBV 상승), 풍선 크기(주가)가 당장은 안 커져도 결국 터질 듯이 부풀어 오르게 됩니다.

다이버전스 [필수 용어 ★★]

"주가는 오르는데 힘은 빠진다? 추세 반전의 거짓말 탐지기"

다이버전스는 주가의 흐름과 보조지표(RSI, MACD 등)의 흐름이 반대로 가는 현상을 말합니다. 보통 주가가 오르면 보조지표도 같이 올라야 정상입니다. 그런데 주가는 고점을 높이며 상승하는데 지표는 고점을 낮추며 하락한다면? 이는 상승하는 척하지만 매수세는 약해지고 있다는 뜻으로, 조만간 추세가 반대로 꺾일 것임을 암시합니다.

- **핵심 포인트**

하락 다이버전스: 주가는 올랐는데 지표는 떨어짐 → 하락 반전 예고

상승 다이버전스: 주가는 떨어졌는데 지표는 오름 → 상승 반전 예고

- **실전 활용법**

상투 잡기 방지: 주가가 신고가를 경신해서 더 갈 것 같아도, 하락 다이버전스가 발생했다면 추격 매수를 멈추고 이익 실현을 준비해야 합니다.

바닥 낚기: 폭락장 속에서 투매가 나오는데 RSI 저점이 높아진다면(상승 다이버전스), 바닥이 가까웠다는 강력한 신호입니다.

- **예시 (등산가의 속도)**

산 정상에 거의 다 왔는데(주가 상승), 등산가의 발걸음 속도는 점점 느려지고 숨이 찹니다(지표 하락). 곧 지쳐서 멈추거나 내려오게 될 것입니다(하락 반전).

박스권 / 추세선 [필수 용어 ★★]

"가두리 양식장에 갇혔는가, 고속도로를 탔는가?"

차트에 선을 그어 주가의 흐름을 파악하는 가장 기초적이면서도 강력한 방법입니다.

박스권: 주가가 특정 가격대 안에서만 오르내리는 상태.

추세선: 주가의 저점(상승 추세) 혹은 고점(하락 추세)을 연결한 선.

• 핵심 포인트

박스권 돌파: 지루한 박스권의 천장(저항선)을 강한 거래량으로 뚫으면, 새로운 상승 추세가 시작되는 경우가 많습니다.

추세선 이탈: 잘 오르던 주식이 상승 추세선을 깨고 내려가면, 상승세가 끝났다는 신호일 수 있으니 매도를 고려해야 합니다.

• 실전 활용법

박스권 매매: 박스권 하단(지지선)에서 사고, 상단(저항선)에서 파는 반복 매매로 수익을 낼 수 있습니다.

지지와 저항: 상승 추세선은 주가가 떨어질 때 받쳐주는 '지지선' 역할을, 하락 추세선은 주가 상승을 막는 '저항선' 역할을 합니다.

> **• 예시 (엘리베이터와 에스컬레이터)**
> - 박스권: 1층과 5층 사이만 왔다 갔다 하는 엘리베이터. (갇혀 있음)
> - 추세선: 계속 올라가거나 내려가는 긴 에스컬레이터. (방향이 정해짐)

차트 패턴 (헤드앤숄더, 쌍바닥 등) [필수 용어 ★★]

"역사는 반복된다, 대중 심리가 만들어낸 그림"

주식 차트에는 인간의 탐욕과 공포가 반영되어 특정한 모양을 반복해서 그리곤 합니다. 앞으로의 방향을 예측하는 것이 패턴 분석입니다.

헤드앤숄더(Head & Shoulders): 산봉우리 3개가 그려지는데 가운데가 제일 높은 모양. 전형적인 하락 반전(고점) 신호.

쌍바닥(W자 패턴): 주가가 두 번 바닥을 찍고 올라가는 모양. 바닥을 다 졌다는 상승 반전(저점) 신호.

- **핵심 포인트**

확률 게임: 패턴이 완성되었다고 100% 맞는 것은 아니지만, 많은 사람이 보고 따라 하기 때문에 실현 확률이 높습니다.

지지와 저항의 시각화: 매수세와 매도세가 어디서 싸우고 누가 이겼는지를 그림으로 보여줍니다.

- **실전 활용법**

매도: 주가가 많이 오른 상태에서 '헤드앤숄더'나 '쌍봉(M자)'이 나오면 미련 없이 팔아야 합니다.

매수: 주가가 바닥권에서 '쌍바닥(W자)'이나 '역헤드앤숄더'를 만들면 분할 매수로 접근합니다.

- **예시 (땅 다지기)**

콩콩 뛰어서(주가 하락) 땅을 한 번 밟았는데 불안해서, 한 번 더 쿵 하고 밟아 봤습니다(쌍바닥). 땅이 단단한 걸 확인했으니 이제 마음 놓고 위로 점프(상승) 합니다.

Chapter 4

미국 주식과 ETF로 포트폴리오 확장하기

(한국을 넘어 세계로, 주식보다 넓은 '투자의 바다'로 나가자)

코스피 / 코스닥 [필수 용어 ★]

"대기업 형님들의 무대와 벤처들의 등용문"

한국 주식 시장은 크게 두 리그로 나뉩니다.

코스피(KOSPI): 삼성전자, 현대차, LG에너지솔루션 등 **덩치가 크고 검증된 대기업**들이 모여 있는 1부 리그입니다. 비교적 안정적입니다.

코스닥(KOSDAQ): IT, 바이오, 엔터테인먼트 등 **성장성이 높은 중소, 벤처 기업**들이 모여 있는 2부 리그입니다. 변동성이 큽니다.

- **예시 (백화점 vs 힙한 편집숍)**
- 코스피: 누구나 아는 명품 브랜드가 입점한 **백화점**.
- 코스닥: 유행을 선도하는 신진 디자이너들이 모인 **편집숍**.

NASDAQ / NYSE / S&P500 [필수 용어 ★★]

"세계의 돈이 모이는 거대한 무대와 그 성적표"

미국 주식 시장을 대표하는 장소(시장)와 지수(성적표)입니다.

NYSE (뉴욕증권거래소): 코카콜라, 월마트 같은 전통적인 우량 기업들이 상장된, 세계 최대의 증권거래소입니다.

나스닥 (NASDAQ): 애플, 구글, 테슬라 같은 기술주와 성장주들이 모여 있는 벤처 기업의 산실입니다.

S&P 500: 미국 전체 시장을 가장 잘 대변하는 500개 대표 기업의 주가를 묶은 지수입니다.

• 핵심 포인트

시장의 성격: NYSE는 '전통과 안정', 나스닥은 '혁신과 성장'의 이미지.

진짜 기준: 뉴스에서 "미국 증시가 올랐다"고 할 때의 기준은 보통 다우 존스 지수보다는 S&P 500을 의미합니다. 워런 버핏이 **"내가 죽으면 아내에게 S&P 500 인덱스 펀드를 사주라"**고 한 그 지수입니다.

• 실전 활용법

기술주 투자: IT나 바이오 등 성장성이 높은 주식에 투자하고 싶다면 나스닥 100 지수를 추종하는 ETF(QQQ 등)를 봅니다.

시장 전체 투자: 미국 경제 전체의 성장에 베팅하고 싶다면 S&P 500 ETF(SPY, VOO 등)가 정석입니다.

• 예시 (시장 비교)
- NYSE: 양복 입은 신사들이 모인 오래된 백화점. (코카콜라, JP모건)
- 나스닥: 후드티 입은 천재들이 모인 최첨단 IT 단지. (애플, 엔비디아)

필라델피아 반도체지수 (SOX) [필수 용어 ★★]

"삼성전자를 사려거든 먼저 확인해야 할 선행지표"

미국에 상장된 반도체 관련 상위 30개 기업(설계, 제조, 유통)의 주가를

묶어 만든 지수입니다. 엔비디아, 인텔, TSMC, 마이크론 등 글로벌 반도체 대장주들이 모두 포함되어 있습니다.

- **핵심 포인트**

한국 시장의 거울: 한국 증시는 반도체(삼성전자, SK하이닉스) 비중이 매우 큽니다. 따라서 전날 밤 미국 필라델피아 반도체지수가 오르면, 다음 날 한국 증시도 오를 확률이 매우 높습니다.

경기 선행: 반도체는 '산업의 쌀'이므로, 이 지수가 꺾이면 글로벌 경기 침체 신호로 해석되기도 합니다.

- **실전 활용법**

모닝 루틴: 국내 주식 투자자라면 아침에 눈 뜨자마자 SOX 지수 등락을 확인하는 것이 필수입니다.

방향성 매매: 반도체 사이클에 투자하고 싶다면 개별 종목을 고르는 것보다 SOX 지수를 추종하는 ETF(SOXX, SOXL)를 사는 것이 마음 편할 수 있습니다.

- **예시**

미국 반도체 지수(SOX)가 폭락했다면? 오늘 한국 반도체 주식에도 소나기가 내릴 확률이 높으니 우산을 준비해야 합니다.

MAG7 / 러셀2000 [필수 용어 ★★]

"시장을 끌고 가는 거인들과 경기를 떠받치는 개미들"

미국 주식 시장의 양극단을 보여주는 용어입니다.

MAG7 (매그니피센트 7): 미국 증시를 주도하는 7개 빅테크 기업 (애플,

MS, 알파벳, 아마존, 엔비디아, 메타, 테슬라). 시장 상승의 대부분을 이들이 담당합니다.

러셀 2000: 미국의 시가총액 하위 2,000개 중소형주를 모은 지수. 내수 경기와 금리에 매우 민감합니다.

- **핵심 포인트**

시장 쏠림: 최근 몇 년간 MAG7만 오르고 나머지 주식들은 소외되는 양극화가 심했습니다.

금리 민감도: 러셀 2000 기업들은 현금이 부족해 빚이 많습니다. 금리 인하 소식이 들리면 가장 먼저 환호하며 급등하는 경향이 있습니다.

- **실전 활용법**

주도주 탑승: 상승장에서는 MAG7 비중을 높이는 것이 수익률 방어에 유리합니다.

순환매 포착: 금리 인하 시기가 다가오면 그동안 소외받았던 러셀 2000 (중소형주)으로 돈이 몰리는지(순환매) 확인해야 합니다.

- **예시 (학교 성적)**
  - MAG7: 전교 1~7등 하는 천재들. 반 평균 점수(지수)를 혼자 다 올림.
  - 러셀 2000: 나머지 평범한 학생 2,000명. 학교 전체 분위기(실물 경기)가 좋은지 나쁜지는 애들을 봐야 알 수 있음.

ETF (상장지수펀드) [필수 용어 ★]

"주식처럼 사고파는 펀드, 맛있는 반찬을 모아놓은 비빔밥"

ETF는 여러 종목을 하나의 바구니에 담아 주식처럼 거래할 수 있게 만든 상품입니다. 펀드인데 가입 절차 없이 주식 앱에서 바로 사고팔 수 있다는 점이 가장 큰 장점입니다. 삼성전자 한 종목만 사기 무섭다면, 삼성전자가 포함된 반도체 ETF를 사면 됩니다.

자동 분산투자: ETF 1주만 사도 그 안에 포함된 수십, 수백 개의 기업에 조금씩 투자하는 효과가 있습니다. (계란을 여러 바구니에 담는 효과)

저렴한 비용: 일반 펀드보다 운용 보수가 훨씬 싸고, 증권거래세가 면제되는 경우가 많아 장기 투자에 유리합니다.

- **예시 (과일 바구니)**
- 주식: 사과, 배, 포도 중 하나를 고르는 것. (맛있거나, 맛없거나)
- ETF: 사과, 배, 포도를 조금씩 잘라 담은 과일 바구니. (하나가 맛없어도 다른 과일이 있어서 안전함)

ETF 구조 (NAV, 괴리율) [필수 용어 ★★]

"포장지 가격(주가)과 내용물 가격(NAV)의 차이"

ETF는 주식처럼 사고팔 수 있는 펀드입니다. 이때 ETF 1주가 실제로 담고 있는 주식들의 진짜 가치를 NAV(순자산가치)라고 합니다. 그런데 시장에서는 사람들이 너도나도 사려고 하면 NAV보다 비싸게 거래되기도 하는데, 이 차이를 괴리율이라고 합니다.

NAV: ETF가 가진 주식을 다 팔아서 현금화했을 때 1주당 받을 돈.

시장 가격: 주식 시장에서 현재 거래되는 가격.

괴리율: (시장 가격 - NAV)의 차이.

- **핵심 포인트**

제값 주고 사기: NAV가 10,000원인데 시장 가격이 10,500원이라면? 당

신은 500원 비싸게(괴리율 +5%) 바가지를 쓰고 사는 셈입니다.

LP의 역할: 유동성 공급자(LP)들이 괴리율이 너무 벌어지지 않도록 조절하지만, 급등락장에서는 이 기능이 마비될 수 있습니다.

- **실전 활용법**

매수 전 확인: ETF를 살 때는 호가창 옆에 있는 iNAV(실시간 추정 기준가)를 꼭 확인하세요. 괴리율이 너무 높다면(보통 1~2% 이상) 매수를 잠시 미루는 게 좋습니다.

  - **예시 (과자 선물 세트)**
  - NAV: 과자 10봉지의 마트 가격 합계 (1만원)
  - 시장 가격: 당근마켓에서 거래되는 선물 세트 가격 (1만 2천원)
  - 괴리율: 2천원 비쌈 (+20%). 굳이 웃돈 주고 살 필요가 있을까요?

ETN [필수 용어 ★★]

"ETF의 사촌 동생, 하지만 '신용 위험'이라는 꼬리표가 붙은"

ETN(상장지수증권)은 ETF처럼 주식 시장에서 거래되지만, 자산운용사가 아니라 증권사가 발행하는 상품입니다. 원자재나 변동성 지수처럼 ETF로 만들기 어려운 복잡한 구조를 상품화할 때 주로 쓰입니다.

- **핵심 포인트**

신용 위험: ETF는 운용사가 망해도 내 주식이 별도 보관되어 있어 안전하지만, ETN은 증권사가 망하면 휴지 조각이 될 수 있습니다.

만기: 주식이나 ETF와 달리 ETN은 만기일이 정해져 있어, 그 날짜가 되면 강제로 현금으로 청산됩니다.

- **실전 활용법**

원자재 투자: 원유, 천연가스, 은 등 원자재 레버리지/인버스 상품은 대부분 ETN입니다.

조기청산 주의: 괴리율이 너무 커지거나 지수가 폭락하면, 만기 전이라도 강제로 상장폐지(조기청산)될 수 있으니 약관을 잘 봐야 합니다.

- **예시 (금고 vs 차용증)**
  - ETF: 내 돈으로 산 금괴를 은행 금고에 따로 보관. (망해도 금괴는 안전)
  - ETN: 친구(증권사)에게 돈을 빌려주고 받은 차용증. (파산시 돈 못 받음)

레버리지 / 인버스 [필수 용어 ★★]

"수익도 2배, 손실도 2배? 혹은 하락장에 돈 버는 청개구리?"

지수(Index)의 움직임을 추종하는 ETF의 변형 상품들입니다.

레버리지: 지수가 1% 오를 때 2배(또는 3배)로 오르도록 설계된 상품. (상승장 불타기용)

인버스: 지수가 1% 내릴 때 반대로 1% 오르도록 설계된 상품. (하락장 헷지용) 일명 '곱버스'는 하락 시 2배 수익이 납니다.

- **핵심 포인트**

음의 복리(레버리지): 횡보장에서는 기초 지수가 본전이어도 레버리지 상품은 손실이 날 수 있습니다. 장기 투자에 부적합합니다.

방향성 베팅: 개별 종목 분석이 어려울 때, 시장 전체의 방향(상승/하락)만 맞히면 수익을 낼 수 있습니다.

- **실전 활용법**

단기 승부: 확실한 상승장이나 폭락장이 예상될 때 짧게 치고 빠지는 용도로 써야 합니다.

헷지(Hedge): 내가 가진 주식이 폭락할까 봐 불안할 때, 인버스를 일부 매수해두면 주가 하락 손실을 인버스 수익으로 상쇄할 수 있습니다.

- **예시 (코스피가 1% 올랐다면?)**
 - 일반 ETF: +1% 이익
 - 레버리지: +2% 이익 (야호!)
 - 인버스: -1% 손해 (청개구리니까)

레버리지 ETF의 함정 [심화 용어 ★★★]
"횡보장에서도 계좌가 녹아내리는, 음의 복리 마법"

"코스피가 장기적으로 우상향한다면, 2배 레버리지 ETF를 사서 묻어두면 수익도 2배가 되지 않을까?" 주식 투자자라면 누구나 한 번쯤 해봤을 법한 생각입니다. 상승장에서 레버리지 ETF가 주는 수익률의 달콤함은 마약과도 같습니다. 하지만 금융 공학자들은 레버리지 ETF를 장기 투자 상품으로 설계하지 않았습니다. 오히려 설명서 깨알 같은 글씨로 "보유 기간이 길어질수록 추적 오차가 발생할 수 있습니다"라고 경고합니다. 이 경고의 진짜 의미는 "오래 들고 있으면 당신의 돈은 수학적으로 반드시 줄어듭니다"라는 뜻입니다.

산수(Arithmetic)가 아닌 기하(Geometry)의 함정 레버리지 ETF의 함정은 **'음의 복리(Negative Compounding)' 효과**에서 나옵니다. 아주 간단한 수학으로 증명할 수 있습니다. 지수가 첫날 10% 오르고, 둘째 날 10% 내렸다고 가정해 봅시다. 본전일까요? 아닙니다. 100원이었던 주가는 110원이 되었다가, 110원의 10%(11원)가 빠지니 99원이 됩니다. 원금에서 **-1% 손실**입니다. 그렇다면 2배 레버리지 ETF는 어떨까요? 지수가 10% 오를 때 20% 오르고, 10% 내릴 때 20% 내립니다. 100원이었던 ETF는 120원이 되었다가, 120원의 20%(24원)가 빠지니 96원이 됩니다. 원금에서 **-4% 손실**입니다. 기초 자산은 1%밖에 안 빠졌는데, 2배 레버리지는 2%가 아니라 무려 4%가 빠졌습니다. 등락을 반복할수록 이 격차는 눈덩이처럼 벌어집니다.

변동성 끌림(Volatility Drag): 가만히 있어도 녹는다 시장이 일직선으로 오르기만 한다면 레버리지는 축복입니다. 양의 복리 효과가 발생하기 때문입니다. 하지만 현실의 시장은 끊임없이 오르내리는 파도와 같습니다. 지수가 상승과 하락을 반복하며 제자리걸음(횡보)을 하는 동안, 레버리지 ETF는 위에서 본 수학적 원리에 의해 가치가 야금야금 깎여 나갑니다. 이를 **'변동성 끌림(Volatility Drag)' 또는 '부의 침식'**이라고 부릅니다. 특히 하락장에서 손실을 만회하려면 더 큰 상승이 필요합니다. 50%가 떨어지면 원금을 찾기 위해 100%가 올라야 합니다. 레버리지 상품은 이 '복구의 난이도'를 기하급수적으로 높여버립니다.

일일(Daily) 수익률 추종의 비밀 이 모든 현상의 원인은 레버리지 ETF가 '누적 수익률'의 2배가 아니라, '일일 수익률'의 2배를 추종하도록 설계되었기 때문입니다. 오늘 하루의 등락폭만 2배로 맞추면 운용사의 의무는 끝납니다. 따라서 기간이 길어질수록 복리 효과가 왜곡되어, 1년 뒤 지수는 올랐는데 내 레버리지 ETF는 마이너스가 나는 황당한 상황이 벌어지는 것입니다.

투자자의 결론: 짧게 쓰고 버려야 할 도구 레버리지 ETF는 투자의 대상이 아니라 '트레이딩의 도구'입니다. 확신이 있는 구간에서 짧고 굵게 수익을 내고 빠져나와야 하는 '단기 결전용 무기'인 셈입니다. 이것을 일반

주식처럼 생각하고 "언젠간 오르겠지" 하며 장기 보유하거나, 물 타기를 하는 것은 계좌를 스스로 파괴하는 행위입니다. 레버리지는 양날의 검입니다. 내가 휘두를 수 있을 때는 명검이지만, 그 위에 올라타서 잠드는 순간 내 목을 겨누는 흉기가 됨을 명심하십시오.

레버리지 ETF의 함정 (The Trap of Leveraged ETFs)
지수를 매일 일정 배율로 추종해 단기 수익은 크지만, 변동성 누적·복리 효과 때문에 장기 보유 시 실제 지수 대비 수익이 크게 왜곡되거나 손실이 커질 수 있는 구조적 위험

선물 (Futures) [심화 용어 ★★★]

"미래의 불확실성을 사고파는, 자본주의의 타임머신"

우리는 흔히 주식 투자를 '기업의 지분을 사는 것'이라고 말합니다. 하지만 금융 시장에는 기업의 지분이 아니라, '시간'과 '약속'을 사고파는 거대한 시장이 존재합니다. 바로 선물(Futures) 시장입니다. 선물은 문자 그대로 '미래의 물건'을 거래하는 것입니다. "3개월 뒤인 9월 두 번째 목요일에, 코스피200 지수를 지금 가격인 350포인트에 살게요."라고 오늘 미리 약속하는 것이죠. 3개월 뒤 지수가 400으로 오르면 나는 350에 살 권리가 있으니 대박이 나지만, 300으로 떨어지면 울며 겨자 먹기로 350에 사야 하니 쪽박을 찹니다. 이처럼 선물은 미래의 불확실성을 현재의 확정된 가격으로 묶어두려는 시도에서 출발했습니다.

배추밭에서 월스트리트까지: 헷지(Hedge)와 투기 선물의 기원은 농촌

의 '밭떼기' 거래와 같습니다. 배추 농사는 풍년이 들면 가격이 폭락하고, 흉년이 들면 가격이 폭등합니다. 농부는 가격 폭락이 두렵고, 김치 공장 사장은 가격 폭등이 두렵습니다. 그래서 둘은 배추를 심기도 전에 미리 가격을 정해 계약을 맺습니다. 이것이 바로 위험을 회피하는 **'헷지(Hedge)' 거래**입니다. 하지만 월스트리트로 넘어온 선물은 성격이 변질되었습니다. 위험을 피하려는 사람보다, 위험을 즐기며 가격 변동에 베팅하는 투기 세력이 주류가 된 것입니다. 주식은 회사가 성장하면 모두가 돈을 버는 '포지티브 섬'이지만, 선물은 누군가 돈을 벌면 누군가는 반드시 그만큼 잃어야 하는 냉혹한 **'제로 섬' 게임**입니다.

꼬리가 몸통을 흔든다: 주식 투자자가 선물을 알아야 하는 이유는 **'왝더독(Wag the Dog)' 현상** 때문입니다. 꼬리(선물)가 몸통(현물/주식)을 흔든다는 뜻입니다. 선물 시장은 현물 시장보다 규모는 작지만, 적은 돈으로 큰 금액을 굴리는 레버리지 효과 때문에 투기적 자금이 엄청나게 몰립니다. 외국인 투자자가 "앞으로 한국 증시가 떨어질 것 같다"고 판단하면, 삼성전자를 일일이 파는 것보다 선물을 대량 매도하는 것이 훨씬 빠르고 효율적입니다. 선물이 쏟아져 나오면 선물 가격이 현물 가격보다 싸지는 '백워데이션'이 발생하고, 기계적인 프로그램 매매(차익거래)가 작동하여 현물 주식까지 자동으로 팔아치우게 됩니다. 즉, 기업의 실적과 무관하게 외국인의 선물 플레이 하나만으로 코스피가 1~2%씩 급락할 수 있습니다. 당신이 보유한 우량주가 이유 없이 폭락한다면, 십중팔구 선물 시장에서 매도 폭탄이 터졌기 때문일 것입니다.

개인에게 선물은 투자가 아니라 '도박'이다 선물 거래의 가장 큰 특징은 무시무시한 '레버리지'입니다. 주식은 1억원어치를 사려면 1억원(신용을 써도 4~5천만원)이 필요하지만, 선물은 증거금 1,500만원만 있으면 1억원어치 계약을 맺을 수 있습니다. 방향만 맞으면 수익률이 주식의 7~10

배가 되지만, 반대로 방향이 틀리면 순식간에 원금 전액이 사라지는 것은 물론, 빚까지 질 수 있습니다(마진콜). 주식은 비자발적 장기 투자라도 할 수 있지만, 선물은 만기일이 정해져 있어 버티기가 불가능합니다. 시간이 되면 강제로 결판을 내야 합니다. 그래서 개인에게 선물은 투자가 아니라 홀짝 게임과 다를 바 없습니다.

투자자의 결론: 직접 하지는 말고, 훔쳐보기만 하라 선물은 개인이 다룰 수 있는 무기가 아닙니다. 하지만 시장의 방향을 읽는 '선행지표'로서는 훌륭한 도구입니다. 장중에 외국인이 선물을 대량으로 매수하고 있다면, 그들은 당분간 시장을 좋게 보고 있다는 신호입니다. 반대로 선물을 미친 듯이 팔고 있다면, 소나기(하락)가 올 준비를 하고 있다는 뜻이니 주식 비중을 줄여야 합니다. 선물을 직접 매매하는 것은 독이 든 성배를 마시는 것이지만, 선물 시장의 움직임을 관찰하는 것은 험난한 주식 시장을 항해하는 데 필요한 고성능 레이더를 장착하는 것과 같습니다.

개념 한 줄 정리

선물 (Futures)

미래의 일정 시점에 특정 자산을 미리 정한 가격으로 사고팔기로 약정하는 계약으로, 투자·헤지·가격 변동 위험 관리에 활용되는 파생상품.

옵션 (Call/Put) [심화 용어 ★★★]

"가장 적은 돈으로 가장 큰 부를 얻거나, 혹은 모든 것을 잃거나"

주식 시장에는 "100만원으로 1억원을 만들었다"는 전설 같은 무용담이 종종 떠돕니다. 십중팔구 **옵션(Options)** 시장에서 나온 이야기입니다.

반대로 "하룻밤 사이에 집 한 채 날렸다"는 비극의 주인공 역시 대부분 옵션 투자자입니다. 옵션은 미리 정해진 가격으로 특정 자산을 '살 수 있는 권리(Call)'와 '팔 수 있는 권리(Put)'를 사고파는 상품입니다. 주식이 회사의 '소유권'을 거래하는 것이라면, 옵션은 미래의 불확실성에 대한 '권리'만을 거래하는 것입니다. 이 시장은 금융 공학이 만들어낸 가장 정교한 예술품이자, 동시에 가장 잔혹한 전쟁터입니다.

보험인가, 도박인가? 옵션의 본질은 '보험'입니다. 예를 들어, 당신이 큰 맘 먹고 산 주식이 폭락할까 봐 두렵다고 칩시다. 이때 '하락하면 돈을 버는' 풋옵션을 사두면, 주가가 폭락해도 풋옵션 수익이 손실을 상쇄해 줍니다. 마치 자동차 보험료를 내고 사고가 났을 때 보상금을 받는 것과 완벽히 같은 구조입니다. 이것이 기관 투자자들이 옵션을 사용하는 주된 목적, 바로 '헷지(Hedge)'입니다. 하지만 개인 투자자들에게 옵션은 보험이 아니라 일확천금을 노리는 '복권'으로 변질되곤 합니다. 주식은 10% 오르면 10%를 벌지만, 옵션은 레버리지 효과 때문에 기초 자산이 조금만 움직여도 100%, 1,000%의 수익(또는 손실)이 발생하기 때문입니다. 방향만 맞추면 인생 역전이 가능하다는 유혹, 이것이 수많은 불나방을 옵션 시장으로 불러들입니다.

시간은 옵션 매수자의 적(敵)이다 옵션 투자가 주식보다 어려운 결정적인 이유는 '만기일'이 존재하기 때문입니다. 주식은 물려도 "언젠가 오르겠지" 하며 버틸 수 있습니다(비자발적 장기 투자). 하지만 옵션은 정해진 날짜(만기)까지 승부가 나지 않으면, 그 가치가 '0원'이 되어 휴지 조각으로 사라집니다. 옵션에는 '시간 가치(Time Value)'라는 것이 있습니다. 만기가 다가올수록 옵션의 가격(프리미엄)은 아이스크림처럼 녹아내립니다. 따라서 옵션 매수자는 단순히 방향(오른다/내린다)만 맞춰서는 안 되고, **'언제(When)'** 움직일지까지 정확히 맞춰야 합니다. 방향이 맞아도 시간이 너무 오래 걸리면, 시간 가치가 소멸하여 결국 손해를 보게 됩니다. 옵션 매수는 시간과 싸우는 외로운 게임입니다.

증기 롤러 앞에서 동전 줍기 반대로 옵션을 파는 사람(매도 포지션)은 어떨까요? 이들은 복권을 파는 가게 주인, 혹은 보험 회사와 같습니다. 매수자가 낸 프리미엄(옵션 가격)을 수익으로 챙기며, 주가가 별로 움직이지 않으면 돈을 법니다. 승률이 매우 높습니다. 하지만 여기엔 치명적인 꼬리 위험(Tail Risk)이 숨어 있습니다. 99번 돈을 벌다가도 단 한 번, 예상을 빗나가는 대폭등이나 대폭락이 발생하면(블랙 스완), 옵션 매도자는 '무한대의 손실'을 입고 파산합니다. 월가에서는 이를 두고 "증기 롤러 앞에서 동전을 줍는 행위"라고 부릅니다. 짤짤이 수익을 챙기려다 한 방에 깔려 죽을 수 있다는 경고입니다.

투자자의 결론: 제로섬 게임의 냉혹함 주식 시장은 기업이 성장하면 너도 나도 돈을 버는 '포지티브 섬(Positive-Sum)'이 가능합니다. 하지만 옵션은 누군가 100원을 벌면 누군가는 반드시 100원을 잃어야 하는, 피도 눈물도 없는 **'제로 섬(Zero-Sum)' 게임**입니다. 초보 투자자라면 옵션은 직접 매매하는 대상이 아니라, 시장의 심리를 읽는 도구로만 활용해야 합니다. 풋옵션 거래량이 폭증하면 "시장이 공포에 질려 있구나(바닥 근접)"를 읽어내고, 콜옵션이 과열되면 "탐욕이 넘치는구나(상투 근접)"를 파악하는 것. 그것만으로도 옵션은 충분히 제 몫을 다한 것입니다. 함부로 '권리'를 사려다 '미래'를 팔아버리는 우를 범하지 마십시오.

개념 한 줄 정리

옵션 (Option, Call/Put)

특정 자산을 미래에 정해진 가격으로 살 권리(Call) 또는 팔 권리(Put)를 거래하는 파생상품으로, 제한된 비용으로 수익 추구·위험 헤지가 가능한 계약

콘탱고 & 백워데이션 [심화 용어 ★★★]

"선물 시장의 정상(Normal)과 비정상(Inverted), 그리고 숨겨진 비용"

주식 시장은 '지금'의 가치를 거래하지만, 선물 시장은 '시간'을 거래합니다. 그래서 선물 가격에는 항상 '시간의 값'이 포함되어 있습니다. 정상적인 시장에서 미래의 가격은 현재보다 비싸야 합니다. 이를 '콘탱고(Contango)'라 부릅니다. 반대로 지금 당장의 물건이 너무 귀해져서 미래 가격보다 현재 가격이 더 비싼 비정상적인 상황을 '백워데이션(Backwardation)'이라 부릅니다. 이 두 단어는 단순히 가격의 높낮이를 뜻하는 것이 아니라, 시장이 지금 평온한 상태인지, 아니면 수급이 꼬여 비명을 지르고 있는 상태인지를 알려주는 신호등입니다.

콘탱고: 시간은 공짜가 아니다 (보유 비용의 원리) 왜 3개월 뒤에 받을 금(Gold)이나 원유(Oil)가 당장 받는 것보다 비쌀까요? 바로 '보유 비용(Cost of Carry)' 때문입니다. 금 1kg을 지금 사서 3개월 동안 보관하려면 금고 임대료(보관료)가 들고, 도난 방지 보험료도 내야 하며, 그 돈을 은행에 넣었으면 받았을 이자(기회비용)도 포기해야 합니다. 따라서 3개월 뒤의 선물 가격은 [현재 가격 + 이자 + 보관료]가 되어야 정상입니다. 시장이 콘탱고 상태라는 것은 재고가 충분하고 공급망이 안정적이라는 뜻입니다. 하지만 이 '정상적인 상태'가 ETF 장기 투자자에게는 '보이지 않는 세금'이 된다는 점을 명심해야 합니다.

백워데이션: 지금 당장 내놔라 (공포와 결핍) 그런데 가끔 상식이 뒤집힙니다. 전쟁이 터져 석유 공급이 끊기거나, 가뭄으로 밀 생산이 급감하면 어떻게 될까요? 공장을 돌려야 하는 사장님들은 3개월 뒤의 석유보다 당장 오늘 쓸 석유가 미치도록 급해집니다. 이때는 보관료고 이자고 따질 겨를이 없습니다. 웃돈(Premium)을 얹어서라도 현물을 확보하려 듭

니다. 이로 인해 현물 가격이 선물 가격보다 폭등하는 '백워데이션'이 발생합니다. 즉, 백워데이션은 시장에 '극심한 공급 부족'이나 '단기적인 공포'가 지배하고 있다는 강력한 신호입니다.

투자자의 적(敵): 롤오버 비용의 함정 이 개념이 주식 투자자, 특히 **원자재 ETF 투자자**에게 중요한 이유는 **'롤오버'** 때문입니다. 선물은 만기가 있습니다. 만약 당신이 원유 ETF를 샀다면, 펀드매니저는 만기가 다가온 '이번 달 원유 선물'을 팔고 '다음 달 원유 선물'을 사야 합니다.

콘탱고 상황(정상 시장)이라면? 50달러짜리(이번 달)를 팔고, 52달러짜리(다음 달)를 사야 합니다. **'싸게 팔고 비싸게 사는'** 손해 보는 장사를 매달 반복해야 합니다. 유가가 가만히 있어도 내 계좌는 매달 -2달러씩 녹아내립니다. 이것이 원자재 장기 투자가 필패하는 이유입니다.

백워데이션 상황이라면? 60달러짜리(이번 달)를 팔고, 55달러짜리(다음 달)를 삽니다. **'비싸게 팔고 싸게 사는'** 이득을 봅니다. 이를 '롤오버 수익(Roll Yield)'이라 합니다.

투자자의 결론: 곡소리 날 때가 기회다 역사적으로 원자재 시장에서 큰돈을 번 투자자들은 백워데이션이 발생했을 때 진입했습니다. 시장이 비정상적일 만큼 공급 부족에 시달릴 때가 바로 가격 상승의 압력이 가장 높을 때이기 때문입니다. 또한 백워데이션은 투자자에게 '롤오버 수익'이라는 보너스까지 얹어줍니다. 선물 가격의 곡선(Curve)을 보십시오. 미래가 비싼 평온한 상태(콘탱고)라면 장기 투자를 피하고, 현재가 비싼 비상사태(백워데이션)라면 그때가 바로 투자의 적기일 수 있습니다. **시장이 비명을 지를 때, 기회는 찾아옵니다.**

콘탱고 (Contango)

선물가격이 현물가격보다 높은 구조로, 시간이 지날수록 보관비·금융비용 등
이 반영되어 만기 선물가격이 더 비싸지는 현상.

백워데이션 (Backwardation)

선물가격이 현물가격보다 낮은 구조로, 공급 부족·강한 즉시 수요 등이 반영
되어 현물이 선물보다 비싸게 형성되는 현상.

롤오버 (Rollover) [심화 용어 ★★★]

"시간을 돈으로 사는 행위, 그리고 숨겨진 청구서"

주식은 기업이 망하지 않는 한 영원히 보유할 수 있습니다. 버티기가 가
능한 이유입니다. 하지만 선물(Futures) 시장에는 '만기일'이라는 가차
없는 데드라인이 존재합니다. 원유 선물을 샀는데 만기일까지 팔지 않으
면, 정말로 인천항에 드럼통 수천 개가 배달될 수도 있습니다. 따라서 만
기가 다가오면 투자자는 선택해야 합니다. 청산하고 판을 떠날 것인가,
아니면 게임을 계속할 것인가? 만약 투자를 이어가고 싶다면, 만기가 된
상품을 팔고 다음 달 만기인 상품을 새로 사야 합니다. 이 교체 과정을
'롤오버(Rollover)'라고 부릅니다. 단순히 갈아타는 것 같지만, 여기에는
치명적인 비용이 숨어 있습니다.

비싸게 사서 싸게 파는 것이 아니라, '싸게 팔고 비싸게 사는' 함정 롤오
버가 무서운 이유는 '가격 차이' 때문입니다. 선물 시장은 보통 미래의
가격이 현재보다 비싼 '콘탱고(Contango)' 상태를 유지합니다. 보관료
와 이자 비용 때문이죠. 예를 들어, 내가 가진 '3월물 원유 선물'이 50달

러인데, 갈아타야 할 '4월물 원유 선물'은 52달러라고 칩시다. 롤오버를 하려면 50달러짜리를 팔고 52달러짜리를 사야 합니다. 앉은자리에서 배럴당 2달러의 손해(비용)가 발생합니다. 만약 유가가 한 달 동안 50달러 그대로였다고 해도, 나는 롤오버 비용 때문에 2달러를 잃습니다. 유가가 제자리걸음을 해도 내 계좌가 녹아내리는 마법, 이것이 바로 '롤오버 비용'입니다.

원자재 ETF 장기 투자의 필패 원인 많은 개인 투자자가 "기름값이 바닥이니 오르겠지"라며 원유 ETF를 사서 장기 보유합니다. 하지만 1년 뒤 유가가 실제로 올랐음에도 불구하고, ETF 수익률은 마이너스인 경우가 허다합니다. 왜일까요? 바로 매달 발생하는 롤오버 비용이 유가 상승분보다 컸기 때문입니다. ETF 운용사는 기계적으로 매달 롤오버를 진행합니다. 콘탱고 상황에서 12번 롤오버를 하면 12번의 손실이 확정적으로 누적됩니다. 이것은 마치 밑 빠진 독에 물을 붓는 것과 같습니다. 롤오버는 공짜가 아닙니다. 시간을 연장하기 위해 투자자가 지불해야 하는 '유지비'입니다.

역발상의 기회: 롤오버가 보너스가 되는 순간 반대의 경우도 있습니다. 전쟁이나 공급 부족으로 당장의 물건이 귀해져서 현재 가격이 미래보다 비싼 '백워데이션(Backwardation)' 상황입니다. 이때는 60달러짜리(이번 달)를 팔고 58달러짜리(다음 달)를 삽니다. 비싸게 팔고 싸게 사니 차액인 2달러가 공짜로 생깁니다. 이를 '롤오버 수익(Roll Yield)'이라 합니다. 고수들은 바로 이 백워데이션이 발생했을 때 원자재 시장에 진입합니다. 가격 상승의 차익에 더해, 롤오버할 때마다 보너스(수익)까지 챙길 수 있기 때문입니다.

투자자의 결론: 현물 가격에 속지 말라 TV 뉴스에서 "국제 유가가 5% 올

랐습니다"라고 할 때, 그것은 당신이 산 ETF의 가격이 아닙니다. 당신의 수익률은 [기초 자산의 가격 변동 - 롤오버 비용]으로 결정됩니다. 선물 기반의 ETF(원유, 천연가스, 농산물 등)에 투자하려거든, 반드시 선물 가격 곡선을 확인하십시오. 다음 달 가격이 이번 달보다 훨씬 비싸다면(가파른 콘탱고), 그 투자는 롤오버 비용이라는 세금을 내느라 실패할 확률이 높습니다. 롤오버는 장기 투자가 무조건 정답이 아님을 보여주는 가장 냉혹한 증거입니다.

롤오버 (Rollover)

만기 도래한 선물·옵션 포지션을 청산하지 않고 다음 만기로 연장하기 위해 기존 계약을 정리하고 새 계약을 동시에 체결하는 과정.

네 마녀의 날 (Quadruple Witching Day) [심화 용어 ★★★]

"알고리즘과 욕망이 충돌하는, 변동성의 마법"

주식 시장에는 3월, 6월, 9월, 12월의 두 번째 목요일(한국 기준)마다 기이한 현상이 벌어집니다. 멀쩡하던 주가가 장 마감 직전에 미친 듯이 널뛰기를 하고, 호가창은 눈으로 쫓을 수 없을 만큼 빠르게 번쩍입니다. 마치 마녀가 빗자루를 타고 심술을 부리는 것 같다고 하여, 이날을 '네 마녀의 날(Quadruple Witching Day)'이라 부릅니다. 네 마녀의 정체는 **주가지수 선물, 주가지수 옵션, 개별주식 선물, 개별주식 옵션**입니다. 이 네 가지 파생상품의 만기가 겹치는 날, 시장은 이성보다는 수급이라는 거대한 힘에 의해 지배됩니다.

왜 이날 시장은 발작하는가: 청산(Clearing)의 압박 파생상품은 '만기'가 있는 시한부 인생입니다. 만기일이 되면 투자자들은 결정을 내려야 합니다. 들고 있던 계약을 현금으로 정산해서 끝낼지(청산), 아니면 다음 만기일로 넘길지(롤오버)를 말이죠. 이때 가장 큰 변동성을 만드는 주범은 '프로그램 매매(차익거래)'입니다. 기관 투자자와 외국인은 평소에 현물(주식)과 선물(Futures)의 가격 차이를 이용해 무위험 수익을 챙기는 차익거래를 해둡니다. 예를 들어 '선물을 팔고 현물을 사둔' 상태라면, 만기일에는 이 포지션을 정리하기 위해 가지고 있던 현물 주식을 시장에 쏟아내야 합니다. 이 물량은 기업의 실적이나 뉴스기와는 아무 상관이 없습니다. 오직 "만기일이니까 기계적으로 정리해야 한다"는 알고리즘에 의해 쏟아지는 매물입니다. 수조 원에 달하는 물량이 장 마감 동시호가 시간(3시 20분~30분)에 집중되면, 주가는 순식간에 급등하거나 급락하게 됩니다. 이것이 마녀의 심술입니다.

변동성은 방향성이 아니다 초보 투자자가 가장 많이 하는 오해는 네 마녀의 날의 주가 움직임을 '시장의 방향성'으로 착각하는 것입니다. "오늘 삼성전자가 3% 급락했어! 뭔가 악재가 있나 봐!" 아닙니다. 그저 만기를 맞은 프로그램 매물이 쏟아져 일시적으로 가격이 눌린 것일 확률이 높습니다. 반대로 이날 주가가 급등했다고 해서 "상승장이 시작됐다"고 흥분할 필요도 없습니다. 만기일 효과로 인한 변동성은 대개 하루 이틀이면 제자리를 찾아갑니다. 이날의 급등락은 펀더멘털의 변화가 아니라, 거대한 자금들이 포지션을 바꾸는 과정에서 생기는 '노이즈(Noise)'에 불과합니다.

마녀는 누구에게나 공평하지 않다 물론 이 변동성이 기회가 되기도 합니다. 펀더멘털은 튼튼한데 단지 수급 때문에 억울하게 폭락한 주식이 있다면, 다음 날 반등을 노리고 저가 매수할 수 있는 최고의 찬스이기 때문입니다. 하지만 반대로 생각하면, 내가 가진 주식이 아무 이유 없이 폭탄을 맞을 수도 있다는 뜻입니다. 특히 마감 직전의 변동성은 예측이 불가능합니다. 외국인이 막판에 매수 폭탄을 던질지, 매도 폭탄을 던질지는 그들의 포지션 계산기에 달려 있기 때문입니다. 그래서 고수들은 이날만큼은 섣불리 예측 매매를 하지 않고, 한발 물러서서 관망하는 태도를 취합니다.

투자자의 결론: 소나기는 피하고 보자 네 마녀의 날은 시장이 가장 비이성적으로 움직이는 날입니다. 당신이 장기 투자자라면 이날의 주가 등락에 일희일비할 필요가 전혀 없습니다. 그저 "오늘도 마녀들이 시끄럽게 파티를 하는구나" 하고 HTS를 끄는 것이 정신 건강에 좋습니다. 하지만 단기 매매를 하는 투자자라면, 이날만큼은 오버나이트(주식을 다음 날로 넘기는 것)를 신중히 해야 합니다. 예측할 수 없는 파도에 휩쓸리기보다는, 파도가 지나가고 물결이 잔잔해진 뒤에 다시 배를 띄우는 것이 현명한 항해사의 자세입니다. 마녀는 준비되지 않은 투자자의 공포를 먹고 자랍니다.

개념 한 줄 정리

네 마녀의 날 (*Quadruple Witching Day*)
주가지수선물·주가지수옵션·개별주식선물·개별주식옵션 네 가지 파생상품이 동시에 만기되는 날로, 대규모 청산·롤오버로 인해 거래량과 변동성이 크게 증가하는 시점.

Chapter 5

멘탈을 지키고 계좌를 불리는 필승 전략

(고수는 수익을 좇지 않고 '위험'을 관리한다)

액면가 / 액면분할 [기초 용어 ★]

"주권에 적힌 의미 없는 가격과 피자 조각 나누기"

액면가: 주식회사를 처음 만들 때 정한 1주당 법적인 가격입니다. (보통 100원, 500원, 5,000원 등). 실제 시장에서 거래되는 가격(주가)과는 아무 상관이 없습니다.

액면분할: 주식 1주를 쪼개서 주식 수를 늘리고 가격을 낮추는 것입니다. 기업 가치는 그대로지만, 1주당 가격이 싸지기 때문에 소액 투자자들이 접근하기 쉬워져 거래량이 늘어납니다.

- **예시 (삼성전자의 국민주 변신)**

2018년, 삼성전자 주가는 250만원이라 개미들은 사기 힘들었습니다. 액면분할 (50:1)을 단행하여 1주를 50개로 쪼갰습니다. → 주가는 5만원이 되어 누구나 살 수 있는 국민주가 되었습니다. (재산 가치는 변함없음)

시가총액 [기초 용어 ★]

"주식 수가 반영된 기업의 진짜 몸무게"

주가(1주 가격)가 비싸다고 큰 회사가 아닙니다. **시가총액**은 [현재 주가 × 발행한 총 주식 수]로 계산하며, 기업이 시장에서 얼마짜리로 평가받는

지를 보여주는 진짜 크기입니다. 예를 들어 주가가 100만원이라도 주식이 10장뿐이면 시가총액은 1,000만원에 불과하지만, 주가가 1,000원이라도 주식이 1억 장이면 시가총액은 1,000억원인 큰 회사가 됩니다. 외국인과 기관은 주가보다 이 시가총액을 보고 투자합니다.

- **예시 (누가 더 큰 회사일까?)**
- A 기업: 주가 50만원 (발행주식 1만 주) → 시총 50억
- B 기업: 주가 5천원 (발행주식 1,000만 주) → 시총 500억 → 주가는 A가 비싸지만, 회사의 규모는 B가 10배 더 큽니다.

수급 (개인/외국인/기관) [필수 용어 ★★]

"주포가 누구인가? 시장을 움직이는 돈의 정체"

주가가 오르려면 누군가 비싼 가격에 주식을 사줘야 합니다. 한국 시장의 주요 플레이어는 크게 셋으로 나뉩니다.

외국인: 자금력이 가장 크고 정보가 빠름. **'메이저 세력'**.

기관: 투신(펀드), 연기금(국민연금), 금융투자 등. 기업 분석에 강함.

개인(개미): 자금력은 크지만 뭉치지 못함. 보통 고점에서 사고 저점에서 파는 안타까운 지표로 쓰임.

- **핵심 포인트**

양매수: 외국인과 기관이 동시에 사는 종목(쌍끌이 매수)은 상승 확률이 매우 높습니다.

개인의 반대편: 일반적으로 개인이 많이 사면 주가는 떨어지고, 개인이 팔면 주가는 오르는 경향이 있습니다.

- **실전 활용법**

수급 주체 확인: 내가 산 종목을 누가 사고 있는지 매일 확인하세요. 주가는 오르는데 외국인이 계속 팔고 있다면 곧 하락할 위험이 있습니다.

연기금 따라하기: 장기 투자를 원한다면 '연기금'이 꾸준히 모아가는 종목을 눈여겨보는 것이 좋습니다.

- **예시 (고래와 새우)**

바다(시장)에서 고래(외국인/기관)가 움직이면 물결이 크게 일렁입니다. 새우(개인)는 고래 등에 붙어가야 안전하지, 고래와 맞서 헤엄치면 휩쓸려갑니다.

공매도 / 숏커버링 [필수 용어 ★★]

"없는 주식을 팔아치우고, 나중에 사서 갚는 역발상 투자"

공매도는 주가가 떨어질 것으로 예상될 때, 주식을 빌려서 먼저 팔고(매도), 주가가 떨어지면 싸게 사서 갚아(매수) 차익을 남기는 기법입니다.

공매도: 하락에 베팅. (비쌀 때 팔고 쌀 때 갚음)
숏커버링: 공매도한 주식을 갚기 위해 다시 주식을 사는 행위.

- **핵심 포인트**

개미의 적: 공매도가 많으면 매도 압력이 세져 주가 상승을 방해하지만, 거품을 빼는 순기능도 있습니다.

숏커버링의 마법: 주가가 예상과 달리 오르면, 공매도 세력은 손해를 막기 위해 급하게 주식을 사들여야 합니다(숏커버링). 이때 주가가 폭등하는 현상을 '숏스퀴즈'라고 합니다.

- **실전 활용법**

대차잔고 확인: 대차잔고(공매도 대기 물량)가 급증하는 종목은 조만간 공매도 공격을 받을 수 있으니 조심해야 합니다.

역이용: 공매도 비율이 너무 높은데 실적이 좋게 나오면, 숏커버링이 들어와 주가가 급등할 수 있습니다.

- **예시 (아이폰 빌려 팔기)**

친구에게 아이폰(현재가 100만원)을 빌려서 중고 장터에 100만원에 팝니다. 일주일 뒤 아이폰 가격이 70만원으로 떨어지면, 하나 사서 친구에게 돌려줍니다. 나는 30만원을 벌었습니다.

증자 (유상증자 / 무상증자) [필수 용어 ★★]

"주주들에게 손을 벌리거나, 보너스를 주거나"

자본금을 늘리기 위해 주식을 새로 찍어내는 것을 '증자'라고 합니다. 돈을 받고 주냐, 공짜로 주냐에 따라 시장의 반응은 천지 차이입니다.

유상증자: 주주들에게 돈을 받고 새 주식을 파는 것. (주식 수가 늘어나 가치 희석 → **대부분 악재로 인식**)

무상증자: 주주들에게 공짜로 새 주식을 나눠주는 것. (잉여금을 자본금으로 옮기는 회계적 절차 → **대부분 호재로 인식**)

- **핵심 포인트**

유상증자의 목적: 빚 갚으려고(채무 상환) 하는 증자는 최악의 악재지만, 공장 짓거나 회사를 인수하려고(시설/타법인 투자) 하는 증자는 장기적 호재일 수 있습니다.

무상증자의 효과: 기업 가치는 변함없지만, "우리 회사 곳간 넉넉하다"는 자신감의 표현이자 유동성을 늘려주기 때문에 단기적으로 주가가 급등하곤 합니다.

- **실전 활용법**

권리락 주의: 증자를 하면 기준일에 인위적으로 주가를 떨어뜨리는 '권리락'이 발생합니다. 가격이 싸 보인다고 덜컥 사면 안 됩니다.

3자 배정 유상증자: 일반 주주가 아니라 대기업이나 큰손에게 돈을 받고 주식을 넘기는 경우(3자 배정)는 호재로 인식되어 주가가 오르는 경우가 많습니다.

- **예시 (피자 나누기)**
- 유상증자: 피자 크기는 그대로인데 조각만 더 잘게 쪼개서, 내 한 조각의 크기가 작아짐. (기분 나쁨)
- 무상증자: 사장님이 "서비스입니다"라며 피자 조각을 더 얹어줌. (기분 좋음, 단 전체 피자 양은 조절됨)

감자 (무상감자 / 유상감자) [필수 용어 ★★]

"자본금을 줄이는 다이어트, 살을 빼는 것인가 뼈를 깎는 것인가?"

기업의 자본금을 줄이는 것을 '감자'라고 합니다. 주식을 없애는 행위인데, 주주에게 보상을 주느냐 안 주느냐에 따라 천지 차이입니다.

무상감자: 주주에게 보상 없이 주식 수를 줄이는 것. (주로 누적된 적자를 장부상에서 지우기 위해 사용 → **대형 악재**)

유상감자: 줄어든 주식만큼 주주에게 돈을 지급하는 것. (기업 규모를 축소하고 주주에게 현금을 돌려줌 → **중립 또는 호재**)

- **핵심 포인트**

무상감자의 공포: "10주를 1주로 병합합니다"라고 하면, 내 주식 9주가 공중분해 되는 것입니다. 회사가 망하기 직전이라는 신호일 수 있습니다.

재무구조 개선: 감자를 하면 자본금이 줄어들어 회계상으로는 재무구조가 건전해 보입니다. (상장폐지를 면하기 위한 경우가 많습니다.)

- **실전 활용법**

거래정지 주의: 감자가 결정되면 일정 기간 매매가 정지됩니다. 부실 기업이 감자 공시를 냈다면, 거래 재개 후 주가가 폭락할 가능성이 높으니 주의해야 합니다.

- **예시 (엘리베이터 지분의 정리)**
- 무상감자: 건물 관리비가 감당이 안 되자, 관리인이 입주자 10명이 나눠 가진 엘리베이터 지분을 1명만 남기고 없애버림. 보상은 없음. (최악)
- 유상감자: "건물 규모를 좀 줄이겠습니다"라며 엘리베이터 지분 일부를 회수하고, 해당 지분만큼 현금으로 정산해 줌. (나쁘지 않음)

권리락 / 배당락 [필수 용어 ★★]

"권리가 사라진 날, 주가는 가벼워진다"

주식 시장에서는 특정 날짜(기준일)까지 주식을 들고 있어야 배당이나 증자(새 주식)를 받을 권리를 줍니다. 이 기준일이 지나면 권리가 사라지는데, 형평성을 맞추기 위해 **주가를 인위적으로 떨어뜨려 시작하게 만드는 것**을 말합니다.

권리락: 유/무상증자를 받을 권리가 없어진 날.

배당락: 배당금을 받을 권리가 없어진 날.

- **핵심 포인트**

주가 하락: 배당락일이나 권리락일에는 시초가가 전날보다 낮게 시작합니다. 이는 회사의 가치가 떨어진 게 아니라, '보너스(배당/신주)가 빠진 가격'으로 조정된 것입니다.

착시 효과: 권리락으로 주가가 싸지면 가격 메리트가 생겨 일시적으로 매수세가 몰려 주가가 오르는 경우도 있습니다.

- **실전 활용법**

배당 투자: 배당을 받고 싶다면 배당락일 전날까지 주식을 매수해야 합니다. 배당락일에 사면 배당은 못 받고 주가 하락만 맞을 수 있습니다.

- **예시 (임신한 암소)**

배 속에 송아지(배당/신주)가 있는 암소는 비쌉니다. 송아지를 낳은(권리락/배당락) 후의 암소는 송아지 가격만큼 빼고 거래되는 게 공정합니다.

자사주 매입 / 소각 [필수 용어 ★★]

"회사가 자기 주식을 사는 이유, 태워야 진짜다"

회사가 자기 돈으로 시장에 풀린 자사 주식을 사들이는 것을 **'자사주 매입'**, 사들인 주식을 아예 없애버리는 것을 **'자사주 소각'**이라고 합니다.

매입: "주가가 너무 싸다"라는 신호를 시장에 주며 주가를 방어합니다.

소각: 전체 주식 수가 줄어들어, 기존 주주들이 가진 주식의 가치(EPS)가 영구적으로 올라갑니다.

- **핵심 포인트**

진짜 호재는 소각: 자사주를 매입만 하고 소각하지 않으면, 나중에 회사가 돈 필요할 때 다시 시장에 내다 팔 수 있습니다(오버행 이슈). 사서 소

각까지 해야 진정한 주주 환원입니다.

미국 vs 한국: 미국 기업들은 자사주 소각이 일상적이지만, 한국 기업들은 매입만 하고 창고에 쌓아두는 경우가 많습니다.

• **실전 활용법**

공시 확인: "자사주 신탁 계약 체결"은 매입만 하겠다는 뜻이고, "주식 소각 결정"이 찐 호재입니다. 소각 공시가 뜨면 주가는 보통 급등합니다.

• **예시 (피자 조각 줄이기)**

8조각인 피자를 6조각으로 자르면? (2조각 소각) 피자 한 판 크기는 그대로지만, 내가 먹는 한 조각의 크기는 훨씬 커집니다.

스핀오프 (인적분할 / 물적분할) [필수 용어 ★★]

"회사를 쪼개는 두 가지 방법, 주주에게 득인가 독인가?"

하나의 회사를 두 개로 나누는 것을 말합니다. 한국 주식 시장에서는 이 나누는 방식에 따라 주주의 운명이 갈립니다.

인적분할: 회사를 쪼개면서 기존 주주에게 **새 회사의 주식을 공짜로 나눠줍니다.** (주주에게 이득, 수평적 분할)

물적분할: 회사를 쪼개서 **자회사**로 만듭니다. 기존 주주는 새 회사의 주식을 **한 주도 못 받습니다.** (주주에게 손해, 수직적 분할)

• **핵심 포인트**

개미의 눈물, 물적분할: 알짜 사업부를 물적분할해서 자회사로 만든 뒤 따로 상장시키면(중복 상장), 모회사의 가치는 껍데기만 남게 되어 주가가 폭락하곤 합니다. (예: LG화학의 LG에너지솔루션 분할 사태)

지주사 할인: 한국 시장에서 지주사 주가가 싼 이유는, 자회사들이 죄다 물적분할되어 따로 상장되어 있기 때문입니다.

- **실전 활용법**

뉴스 체크: "핵심 사업부를 분할한다"는 뉴스가 뜨면 '인적'인지 '물적' 인지 반드시 확인해야 합니다. 물적분할 후 재상장이라면 모회사 주식은 매도하는 게 정신 건강에 좋습니다.

인적분할 기회: 인적분할은 숨겨진 사업 가치가 재평가받는 계기가 되어 주가가 오르는 경우가 많습니다.

- **예시 (알짜 매장의 분리)**
- 인적분할: 잘되는 매장 옆에 신메뉴 전문점을 새로 열면서, 주주에게 "새 매장 지분도 나눠드립니다"라고 함. 본점 주인이면 신매장 주인도 됨. (1+1)
- 물적분할: 신메뉴 전문점을 자회사로 따로 만들고, 그 매장의 주인은 본점 회사가 됨. 기존 주주는 신매장 지분을 하나도 못 받음. (껍데기 위험)

가치투자 vs 성장투자 [필수 용어 ★★]

"흙 속의 진주를 찾는가, 달리는 말에 올라타는가?"

주식 투자의 양대 산맥이라 불리는 스타일입니다.

가치투자: 현재 실적이나 자산에 비해 주가가 싼 기업(저PER, 저PBR)을 사서 제값을 받을 때까지 기다리는 전략. (워런 버핏 스타일)

성장투자: 지금은 비싸더라도(고PER), 앞으로 돈을 **훨씬 더 잘 벌 기업**을 사는 전략. (캐시 우드 스타일)

- 핵심 포인트

금리와의 관계: 금리가 오르면 미래 이익의 가치가 깎여 성장주가 타격을 입고, 금리가 낮으면 성장주가 날아오릅니다. 가치주는 금리 인상기에 방어력이 좋습니다.

기다림의 성격: 가치투자는 "언젠가 시장이 알아주겠지" 하는 인내가 필요하고, 성장투자는 높은 변동성을 견디는 담력이 필요합니다.

- 실전 활용법

시장 국면 파악: 경기가 회복될 때는 가치주가, 저성장 국면에서는 희소성이 있는 성장주가 주목받는 경향이 있습니다.

- 예시 (쇼핑 스타일)

- 가치투자: 백화점 세일 기간에 100만원짜리 명품을 50만원에 사서 100만원 될 때까지 기다림.

- 성장투자: 지금 200만원이라도, 나중에 1,000만원이 될 것 같은 한정판 운동화를 웃돈 주고 삼.

모멘텀 투자 [필수 용어 ★★]

"가는 말이 더 간다, 추세에 편승하는 서핑"

모멘텀은 물리학 용어로 '관성'을 뜻합니다. 주식 시장에서는 "오르는 주식은 계속 오르려 하고, 내리는 주식은 계속 내리려 한다"는 성질을 이용해 투자하는 것을 말합니다. 즉, 최근 수익률이 좋거나 시장의 주도주인 종목을 따라 사는 전략입니다.

- 핵심 포인트

추세 추종: "싸게 사서 비싸게 판다"가 아니라, "비싸게 사서 더 비싸게

판다"는 마인드입니다.

뉴스에 민감: 호재가 터져 거래량이 실리고 주가가 급등할 때(모멘텀 발생), 그 에너지를 보고 진입합니다.

- **실전 활용법**

신고가 매매: 52주 신고가(1년 최고가)를 뚫는 종목은 매물대가 없고 더 강하게 상승하는 경향이 있어 모멘텀 투자의 주요 타깃이 됩니다.

손절 필수: 모멘텀(상승세)이 꺾이면 누구보다 빠르게 탈출해야 합니다. 추세가 꺾였는데 "가치투자 하겠다"며 버티면 안 됩니다.

- **예시 (맛집 줄 서기)**

사람이 바글바글한 식당(상승세)은 더 많은 손님을 끌어모읍니다. 맛집 줄을 보고 "저기 뭔가 있다"며 같이 줄을 서는 것과 같습니다.

스탑로스(Stop Loss) / 익절 [필수 용어 ★★]

"감정에 휘둘리지 않는 나만의 안전벨트와 브레이크"

매수보다 어려운 것이 매도입니다. 기계적으로 매도하는 원칙을 세우는 용어입니다.

스탑로스(손절매): 손실이 정해진 기준(예: -5%)에 도달하면, 더 큰 손실을 막기 위해 자동으로 파는 것. (생명줄)

익절: 이익이 목표치(예: +20%)에 도달하면, 욕심부리지 않고 수익을 확정 짓는 것.

- **핵심 포인트**

기계적 대응: "조금만 더 기다리면 오르겠지" 하는 미련이나, "더 오를 거

야" 하는 탐욕을 차단해 줍니다.

자동 주문: 대부분의 증권사 앱(MTS)에는 '자동 감시 주문' 기능이 있어, 잠을 자거나 일하는 중에도 스탑로스가 나가게 설정할 수 있습니다.

- **실전 활용법**

트레일링 스탑: 주가가 오르면 스탑로스 기준도 같이 올려 잡는 방법입니다. (예: 고점 대비 5% 빠지면 매도). 수익은 길게 가져가되, 하락 반전 시 이익을 지킬 수 있는 고급 기술입니다.

  - **예시 (과일 장수)**
  - 스탑로스: 썩은 사과를 발견하면, 옆 사과까지 썩기 전에 도려내는 것.
  - 익절: 더 두면 상할까봐 사과가 잘 익었을 때 얼른 따서 파는 것.

물타기 / 불타기 [필수 용어 ★★]

"실수를 만회하려는 노력인가, 승기를 잡으려는 과감함인가?"

내가 산 주식의 가격이 변했을 때 추가로 매수하는 두 가지 전략입니다.

물타기: 주가가 **떨어졌을 때 추가로 매수**해서 평균 단가를 낮추는 것.
불타기: 주가가 **올라갈 때 추가로 매수**해서 수익금을 극대화하는 것.

- **핵심 포인트**

물타기의 위험: "언젠가 오르겠지"라는 막연한 기대로 하락 추세인 종목에 계속 돈을 붓는 것은, 빠지는 늪에 돌을 던지는 것과 같습니다.

불타기의 타이밍: 상승 추세가 확실할 때 비중을 실어 수익을 극대화하는 고수의 영역입니다. 단, 평단가가 높아지므로 조정 시 손실 전환될 위험이 있습니다.

- **실전 활용법**

분할 매수: 처음부터 계획된 물타기(분할 매수)는 훌륭한 전략이지만, 손실이 무서워서 충동적으로 하는 물타기는 계좌를 망칩니다.

손절 라인: 물타기를 했는데도 지지선이 깨지면, 눈물을 머금고 전량 매도해야 더 큰 손실을 막습니다.

- **예시 (소금물 농도 조절)**
  - 물타기: 짠 국(손실)에 물을 부어 덜 짜게(손실률 축소) 만드는 것.
  - 불타기: 장작불(수익)에 기름을 부어 더 활활 타게(수익금 증대) 만드는 것.

평단가 (평균단가) [필수 용어 ★★]
"나의 손익분기점이자 심리적 기준선"

평단가는 내가 보유한 주식 1주당 평균적으로 얼마에 샀는지를 나타내는 가격입니다. 여러 번 나누어 샀을 때, 총 매수 금액을 총주식 수로 나누어 계산합니다.

- **핵심 포인트**

심리적 닻(Anchor): 투자자는 현재 주가보다 내 평단가를 기준으로 시장을 봅니다. 평단가보다 낮으면 공포를, 높으면 안도감을 느낍니다.

물타기의 효과: 주가가 떨어질 때 싸게 더 사면 평단가가 낮아져, 주가가 조금만 반등해도 본전을 찾기 쉬워집니다.

- **실전 활용법**

평단가 낮추기: 장기 투자하는 우량주라면 주가가 쌀 때 꾸준히 모아가서 평단가를 낮추는 것이 승리하는 공식입니다.

매몰 비용 오류: "내 평단가가 얼마인데 여기서 팔아?"라며 고집부리면 안 됩니다. 주식은 내 평단가를 모르고 갈 길을 갑니다.

- **예시 (사과 쇼핑)**

  1,000원짜리 사과 1개 구매, 500원짜리(세일) 사과 1개 추가 구매

  내 사과 2개의 평단가는 750원. (이제 사과값이 800원만 돼도 이득!)

체결강도 [필수 용어 ★★]

"지금 이 순간, 사려는 힘이 센가 팔려는 힘이 센가?"

체결강도는 현재 시장가로 체결되는 거래량을 분석하여 **매수세와 매도세의 힘의 균형을 보여주는 지표**입니다. 수치가 100%를 기준으로 높으면 매수세가, 낮으면 매도세가 강함을 의미합니다.

100% 초과: 사는 사람이 더 급함 (주가 상승 예상)

100% 미만: 파는 사람이 더 급함 (주가 하락 예상)

- **핵심 포인트**

적극성: 단순히 거래량이 많은 것이 아니라, '누가 더 적극적으로 가격을 위로 긁거나 아래로 던지는가'를 보여줍니다.

단기 지표: 장중 단타 매매(스캘핑)를 할 때 유용하며, 장기 투자에서는 크게 중요하지 않습니다.

- **실전 활용법**

급등주 포착: 주가는 보합인데 체결강도가 80%에서 120%로 급격히 올라간다면, 곧 시세가 분출될 가능성이 높습니다.

속임수 주의: 거래량이 적은 종목은 적은 돈으로도 체결강도를 조작할 수

있으니 맹신하면 안 됩니다.

- **예시 (줄다리기)**
- 체결강도 150%: 우리 팀(매수)이 밧줄을 훅훅 당겨오고 있음. (이길 확률)
- 체결강도 50%: 상대 팀(매도)에게 질질 끌려가고 있음. (질 확률)

신용 / 담보대출 (레버리지 투자) [필수 용어 ★★]

"남의 돈을 끌어다 쓰는 양날의 검, 수익도 빚도 두 배"

내 돈(예수금)만으로 부족할 때 증권사에서 돈을 빌려 주식을 더 사는 것을 말합니다.

신용거래: 신용과 보유 현금을 보증금 걸고 돈을 빌려 주식을 사는 것.
예탁담보대출: 내가 보유한 주식을 담보로 맡기고 돈을 빌리는 것.

• 핵심 포인트

반대매매(Margin Call): 주가가 일정 수준 이하로 떨어져 담보 비율(보통 140%)을 못 맞추면, 증권사가 **내 주식을 강제로 하한가에 팔아버립니다.** 이것이 깡통 계좌의 지름길입니다.

고금리: 증권사 신용 이자는 연 9~10%에 육박할 정도로 매우 비쌉니다. 주가가 횡보만 해도 이자 때문에 손해입니다.

• 실전 활용법

신용 잔고율 확인: 특정 종목의 신용 잔고율이 너무 높다면(10% 이상), 주가 하락 시 반대매매 물량이 쏟아져 폭락할 수 있으니 피해야 합니다.

- **예시 (전세 끼고 집 사기)**

내 돈 1억원 + 세입자 돈 3억원으로 4억짜리 집을 샀는데, 집값이 20% 폭락하면? 내 원금 1억원 중 8천만원이 순식간에 사라집니다. (원금 손실률 -80%)

포트폴리오 / 분산투자 [필수 용어 ★★]

"계란을 한 바구니에 담지 말라, 투자의 유일한 공짜 점심"

포트폴리오는 내가 가진 자산의 구성을 말하며, 분산투자는 위험을 줄이기 위해 여러 자산에 나눠 투자하는 원칙을 말합니다. 노벨 경제학상을 받은 이론에 따르면, 분산투자는 "수익률을 훼손하지 않으면서 위험만 낮출 수 있는 유일한 방법(공짜 점심)"입니다.

- **핵심 포인트**

상관관계: 단순히 종목 개수만 늘리는 게 아닙니다. 삼성전자와 SK하이닉스를 같이 사는 건 분산투자가 아닙니다(둘 다 반도체). 서로 반대로 움직이는 자산(주식 vs 채권 vs 달러)을 섞어야 진짜 분산입니다.

리밸런싱: 많이 오른 자산은 일부 팔고, 떨어진 자산을 더 사서 포트폴리오 비중을 원래대로 맞추는 과정이 수익률을 높여줍니다.

- **실전 활용법**

백화점 계좌 금지: 잘 모르는 종목 50개를 10만원씩 사는 건 아니라 방치입니다. 관리 가능한 5~10개 종목으로 압축하는 것이 좋습니다.

자산 배분: [주식 6 : 채권 4] 혹은 [주식 5 : 현금 5] 등 자신만의 비율을 정하는 것이 투자의 시작입니다.

- **예시 (우산 장수와 부채 장수)**

비가 오면 우산이 잘 팔리고, 해가 뜨면 부채가 잘 팔립니다. 두 가게에 반반씩 투자하면(분산투자), 날씨가 어떻든 망하지 않고 꾸준히 돈을 벌 수 있습니다.

시장효율성 가설 (Efficient Market Hypothesis) [심화 용어 ★★★]

"시장은 정말 항상 옳은가?"

유진 파마(Eugene Fama) 교수가 창안한 '시장효율성 가설'은 현대 재무학의 가장 논쟁적인 주제입니다. 이 이론의 핵심은 간단합니다. **"주식시장은 매우 효율적이어서, 이용 가능한 모든 정보가 즉각적으로 가격에 반영된다."** 이 말이 사실이라면, 주가는 언제나 기업의 가치를 완벽하게 반영하고 있는 '정당한 가격'입니다. 따라서 저평가된 주식을 찾아내거나 차트를 분석해 시장 평균보다 높은 수익(초과 수익)을 내는 것은 '불가능'합니다. 원숭이가 다트를 던져 고른 종목이나, 펀드매니저가 밤새 분석해 고른 종목이나 수익률은 같아야 합니다. 워런 버핏 같은 투자의 대가는 그저 '운이 좋은 사람'일 뿐이라는 결론에 도달하죠.

이론은 완벽하지만, 인간은 불완전하다 이론적으로 시장효율성 가설은 흠잡을 데가 없습니다. 수많은 똑똑한 투자자들이 눈에 불을 켜고 정보를 찾기 때문에 가격 왜곡은 순식간에 사라져야 마땅합니다. 하지만 현실은 다릅니다. 시장은 자주 미쳐 돌아갑니다. 아무런 실체도 없는 닷컴 기업들의 주가가 천정부지로 치솟았던 2000년의 버블, 우량한 기업들이 공포에 질려 헐값에 팔려나갔던 2008년 금융위기를 보십시오. 만약 시장이 항상 효율적이고 옳다면, 이런 거품과 폭락은 설명할 수 없습니다. 시장효율성 가설의 가장 큰 허점은 시장 참여자인 '인간'이 항상 합리적이지 않다는 점을 간과했다는 것입니다. 인간은 탐욕에 눈이 멀고, 공포에 질려 투매를 하는 감정적인 동물입니다.

시장은 '대체로' 효율적이다 그렇다면 이 가설은 틀린 것일까요? 아닙니다. 시장은 '대체로' 효율적입니다. 우리가 접하는 대부분의 뉴스는 이미 주가에 반영되어 있을 확률이 높습니다. 개인이 어설픈 정보나 차트 분석으로 시장을 이기려 드는 것은, 카지노에서 딜러를 이기겠다고 덤비는 것만큼이나 무모한 짓입니다. 실제로 대다수의 액티브 펀드는 장기적으로 시장 지수(인덱스) 수익률을 이기지 못합니다. 이것이 워런 버핏이 아내에게 "내가 죽으면 인덱스 펀드에 투자하라"고 유언한 이유이기도 합니다.

투자자의 결론: 비효율의 틈새를 노려라 현명한 투자자는 시장효율성 가설을 '겸손함의 도구'로 삼아야 합니다. "내가 아는 호재는 남들도 다 안다"는 사실을 인정하고, 시장을 이기는 것이 얼마나 어려운 일인지 깨달아야 합니다. 하지만 동시에 '시장이 비효율적인 순간'을 노려야 합니다. 시장이 이성을 잃고 투매할 때(가격 < 가치), 혹은 광기에 휩싸여 묻지마 매수를 할 때(가격 > 가치). 남들이 모두 "시장은 효율적이야, 분석은 의미 없어"라고 포기할 때, 끈질기게 기업의 진짜 가치를 파고들어 그 '괴리(Gap)'를 찾아내는 사람만이 시장이라는 거인을 이길 수 있습니다.

개념 한 줄 정리

시장효율성 가설
모든 정보가 즉시 주가에 반영되어 어떤 투자자도 일관되게 시장을 이길 수 없다고 보는 이론

변동성과 VIX (Volatility & VIX) [심화 용어 ★★★]
"공포는 피해야 할 대상이 아니라, 사고파는 상품이다"

주식 시장에서 초보 투자자들이 가장 두려워하는 단어는 아마도 '변동성(Volatility)'일 것입니다. 주가가 롤러코스터처럼 요동치면 사람들은 "시장이 위험하다"며 공포에 휩싸입니다. 하지만 월스트리트의 전설적인 투자자들은 이렇게 말합니다. **"변동성은 위험(Risk)이 아니다. 그것은 수익을 얻기 위해 지불해야 하는 입장료다."** 주가가 오르내리지 않고 일직

선으로만 간다면(변동성 0), 그건 예금이지 주식이 아닙니다. 우리가 은행 이자보다 높은 수익을 기대할 수 있는 것은, 바로 이 변동성이라는 불확실성을 감내했기 때문입니다.

VIX: 시장의 공포를 숫자로 보여주는 온도계 그렇다면 이 변동성, 즉 시장의 불안감을 어떻게 측정할 수 있을까요? 여기서 등장하는 것이 바로 **VIX 지수(Volatility Index)**, 흔히 '공포 지수(Fear Index)'라 불리는 지표입니다. VIX는 S&P500 지수의 옵션 가격을 기초로 하여, "향후 30일간 시장이 얼마나 출렁거릴 것으로 예상하는가?"를 수치화한 것입니다. 원리는 간단합니다. 태풍이 온다는 예보가 있으면 화재보험이나 침수 피해 보험료가 올라가듯, 시장 참여자들이 앞으로 주가가 폭락할 것 같다고 느끼면 하락에 베팅하는 '풋옵션' 가격(보험료)이 치솟습니다. 이때 VIX 지수도 함께 급등합니다. 즉, VIX가 오른다는 것은 투자자들이 겁을 먹고 돈을 써서 보험(옵션)을 들고 있다는 뜻입니다.

공포에 사서 환희에 팔아라 역설적이게도 VIX 지수는 투자자에게 최고의 '역발상 신호'가 됩니다. 통상적으로 VIX가 20 이하일 때는 시장이 평온하고 낙관적인 상태(탐욕)이며, 30을 넘어가면 불안감이 고조된 상태, 40을 넘으면 극도의 패닉 상태를 의미합니다. 대부분의 폭락장은 VIX가 40~50을 뚫고 올라갔을 때 바닥을 찍었습니다. 남들이 공포에 질려 주식을 던질 때가 사실은 가장 싸게 살 수 있는 기회였던 셈입니다. 반대로 VIX가 역사적 저점 수준으로 낮아져 있다면, 시장이 너무 안이하게 리스크를 무시하고 있다는 경고일 수 있습니다. 월가의 격언 중 "VIX가 높으면 살 때고(High is buy), VIX가 낮으면 떠날 때다(Low is go)"라는 말이 있는 이유입니다.

투자자의 결론: 온도계를 깨지 말고 온도를 읽어라 많은 투자자가 변동

성이 커지면 계좌를 닫거나 시장을 떠납니다. 하지만 현명한 투자자는 VIX라는 온도계를 보며 시장의 심리를 읽습니다. VIX가 치솟고 뉴스가 비관론으로 도배될 때, "아, 지금이 대중의 공포가 정점에 달한 시점이구나. 이제 반등을 준비해야겠다"라고 생각하는 여유. 그것이 변동성이라는 파도에 휩쓸리지 않고 파도를 타는 서퍼(Surfer)의 자세입니다. 공포는 피하는 것이 아니라, 싼 가격에 자산을 매수할 수 있는 기회로 활용해야 합니다.

변동성 (Volatility)

주가나 시장 가격이 얼마나 크게, 자주 움직이는지를 나타내는 위험 지표

VIX (변동성지수)

향후 30일 시장 변동성에 대한 투자자의 불안·공포 수준을 반영한 대표 지수

위험 프리미엄 (Risk Premium) [심화 용어 ★★★]

"위험이 없는 곳에는 수익도 없다"

주식 투자를 하다 보면 문득 이런 의문이 들 때가 있습니다. "가만히 있어도 이자를 주는 은행 예금이나, 나라가 망하지 않는 한 돈을 떼일 일 없는 국채(무위험 자산)를 두고, 밤잠을 설치게 만드는 주식을 샀을까?" 이 질문에 대한 답이 바로 '위험 프리미엄(Risk Premium)'입니다. 위험 프리미엄이란 투자자가 확실한 수익(국채 금리 등)을 포기하고, 불확실한 투자처(주식, 회사채 등)를 선택한 대가로 요구하는 '추가 수익률'을 말합니다. 즉, 투자자가 감수하는 불안감의 가격표인 셈입니다.

주식 수익률의 본질: 공포에 대한 보상 역사적으로 주식 시장의 연평균 수익률이 예금 금리보다 높은 이유는 무엇일까요? 기업들이 돈을 더 잘 벌어서일까요? 근본적인 이유는 주식에는 원금 손실 가능성이라는 '위험'이 존재하기 때문입니다. 투자자들은 바보가 아닙니다. 위험을 공짜로 떠안지 않습니다. 주가가 반 토막 날 수 있는 공포, 회사가 망할 수도 있다는 불안을 견디는 대신, 그들은 국채 금리보다 5~6% 더 높은 수익을 낼 것이라는 기대를 가격에 반영합니다. 당신이 주식으로 얻은 수익은 단순히 운이 좋아서가 아니라, 남들이 두려워할 때 용기를 낸 '위험 감수의 대가'입니다.

위험 프리미엄이 높다는 것의 의미 시장이 공포에 질려 폭락할 때는 위험 프리미엄이 극도로 치솟습니다. 투자자들이 주식을 보유하는 데 더 많은 대가를 요구하기 때문에, 주가는 싸져야만(기대 수익률 상승) 거래가 됩니다. 역설적이게도, 이때가 바로 최고의 투자 기회입니다. 사람들의 요구 수익률이 높아진 만큼, 지금 사면 나중에 얻게 될 기대 수익률도 높아지기 때문입니다. 반대로 모두가 낙관론에 취해 위험 프리미엄이 역사적 저점(0%에 근접하거나 마이너스)으로 떨어졌다면, 그것은 주식을 보유해도 국채보다 더 벌기 힘들다는 뜻입니다. 그때는 미련 없이 시장을 떠나야 할 때입니다.

투자자의 결론: 공짜 점심은 없다 많은 초보 투자자가 '저위험 고수익' 상품을 찾아 헤맵니다. 하지만 자본주의 시장에서 그런 것은 존재하지 않습니다. 높은 수익 뒤에는 반드시 그만큼의 위험 프리미엄이 숨어 있습니다. 안전하게 돈을 벌고 싶다면 낮은 수익률(예금)을 받아들여야 하고, 높은 수익을 원한다면 그에 상응하는 변동성과 불확실성(주식)을 기꺼이 감내해야 합니다. 당신이 얻는 수익은 당신이 견뎌낸 공포의 크기와 정확히 비례합니다. 이것이 투자의 제1법칙입니다.

위험 프리미엄 *(Risk Premium)*

무위험 자산 대비 더 높은 위험을 감수한 대가로 투자자가 추가로 요구하는 기대 수익률을 의미함

베타(Beta)와 알파(Alpha) [심화 용어 ★★★]

"시장에 묻어갈 것인가, 시장을 이길 것인가"

주식 시장에서 수익을 내는 방법은 크게 두 가지입니다. 하나는 시장 전체가 상승하는 흐름에 올라타는 것이고, 다른 하나는 남들보다 뛰어난 실력으로 시장 평균보다 더 버는 것입니다. 금융 공학에서는 전자를 '**베타(Beta)**', 후자를 '**알파(Alpha)**'라고 부릅니다. 이 두 개념을 구분하는 것은 투자자가 자신의 실력을 객관화하고, 포트폴리오의 전략을 짜는 첫걸음입니다.

베타: 파도에 몸을 맡기는 기술 베타는 '시장 민감도'를 뜻합니다. 시장(코스피나 S&P500)이 1% 오를 때 내 주식이 똑같이 1% 오른다면 베타는 '1'입니다. 만약 2% 오른다면 베타는 '2'(고베타), 0.5%만 오른다면 베타는 '0.5'(저베타)가 됩니다. 베타 수익은 내가 종목을 잘 골라서 얻은 것이 아닙니다. 자본주의 시스템이 성장하고 시장 전체의 파이가 커짐에 따라 자연스럽게 얻게 되는 '시장 수익률'입니다. 인덱스 펀드나 ETF에 투자하는 것은 바로 이 베타(1.0)를 저렴한 비용으로 취하겠다는 전략입니다. 강세장에서는 베타가 높은 종목(성장주, 기술주)에 올라타는 것만으로도 큰돈을 벌 수 있습니다. 하지만 기억하십시오. 이것은 당신의 실력이 아니라, 거대한 파도(시장)가 당신을 밀어 올려준 덕분입니다.

알파: 중력을 거스르는 인간의 의지 반면 알파는 '초과 수익'을 의미합니다. 시장이 10% 오를 때 내 포트폴리오가 15% 올랐다면, 그 5%의 차이가 바로 알파입니다. 이는 시장의 흐름과 무관하게 저평가된 종목을 발굴하거나 기막힌 매매 타이밍을 잡아내는 '투자자의 실력'에서 나옵니다. 모든 펀드매니저와 액티브 투자자의 꿈은 '알파 창출'입니다. 워런 버핏이나 피터 린치가 위대한 이유는 수십 년간 시장 수익률(베타)을 압도하는 알파를 만들어냈기 때문입니다. 알파는 남들이 보지 못한 가치를 찾아낸 대가이며, 위험을 관리한 보상입니다.

알파를 쫓다가 베타도 잃는 비극 문제는 알파를 얻기가 하늘의 별 따기라는 점입니다. 알파는 제로섬(Zero-sum) 게임에 가깝습니다. 누군가 시장보다 더 벌었다면, 누군가는 반드시 시장보다 덜 벌어야 평균이 맞춰지기 때문입니다. 게다가 알파를 추구하려면 잦은 매매와 비싼 수수료가 발생합니다. 통계적으로 전 세계 액티브 펀드의 80% 이상이 장기적으로 시장 지수(인덱스) 수익률을 이기지 못합니다. 많은 초보 투자자가 자신의 직감을 믿고 알파(대박)를 쫓다가, 잦은 손절과 수수료 때문에 베타(시장 평균)조차 챙기지 못하는 것이 주식 시장의 냉혹한 현실입니다.

투자자의 결론: 당신의 수익은 실력인가, 운인가? 상승장에서 돈을 벌고 우쭐해하는 투자자에게 물어야 합니다. **"당신의 수익은 베타입니까, 알파입니까?"** 만약 시장이 오른 만큼만 벌었다면(베타), 그것은 운이 좋았던 것입니다. 겸손해야 합니다. 하지만 하락장에서도 시장보다 덜 깨지고 수익을 지켰다면(알파), 그것은 진짜 실력입니다. 현명한 투자자는 자신의 능력 범위를 인정합니다. 알파를 창출할 능력이 부족하다고 판단되면, 욕심을 버리고 저렴한 비용으로 베타(ETF)를 확보하는 것이 부자로 가는 가장 확실한 지름길일 수 있습니다.

베타 (Beta)

시장 변동에 대한 개별 자산의 민감도를 나타내는 지표로, 베타가 높을수록 시장보다 더 크게 흔들림.

알파 (Alpha)

시장수익률과 베타로 설명되는 기대수익을 초과해 투자자가 추가로 얻은 초과성과를 의미함.

스마트베타 / 팩터 투자 [심화 용어 ★★★]

"감정을 배제하고, 시장을 이기는 '수학적 공식'을 찾아서"

주식 시장에는 오랜 난제가 있습니다. 펀드매니저가 종목을 고르는 '액티브 펀드'는 시장 수익률(베타)을 초과하는 '알파'를 추구하지만, 높은 수수료와 매니저의 판단 착오라는 리스크가 있습니다. 반대로 지수를 그대로 추종하는 '패시브 펀드(ETF)'는 비용이 싸고 투명하지만, 시장 평균 이상의 수익을 기대할 수는 없습니다. **"비용은 저렴하면서도, 시장 평균을 이길 수 있는 방법은 없을까?"** 이 질문에 대한 답으로 탄생한 것이 바로 **스마트베타, 즉 팩터 투자**입니다. 이는 인간의 직관이나 감정이 아니라, 역사적으로 검증된 수학적 규칙(Factor)에 따라 포트폴리오를 구성하는 전략입니다.

투자의 DNA를 분해하다: 팩터(Factor)란 무엇인가? 과학자들이 물질을 쪼개어 원자를 발견했듯이, 금융 공학자들은 주식 수익률을 쪼개어 그 원천을 찾아냈습니다. 그것이 바로 '팩터'입니다. 그들은 수십 년간의 데이터를 분석한 결과, 특정 조건을 갖춘 주식들이 장기적으로 시장 평균보다 높은 수익을 냈다는 사실을 발견했습니다.

대표적인 팩터들은 다음과 같습니다.

가치(Value): 장부 가치나 이익 대비 싼 주식(저PER, 저PBR)이 비싼 주식보다 수익률이 좋다.

사이즈(Size): 소형주가 대형주보다 장기적으로 더 높은 수익을 낸다.

모멘텀(Momentum): 최근에 오른 주식이 관성에 의해 계속 오르는 경향이 있다.

퀄리티(Quality): 수익성이 높고 부채가 적은 우량 기업이 부실 기업보다 낫다.

저변동성(Low Volatility): 주가 변동이 적은 주식이 위험 대비 수익률이 더 뛰어나다.

스마트베타 ETF는 시가총액 순서대로 담는 기존 방식 대신, 이러한 팩터 점수가 높은 종목들의 비중을 늘리는 방식으로 설계됩니다. 즉, 워런 버핏의 투자 스타일(가치+퀄리티)을 알고리즘으로 구현하여 누구나 쉽게 살 수 있게 만든 상품인 셈입니다.

완벽한 공식은 없다: 팩터의 순환과 인내심 그렇다면 팩터 투자는 무조건 돈을 벌어다 줄까요? 불행히도 그렇지 않습니다. 팩터 투자에도 '계절'이 있습니다. 예를 들어, 가치주 팩터는 2000년대 초반에는 훌륭한 성과를 냈지만, 2010년대 기술주 성장 시대에는 처참한 수익률을 기록했습니다. 모멘텀 팩터는 상승장에서는 불을 뿜지만, 횡보장이나 하락 전환기에는 잦은 손절로 손실을 키우기도 합니다. 영원히 시장을 이기는 단 하나의 팩터는 존재하지 않습니다. 팩터들도 서로 엎치락뒤치락하며 순환하기 때문입니다.

투자자의 결론: 당신의 포트폴리오에 '규칙'을 심어라 스마트베타의 진정한 가치는 '일관성'에 있습니다. 사람은 공포에 질려 저점에서 주식을 팔고, 탐욕에 눈멀어 고점에서 주식을 삽니다. 하지만 팩터(알고리즘)는 감정이 없습니다. 그저 정해진 규칙대로 싼 주식을 사고, 오르는 주식을 보유할 뿐입니다. 시장을 이기기 위해 매일 밤 차트를 보고 재무제표를 분석할 시간이 없다면, 혹은 자신의 멘탈을 믿지 못하겠다면 스마트베타는 훌륭한 대안이 됩니다. 내가 어떤 스타일(가치, 성장, 배당 등)의 투자를 선호하는지 파악하고, 그 철학이 담긴 팩터 ETF를 골라 장기 보유하십시오. 그것이 수학의 힘을 빌려 투자의 승률을 높이는 가장 스마트한 방법입니다.

개념 한 줄 정리

스마트베타 (Smart Beta)

시가총액 대신 가치·모멘텀·저변동성 등 특정 규칙에 따라 종목을 구성해 수익과 위험을 개선하려는 전략.

팩터투자 (Factor Investing)

가치·성장·이익품질·모멘텀 등 수익을 설명하는 요인을 체계적으로 선택해 장기 초과수익을 추구하는 투자 방식.

유동성 (Liquidity) [심화 용어 ★★★]

"시장의 혈액순환, 멈추는 순간 심장마비가 온다"

경제가 건강할 때 우리는 유동성의 존재를 전혀 의식하지 못합니다. 마치 건강한 사람이 자신의 혈액순환을 걱정하지 않는 것과 같습니다. 하지만 혈관이 막혀 피가 돌지 않으면 순식간에 생명이 위태로워지듯, 금융 시장에서도 유동성이 멈추는 순간 멀쩡하던 기업이 쓰러지고 자산 가격은 자유낙하를 시작합니다. 투자자에게 유동성은 수익을 내기 위한 연료이자, 생존을 위한 산소와 같습니다.

'살 수 있는가'보다 중요한 것은 '팔 수 있는가'이다 많은 투자자가 유동성을 단순히 '거래량이 많은 것' 정도로 이해합니다. 하지만 진정한 의미의 유동성은 "내가 원하는 가격에, 원할 때 즉시 현금화할 수 있는 능력"을 말합니다. 상승장에서는 모든 것이 평화롭습니다. 사려는 사람(매수 호가)이 줄을 서 있기 때문에, 내가 팔고 싶으면 언제든 제값을 받고 팔 수 있습니다. 유동성이 풍부한 상태입니다. 하지만 진정한 공포는 하락장에 찾아옵니다. 악재가 터지면 모두가 팔려고 아우성인데 사려는 사람은 자취를 감춥니다. 호가창이 텅 비어버리는 순간, 주가는 -3%, -10%, -20%로 순식간에 추락합니다. 펀더멘털이 튼튼한 기업이라도 이 '유동성 공백' 구간에 걸리면 억울한 폭락을 피할 수 없습니다. 이것이 바로 '흑자 도산'이 일어나는 원리입니다.

호텔 캘리포니아와 바퀴벌레 모텔 유동성이 부족한 자산(중소형주, 비상장 주식, 지방 부동산 등)은 들어갈 때 마음대로지만 나갈 때 마음대로 안 되는 '호텔 캘리포니아'와 같습니다. 월가에서는 이를 '바퀴벌레 모텔(Roach Motel)'이라 부르기도 합니다. 체크인은 쉽지만 체크아웃은 불가능하다는 뜻입니다. 평소 거래량이 적은 소형주(Small-cap)가 위험한 이유가 여기 있습니다. 내가 주식을 1억원어치 샀는데, 하루 거래대금이 1,000만원밖에 안 된다면 어떨까요? 내가 팔려고 내놓는 순간 주가가 폭락해 제 살을 깎아먹게 됩니다. 이를 '유동성 비용'이라 합니다. 반면 삼성전자나 애플 같은 대형주는 언제든 수십억원어치를 팔아도 시장 가격에 거의 영향을 주지 않습니다. 대형주가 소형주보다 비싸게(높은 PER)

거래되는 이유는 바로 이 '언제든 탈출할 수 있는 권리(유동성 프리미엄)'
가 가격에 포함되어 있기 때문입니다.

위기의 순간, 현금은 쓰레기가 아니라 '왕(King)'이다 레이 달리오 같은
대가는 "현금은 쓰레기"라고 말한 적이 있지만, 그것은 인플레이션 헤지
관점에서의 이야기일 뿐입니다. 유동성 위기가 닥쳤을 때 현금은 최고의
'콜옵션'이 됩니다. 모든 자산 가격이 폭락하고, 옆 사람이 신용융자 반대
매매를 당해 헐값에 주식을 던질 때, 그 자산을 받아줄 수 있는 것은 '현
금'을 쥔 사람뿐입니다. 남들이 유동성 부족으로 질식할 때, 현금 보유자
는 산소를 공급해주고 헐값이 된 우량 자산을 쓸어 담습니다. 평소 포트
폴리오에 일정 비중의 현금을 남겨두는 것은 노는 돈을 방치하는 게 아니
라, 결정적인 순간을 위한 '유동성 예비군'을 양성하는 일입니다.

투자자의 결론: 출구를 확인하고 입장하라 극장에 들어갈 때 비상구의
위치를 확인하듯, 투자를 할 때도 항상 '출구 전략(Exit Strategy)'을 생
각해야 합니다. 지금 내가 사려는 이 자산은 위기의 순간에도 팔릴 수 있
는가? 만약 팔리지 않는다면(부동산, 사모펀드 등), 그 대가로 충분히 높
은 수익률(유동성 프리미엄)을 제공하는가? 기억하십시오. 유동성은 공
기와 같아서, 사라지기 전까지는 그 소중함을 알 수 없습니다. 시장의 혈
관이 막히는 날, 당신의 계좌를 지켜줄 유일한 친구는 평소에 아껴둔 현
금뿐입니다.

개념 한 줄 정리

유동성 (*Liquidity*)

자산을 시장에서 가격 손실 없이 빠르고 쉽게 현금으로 바꿀 수 있는 정도를
의미하며, 거래 활발성과 시장 깊이를 판단하는 핵심 지표

PART Ⅱ

부동산

[내 집 마련부터 월세 부자까지]

집을 아는 것은 '공간'을 사는 게 아니라 '미래'를 사는 것입니다

대한민국에서 부동산은 삶의 터전이자 핵심 자산입니다. 하지만 높은 집 값과 복잡한 규제, 전세 사기 공포 탓에 많은 분이 두려움부터 느낍니다.

피할 수 없다면 알아야 합니다. 평생 부동산 시장을 떠날 수 없는 우리에게 용어 공부는 내 가족을 지키는 '방패'이자, 자산을 불릴 '창'과 같습니다.

PART Ⅱ [부동산: 내 집 마련부터 월세 부자까지]는 초보 세입자부터 투자자까지 아우르는 실전 로드맵을 제시합니다.

Chapter 1·2는 '안전'입니다. 등기부등본, 대항력 등 전세 사기로부터 내 보증금을 지키는 생존 지식을 다룹니다.

Chapter 3은 '자금'입니다. '집은 은행이 사주는 것'입니다. LTV, DSR 을 이해해 최적의 자금 전략을 짭니다.

Chapter 4는 '기회'입니다. 청약의 복잡한 룰 속에 숨겨진 내 집 마련의 틈새를 찾습니다.

Chapter 5·6은 '도약'입니다. 재개발·경매와 절세 전략을 통해 자산을 키우는 고수의 영역으로 안내합니다.

부동산 공부는 긴 마라톤입니다. 계약서 앞에서 당당한 세입자를 넘어, 현명한 집주인으로 거듭날 당신의 첫 번째 등기 권리증을 향한 여정을 응원합니다.

집을 보러 갈 때부터
계약하는 순간까지 알아야 할 것들
(계약서에 도장 찍기 전 확인해야 할 필수 체크리스트)

아파트 / 오피스텔 / 빌라 [기초 용어 ★]

"겉모습은 비슷해도 적용되는 법과 세금이 다르다"

아파트: 주택법 적용. 발코니(서비스 면적)가 있어 실평수가 넓고, 커뮤니티 시설이 좋음. 가장 선호되는 주거 형태.

오피스텔: 건축법 적용. 업무 시설로 분류되어 취득세가 4.6%로 비쌉니다. 발코니가 없어 아파트보다 좁고 관리비가 비싼 편입니다.

빌라(다세대/연립): 아파트보다 저렴하지만, 주차난이나 보안이 취약할 수 있고 나중에 팔 때(환금성) 아파트보다 어렵습니다.

- **예시 (전용 84㎡(34평형)의 크기 차이)**
 - 아파트 84: 발코니 확장을 하면 실사용 면적이 30평대 중반으로 넓어짐.
 - 오피스텔 84: 발코니가 없어 실사용 면적이 25평 수준으로 작음.

도시형생활주택 / 생활형숙박시설 [기초 용어 ★]

"아파트인 척하지만 아파트가 아닌 틈새 상품들"

규제를 피해 도심에 공급된 변형 주택들입니다.

도시형생활주택(도생): 소형 아파트처럼 보이지만 주차장 기준이 느슨해 주차 지옥인 경우가 많습니다. 분양가 상한제를 안 받아서 가격이 비쌀 수 있습니다.

생활형숙박시설(생숙): 취사 가능한 호텔(레지던스). **주거용으로 살면 불법**입니다. 숙박업 신고를 안 하고 그냥 살면 매년 이행강제금(벌금)을 물게 되니 투자 시 주의해야 합니다.

- **예시 (분양 광고의 함정)**

"청약 통장 필요 없음, 전매 가능!"이라며 홍보하는 '레지던스(생숙)'를 덜컥 분양받았다가는, 입주도 못 하고 팔지도 못하는 애물단지가 될 수 있습니다.

전용면적 / 공급면적 / 계약면적 (평수 계산) [기초 용어 ★]

"내가 신발 벗고 들어가는 진짜 우리 집의 크기"

아파트 평수를 말할 때 가장 헷갈리는 개념입니다. **전용면적**은 현관문 안쪽의 방, 거실, 주방, 화장실 등 내가 독점적으로 쓰는 진짜 생활 공간입니다. 반면 **공급면적**은 전용면적에 계단, 복도, 엘리베이터 면적을 합친 것으로, 우리가 흔히 "이 집 몇 평이야?"라고 할 때 쓰는 '평수(34평형 등)'의 기준이 됩니다. 마지막으로 **계약면적**은 지하 주차장이나 놀이터 같은 단지 내 공용 시설까지 다 합친 면적입니다. 오피스텔은 계약면적을 기준으로 평수를 말하기 때문에, 같은 34평이라도 아파트보다 실평수가 훨씬 작다는 점을 꼭 기억해야 합니다.

- **예시 (아파트 평수 계산법)**

공급면적(㎡)을 3.3으로 나누면 됩니다.

공급면적 112㎡ ÷ 3.3 = 약 34평 (이때 전용면적은 보통 84㎡입니다)

매매 / 분양 / 임대 [기초 용어 ★]

"남의 집을 사는 것과 새 집을 짓는 것의 차이"

부동산을 거래하는 3가지 형태입니다. **매매**는 이미 지어져 있는 남의 집(구축)을 돈 주고 사서 등기를 치고 내 것으로 만드는 것입니다. 이사 날짜를 자유롭게 조절할 수 있습니다. **분양**은 아직 지어지지 않은 새 아파트(신축)를 청약을 통해 당첨받아 사는 것입니다. 계약금만 먼저 내고 2~3년에 걸쳐 돈을 나누어 내기 때문에 자금 마련할 시간을 벌 수 있습니다. 임대는 매매나 분양처럼 소유권을 갖는 게 아니라, 전세나 월세로 남의 집을 빌려 쓰는 것을 말합니다.

- **예시 (내 집 마련 방법)**
- 매매: 부동산 중개소에 가서 집 구경하고 집주인과 계약함. (즉시 가능)
- 분양: 모델하우스 보고 청약 넣어서 당첨됨. (3년 뒤 입주 가능)

시세 / 실거래가 / 공시가격 [기초 용어 ★]

"호가(부르는 값)와 진짜 거래된 가격, 그리고 세금의 기준"

부동산 가격은 목적에 따라 세 가지로 불립니다. **시세(호가)**는 집주인이 "이 가격 아니면 안 팔아"라고 부르는 **희망 가격**입니다. 네이버 부동산에 올라와 있어도 아무도 안 사면 그건 진짜 가격이 아닙니다. **실거래가**는 실제로 **계약서에 도장을 찍고 거래가 완료된 가격**으로, 국토부 시스템에 등록되는 '진짜 시장 가격'입니다. 마지막으로 **공시가격**은 정부가 재산세나 종부세 같은 **세금을 걷기 위해 정해놓은 기준 가격**입니다. 보통 시세의 70% 수준으로 책정되며, 집을 안 팔았어도 공시가격이 오르면 세금을 더 내야 합니다.

- **예시 (가격의 차이)**
- 집주인: "12억에 내놔주세요." (호가)
- 지난달 옆집: "11억에 팔렸어요." (실거래가)
- 세금 고지서: "8억원 기준으로 세금 내세요." (공시가격)

임장 (발품 팔기) [기초 용어 ★]

"지도 앱을 끄고 현장으로 나가야 하는 이유"

인터넷으로 정보를 찾는 '손품'을 넘어, 현장에 직접 가서 눈으로 확인하는 활동을 '임장'이라고 합니다. 지도 앱에서는 평지처럼 보였는데 막상 가보니 등산 수준의 언덕일 수도 있고, 낮에는 조용했는데 밤에는 유흥가라 시끄러울 수도 있습니다. 또한 부동산 중개소에 들러 인터넷에 올리지 않은 급매물 정보를 얻거나, 동네의 진짜 분위기를 파악하는 것도 임장의 중요한 목적입니다.

- **예시 (지도 vs 현실)**

지도상으로는 "지하철역 도보 5분"이라길래 갔는데, 막상 가보니 급경사 오르막길이었다면? → 계약했으면 매일 등산할 뻔했습니다.

등기부등본 (표제부/갑구/을구) [기초 용어 ★]

"집의 신분증이자 건강검진표, 계약 전 필독 서류"

사람에게 주민등록등본이 있듯, 부동산에는 등기부등본이 있습니다. 이 집이 언제 지어졌고, 주인이 누구이며, 빚은 얼마나 있는지를 보여주는 공적인 장부입니다. 크게 세 부분으로 나뉩니다.

표제부: 집의 '외관' 정보. (주소, 면적, 층수, 용도 등)

갑구: 집의 '주인' 정보. (소유자 이름, 가압류, 경매 개시 등 소유권 정보)

을구: 집의 '빚' 정보. (근저당권, 전세권 등 소유권 이외의 권리)

- **예시 (안전한 집인지 확인하기)**
- 표제부: 내가 본 집 호수가 맞는지 확인 (101동 505호).
- 갑구: 계약하러 나온 집주인과 이름/주민번호가 일치하는지 확인.
- 을구: 은행 빚(근저당)이 너무 많지 않은지 확인.

소유권 / 단독·공동명의 [기초 용어 ★]

"이 집의 진짜 주인은 누구인가?"

소유권은 법적으로 부동산을 사용하고, 수익을 내고, 처분할 수 있는 완전한 권리입니다. 등기부등본 '갑구'에 가장 마지막으로 적힌 사람이 현재 소유자입니다.

단독명의: 한 사람이 100% 소유하는 것. (결정이 빠르고 처분이 간편)

공동명의: 부부 등이 지분을 나눠서(예: 5 대 5) 소유하는 것. (절세혜택)

- **예시 (세금 줄이기)**

집을 팔아서 1억원의 차익이 생겼다면?
- 단독명의: 혼자서 1억에 대한 세금을 다 내야 함. (세율 높음)
- 공동명의: 둘이서 5천만원씩 나눠 번 것으로 계산함. (낮은 세율 적용)

근저당권 (채권최고액) [기초 용어 ★]

"은행이 집을 담보로 돈을 빌려주며 걸어둔 안전장치"

집주인이 집을 담보로 은행 대출을 받으면 등기부등본 '을구'에 **근저당권**이 설정됩니다. 만약 집주인이 돈을 안 갚으면 은행은 이 권리로 집을 경매에 넘길 수 있습니다. 주의할 점은 등기부에 적힌 금액(**채권최고액**)은 실제 빌린 돈보다 **110~130% 높게 설정**된다는 것입니다. 이자가 연체될 경우를 대비해 은행이 미리 넉넉하게 잡아두는 금액입니다.

- **예시 (전세 들어갈 때 계산법)**

집주인이 "나 은행에서 1억 빌렸어"라고 해도, 등기부에는 '채권최고액 1억 2천만원'이라고 적혀 있습니다. 내 보증금이 안전한지 따질 때는 1억이 아니라, 등기부에 적힌 1억 2천만원을 빚으로 보고 계산해야 합니다.

가계약금 / 계약금 / 중도금 / 잔금 [기초 용어 ★]

"집값을 나누어 내는 4단계, 계약부터 내 집이 되는 순간까지"

부동산 거래는 금액이 크기 때문에 돈을 한 번에 주지 않고 단계별로 나눠 냅니다.

가계약금: "이 집 찜할게요"라며 미리 보내는 돈. (계약금의 일부)

계약금: 계약서 쓰는 날 내는 돈. (보통 집값의 10%)

중도금: 계약 이행의 허리 역할. 이 돈이 들어가면 집주인이 일방적으로 계약을 파기할 수 없습니다. (40~60%)

잔금: 열쇠 받는 날 치르는 마지막 돈. (나머지 금액)

- **예시 (5억 아파트 매매)**
- 가계약금: 500만원 (일단 찜)
- 계약금: 4,500만원 (계약서 작성일, 가계약금 포함 10% 채움)
- 중도금: 2억원 (중간에 납부)
- 잔금: 2억 5천만원 (이사 들어가는 날)

중개보수 (복비) [기초 용어 ★]

"공인중개사에게 지불하는 수수료, 법정 한도가 있다"

흔히 '복비'라고 부릅니다. 집을 구해준 대가로 내는 수수료인데, 부르는 게 값이 아니라 법으로 정해진 요율(상한선)이 있습니다. 거래 금액에 따라 0.3%~0.9% 사이에서 결정됩니다. 보통 잔금을 치르는 날 계좌이체나 현금으로 지불하며, 현금영수증 발행이 의무입니다. 부가세(VAT) 10%는 별도입니다.

- **예시 (복비 계산)**

  5억원짜리 아파트를 매매했다면? (요율 0.4% 적용 가정) 5억 × 0.4% = 200만원 (부가세 별도) → 계약 전에 미리 "복비 얼마인가요?"라고 확정 짓고 협의하는 것이 좋습니다.

특약 [기초 용어 ★]

"계약서의 빈칸에 적어 넣는 우리만의 약속, 법보다 우선한다"

표준 임대차 계약서에 없는 내용을 합의해서 추가로 적는 것입니다. **"구두로 한 약속은 무효, 특약에 적어야 효력"**이라는 말을 명심해야 합니다. 분쟁이 생겼을 때 판사님은 특약 사항을 가장 먼저 봅니다.

- **예시 (필수 특약 문구)**
  - 전세 대출: "전세자금대출 불가 시 계약금 전액을 반환한다."
  - 권리 관계: "잔금일 다음 날까지 현재의 등기부 상태를 유지한다."

Chapter 2

세입자의 권리를 지키고
갭투자의 원리를 이해하기
('전세 사기' 걱정 없는 안전한 임대차 계약)

전세 / 월세 / 반전세 [기초 용어 ★]

"목돈을 맡길 것인가, 매달 사용료를 낼 것인가?"

남의 집을 빌려 쓰는 3가지 방식입니다. **전세**는 큰 목돈(보증금)을 집주인에게 2년간 무이자로 빌려주는 대신 집을 공짜로 쓰는, 한국에만 있는 독특한 제도입니다. 세입자는 매달 나가는 돈이 없어 좋지만, 나중에 보증금을 돌려받지 못할 위험(깡통전세)이 있습니다. **월세**는 보증금을 적게 걸고 매달 집주인에게 사용료를 내는 방식이고, **반전세**는 전세금이 너무 올랐을 때 보증금을 낮추는 대신 일부를 월세로 내는 혼합형입니다. 전세 대출 이자가 비싸지면 월세나 반전세 선호도가 높아집니다.

- **예시 (전세자금대출 이자 vs 월세)**
- 전세이자가 한 달에 30만원, 월세가 50만원이라면? → 전세 유리.
- 금리가 올라 이자가 60만원, 월세가 50만원이라면? → 월세 유리.

전세권 설정 (등기 vs 확정일자) [기초 용어 ★]

"등기부에 내 이름을 새겨 보증금을 지키는 강력한 자물쇠"

내 보증금을 지키는 방법은 두 가지가 있습니다.

확정일자: 동사무소 가서 도장 받는 것. (비용 저렴, 집주인 동의 필요 없음, 전입신고 필수)

전세권 설정: 등기부등본 을구에 '세입자 OOO'라고 이름을 올리는 것. (비용 비쌈, 집주인 동의 필수)

- **예시 (언제 전세권 설정을 할까?)**
- 회사 기숙사: 법인은 전입신고를 할 수 없으므로 확정일자 효력이 없습니다. 이때 전세권을 설정합니다.
- 이사 가야 할 때: 보증금을 못 받았는데 이사를 가야 한다면, 전세권을 설정해 둬야 대항력이 유지됩니다.

전입신고 / 확정일자 [기초 용어 ★]

"내 보증금을 지키기 위해 동사무소에서 받아야 할 두 개의 도장"

이사한 날 반드시 해야 하는 행정 절차입니다.

전입신고: "나 오늘부터 이 집에 살아요"라고 국가에 신고하는 것. (**대항력 생성** - 안 쫓겨날 권리)

확정일자: 계약서에 "이 날짜에 계약한 거 맞음"이라고 도장을 찍는 것. (우선변제권 생성 - 돈 받을 순서표 확보)

- **예시 (이사 당일 미션)**
신분증과 계약서를 들고 주민센터(또는 인터넷 등기소)에 가서 "전입신고랑 확정일자 해주세요"라고 해야 내 돈을 지킬 수 있습니다.

대항력 [기초 용어 ★]

"'보증금 줄 때까지 안 나가!'라고 버틸 수 있는 힘"

세입자가 살던 집이 매매되어 주인이 바뀌거나, 경매로 넘어가도 쫓겨나지 않고 계약 기간까지 살거나 보증금을 다 받을 때까지 버틸 수 있는 법적 권리입니다. 대항력을 갖추려면 [이사(점유) + 전입신고] 두 가지를 모두 해야 합니다.

- **예시 (00시의 마법)**

오늘 이사하고 전입신고를 마쳤다면? 대항력은 '다음 날 0시'부터 생깁니다. 만약 집주인이 이사 당일에 은행 대출을 받고 근저당을 설정하면? 근저당(당일 낮)이 내 대항력(다음 날 0시)보다 빨라서, 집이 경매 넘어가면 보증금을 떼일 수 있습니다. (특약으로 방지 필수)

우선변제권 [기초 용어 ★]

"집이 경매로 넘어갔을 때, 남들보다 먼저 배당받을 수 있는 권리"

만약 살던 집이 경매에 넘어가면, 법원은 집을 판 돈으로 빚잔치를 합니다. 이때 "나도 보증금 받을 권리가 있어요!"라고 주장해서, 내 순위에 맞춰 돈을 돌려받을 수 있는 권리가 바로 **우선변제권**입니다. 이 권리를 가지려면 [**전입신고 + 확정일자**] 두 가지를 모두 갖춰야 합니다.

- **예시 (줄 서기)**
- 내 확정일자(5월 1일): 은행 근저당(6월 1일)보다 빠름. → 경매 시 내가 먼저 돈을 다 받고, 남은 돈을 은행이 가져감. (안전)
- 내 확정일자(7월 1일): 은행 근저당(6월 1일)보다 늦음. → 은행이 먼저 다 챙기고, 남은 돈만 내가 받음. (떼일 위험 있음)

임대차 3법 [기초 용어 ★]

"세입자가 맘 편히 4년 동안 살 수 있게 만든 법"

세입자의 권리를 강화하기 위해 만든 3가지 법입니다.

계약갱신청구권: 2년 살고 "2년 더 살게요"라고 요구할 수 있는 권리.
전월세상한제: 갱신할 때 집주인이 임대료를 **5% 이상 못 올리게** 막는 법.
전월세신고제: 보증금 6천만원 또는 월세 30만원 초과 시, 계약 내용을 지자체에 신고해야 하는 의무.

- **예시 (2년 만기 시점)**

 집주인이 "전세금 1억 올려줘"라고 해도, 세입자는 "갱신청구권 쓸게요. 법대로 5%만 올립시다"라고 방어할 수 있습니다. (단, 집주인이 직접 들어와서 산다고 하면 비켜줘야 함)

장기수선충당금 (장충금) [기초 용어 ★]

"세입자가 매달 대신 내고, 이사 갈 때 집주인한테 돌려받는 돈"

아파트 엘리베이터 수리나 외벽 도색 등 큰 공사를 대비해 매달 관리비에 포함해서 걷는 돈입니다. 법적으로 집주인(소유자)이 내야 하는 돈이지만, 편의상 관리비 고지서에 합산되어 나오니 세입자가 일단 냅니다. 따라서 전월세 세입자는 이사 나가는 날, 관리사무소에서 납부 확인서를 떼어 집주인에게 청구해서 **100% 돌려받아야 합니다.**

- **예시 (이사 당일 잊지 말 것)**

 관리실 가서 "장충금 내역 뽑아주세요"라고 했더니 2년 동안 50만원을 냈다고 함. → 집주인에게 "보증금이랑 장충금 50만원 같이 주세요"해야 합니다.

관리비 [기초 용어 ★]

"월세인 듯 월세 아닌, 제2의 고정 지출"

매달 집을 유지하기 위해 내는 비용입니다. 아파트는 내역이 투명하지만, 원룸이나 빌라는 "관리비 10만원"의 내역을 꼼꼼히 봐야 합니다. 인터넷, 유선방송, 수도요금이 포함된 것인지, 아니면 그냥 청소비와 엘리베이터 사용료만인지 확인해야 합니다. 최근에는 월세를 낮추고 관리비를 비정상적으로 올려 신고하는 꼼수가 많아 주의해야 합니다.

- **예시 (포함 내역 확인)**
  - A원룸: 월세 40 / 관리비 10 (인터넷, 수도, 가스 포함) → 혜자
  - B원룸: 월세 40 / 관리비 10 (포함 내역 없음, 공용 전기만) → 비쌈

전세가율 [필수 용어 ★★]

"갭투자의 온도계, 매매가와 전세가가 얼마나 붙어있는가?"

매매가 대비 전세가의 비율입니다. **(전세가 ÷ 매매가 × 100)** 전세가율이 높다는 것은 전세(실사용 가치)가 매매(투기적 가치)를 턱밑까지 추격했다는 뜻으로, 갭투자하기 좋은 환경임을 나타냅니다. 반대로 전세가율이 낮으면 투자금이 많이 들어갑니다.

- **핵심 포인트**

투자의 신호탄: 보통 아파트 전세가율이 60~70%를 넘어가면, 투자 수요가 유입되어 매매가를 밀어 올리는 경향이 있습니다.

지역별 차이: 지방 소도시나 실수요 위주 지역은 전세가율이 높고(80% 이상), 재건축 기대감이 큰 강남은 전세가율이 낮습니다(40~50% 이하).

- **실전 활용법**

저평가 찾기: 입지는 좋은데 전세가율이 높다면, 매매가가 저평가되어 있을 확률이 높습니다.

  - **예시 (같은 10억이라도)**
  - A아파트: 전세 5억 (전세가율 50%) → 갭 5억 필요
  - B아파트: 전세 8억 (전세가율 80%) → 갭 2억 필요

갭투자 [필수 용어 ★★]

"세입자의 전세금을 지렛대 삼아 소액으로 집주인이 되는 기술"

갭투자는 매매가와 전세가의 차이(Gap)만큼만 내 돈을 들여 집을 사는 투자 방식입니다. 대한민국에만 있는 '전세' 제도 덕분에 가능한 독특한 투자법입니다. 집값이 오르면 수익률이 극대화되지만, 집값이 내리거나 전세가가 빠지면 치명상을 입습니다.

- **핵심 포인트**

레버리지 효과: 5억짜리 집의 전세가 4억이라면, 나는 1억원만 있으면 됩니다. 집값이 10%(5천만원)만 올라도 내 수익률은 50%가 됩니다.

역전세 위험: 전세 시세가 떨어져서 재계약 때 세입자에게 돈을 돌려줘야 하는 상황(역전세)이 오면, 갭투자자는 파산할 수 있습니다.

- **실전 활용법**

전세가율 확인: 매매가 대비 전세가가 높을수록(갭이 작을수록) 투자금은 적게 들지만, 그만큼 하락장에서 깡통전세가 될 위험도 커집니다.

  - **예시 (1억으로 5억 집 사기)**
  - 매매가: 5억원

- 현재 전세: 4억원 (세입자 거주 중)
- 필요 자금: 5억 - 4억 = 1억원 (갭) → 등기부등본상 주인은 나지만, 실제 집값의 80%는 세입자 돈인 셈입니다.

상생임대인 제도 [심화 용어 ★★★]

"갭투자자에게 내려온 동아줄, 몸테크 없이 비과세를 만드는 마법"

부동산 규제 지역(서울 강남 3구, 용산 등)에서 1주택자가 양도세 비과세 혜택(12억원까지 면제)을 받으려면 반드시 지켜야 하는 절대 원칙이 있습니다. 바로 **'2년 실거주'** 요건입니다. 하지만 전세를 끼고 집을 산 갭투자자나, 직장 문제로 지방에 사는 집주인은 내 집에 들어가 살 수가 없습니다. 결국 집을 팔 때 수천만원에서 수억원의 양도세를 두들겨 맞아야 합니다. 이 꽉 막힌 벽을 뚫어주는 유일한 열쇠가 있으니, 바로 '상생임대인 제도'입니다. 정부가 전월세 가격 안정을 위해 "임대료를 조금만(5% 이내) 올리면, 네가 그 집에 직접 살지 않았어도 **산 것으로 쳐줄게(거주 요건 면제)**"라고 제안한 파격적인 혜택입니다.

착한 임대인이 아니라, 똑똑한 임대인이 되어라 이 제도의 이름은 '상생'이지만, 투자자에게는 철저한 '실리'의 영역입니다. 전세금을 시세대로 1억원 더 올리는 것보다, 5%만 올리고 나중에 양도세 1억원을 아끼는 것이 훨씬 남는 장사이기 때문입니다. 특히 장기보유특별공제(최대 80%)를 받기 위한 거주 요건까지 면제해 주므로, 고가 주택일수록 이 제도의 위력은 배가됩니다. 소위 '몸테크(몸으로 때우는 거주)'를 하지 않고도 비과세를 만들어낼 수 있는 유일한 합법적 절세 치트키입니다.

함정 카드: '직전 계약'의 조건을 조심하라 하지만 혜택이 큰 만큼 조건이 까다롭고, 여기서 많은 투자자가 실수하여 세금 폭탄을 맞습니다. 가

장 중요한 것은 '직전 계약'의 정의입니다. 내가 집을 살 때 이미 살고 있던 세입자의 계약은 '직전 계약'으로 인정되지 않습니다. 즉, **내가 집주인인 상태에서 세입자와 계약을 맺고 1년 6개월 이상 유지한 계약**만이 직전 계약이 됩니다. 따라서 갭투자자가 상생임대인 혜택을 받으려면 최소한 [전 세입자 승계(인정 안 됨) → 1회차 갱신 또는 새 세입자(직전 계약, 1년 6개월 이상) → 2회차 갱신(상생 계약, 5% 이내 인상, 2년 유지)]라는 긴 사이클을 거쳐야 합니다. 남이 차려놓은 밥상에 숟가락만 얹어서는 혜택을 주지 않겠다는 뜻입니다.

투자자의 결론: 시간을 태워 세금을 없애라 상생임대인 제도는 결국 '시간'을 투자해 '세금'을 사는 전략입니다. 최소 4년(직전 계약 + 상생 계약)이라는 시간이 필요하기 때문입니다. 당신이 규제 지역에 갭투자를 해둔 물건이 있다면, 무리해서 들어가 살려고 하거나 세금을 다 내고 팔지 마십시오. 전세금을 덜 받는 대신 시간을 태워 양도세를 '0'으로 만드는 이 제도가, 당신의 최종 수익률을 완성하는 마지막 퍼즐 조각이 될 것입니다.

상생임대인 제도

임대인이 5% 이하로 임대료를 인상하며 계약을 유지하면 양도세 비과세 요건 중 거주 요건을 충족한 것으로 인정해주는 인센티브 제도

Chapter 3

복잡한 대출 규제와 정부 정책 200% 활용법
(내 상황에 딱 맞는 '자금 조달' 전략 짜기)

주택담보대출 (주담대) [기초 용어 ★]

"집을 담보로 은행에서 큰돈을 빌리는 가장 대표적인 대출"

집을 살 때 내 돈만으로 사는 사람은 거의 없습니다. 내가 살 집을 은행에 담보로 잡히고 돈을 빌리는 것을 줄여서 '주담대'라고 합니다. 신용대출보다 금리가 낮고, 대출 기간을 길게(30~50년) 잡을 수 있어 매달 갚는 부담을 줄일 수 있습니다. 정부 규제(LTV, DSR)에 따라 빌릴 수 있는 한도가 정해집니다.

- **예시 (5억 아파트 매수)**

  내 현금 3억원 + 주담대 2억원 = 5억원. (은행은 집에 2.4억원 정도의 근저당을 설정하고 돈을 빌려줍니다.)

전세자금대출 [기초 용어 ★]

"보증금이 부족할 때 전세금의 80%까지 빌려주는 제도"

전세를 들어가고 싶은데 보증금 목돈이 부족할 때 받는 대출입니다. 보통 보증금의 80%(청년이나 신혼부부는 90%)까지 나옵니다. 집주인의 동의가 필요한 경우도 있고(질권설정), 필요 없는 경우도 있습니다. 매달 이자만 내다가, 계약이 끝나면 집주인에게 보증금을 돌려받아 은행에 원금을 갚는 구조입니다.

- **예시 (3억 전세집 입주)**
내 돈 6천만원 (20%) +전세대출 2억 4천만원 (80%)
매달 은행에 대출 이자(월세 개념) 납부.

원리금균등 / 원금균등 / 만기일시상환 [기초 용어 ★]

"돈을 갚는 세 가지 방법, 매달 똑같이 낼까, 처음에 많이 낼까?"

대출금을 갚아나가는 스케줄을 정하는 방식입니다.

원리금균등: 원금과 이자를 합쳐서 **매달 똑같은 금액**을 냅니다.

원금균등: 원금을 똑같이 나누고 이자를 더해서 냅니다. **처음엔 많이 내고 갈수록 줄어듭니다.** (총이자 비용이 가장 저렴함)

만기일시상환: 매달 **이자만 내다가**, 만기에 원금을 한방에 갚습니다.

- **예시 (어떤 게 유리할까?)**
- 직장인: 월급이 고정적이니 매달 나가는 돈이 일정한 '원리금균등' 선호.
- 전세 세입자: 2년 뒤 갚으면 되니까, 당장은 이자만 내는 '만기일시' 선호.

변동금리 / 고정금리 [기초 용어 ★]

"시장의 흐름에 맡길 것인가, 안정적인 이자를 택할 것인가?"

변동금리: 6개월이나 1년마다 시장 금리(COFIX 등)에 따라 내 대출 이자도 변합니다. 보통 처음엔 금리가 싸지만, 금리 인상기에는 이자 폭탄을 맞을 수 있습니다.

고정금리: 대출 만기 때까지(또는 5년 등 일정 기간) 금리가 변하지 않

습니다. 처음엔 금리가 조금 비싸지만, 금리가 올라도 내 이자는 그대로 라 안전합니다.

- **예시 (금리 인상기)**
  - 변동: 처음 3%였는데, 1년 뒤 6%가 되어 이자 부담이 2배로 뜀. (울상)
  - 고정: 처음 4%로 비쌌지만, 남들 6% 낼 때도 여전히 4%만 냄. (안도)

중도상환수수료 [기초 용어 ★]

"약속보다 너무 빨리 갚으면 은행이 물리는 벌금"

은행은 고객에게 돈을 빌려주고 30년 동안 이자를 받을 줄 알았는데, 고객이 로또에 당첨되어 1년 만에 다 갚아버리면 은행 입장에선 기대했던 이자 수익이 사라집니다. 그래서 "3년 안에 갚으면 벌금 내세요"라고 정한 것이 중도상환수수료입니다. 보통 대출 후 3년이 지나면 면제됩니다.

- **예시 (이사 갈 때 주의)**

  대출받은 지 1년 만에 집을 팔고 대출을 갚으려니, 은행이 "수수료 1.2% 내세요"라고 함. 3억을 갚으면 약 360만원을 생돈으로 내야 하니, 이사 계획 때 이 비용도 고려해야 합니다.

LTV (주택담보대출비율) [필수 용어 ★★]

"집값의 몇 퍼센트까지 빌려줄 수 있는가?"

LTV는 **주택 가격(담보 가치) 대비 대출 가능 금액의 비율**을 뜻합니다. 은행이 집을 담보로 돈을 빌려줄 때, 전체를 다 빌려주지는 않습니다. 집값이 떨어질 경우를 대비해 안전마진을 남겨두기 때문입니다. LTV가 70%라면, 10억짜리 집을 살 때 최대 7억원까지만 빌릴 수 있다는 뜻입니다.

- **핵심 포인트**

기준 가격: LTV 계산 시 집값은 내가 산 가격(실거래가)이 아니라, '**KB시세**' 또는 '감정가'를 기준으로 합니다. (보통 KB시세가 일반적)

규제 지역: 정부는 투기를 막기 위해 투기과열지구, 조정대상지역 등 규제 지역에 따라 LTV 한도를 다르게 적용합니다.

- **실전 활용법**

자금 계획: 내 돈이 얼마나 필요한지 계산하는 첫 단계입니다. "LTV 50% 지역"이라면 집값의 절반은 내 현금으로 준비해야 한다는 뜻입니다.

생애 최초 혜택: 생애 최초 주택 구입자는 지역에 상관없이 LTV를 최대 80%까지 완화해 주는 혜택이 있으니 꼭 확인해야 합니다.

- **예시 (10억짜리 아파트 매수 (LTV 50% 적용 시))**
- 대출 가능액: 10억 × 50% = 5억원
- 필요한 내 돈: 나머지 5억원

DTI / DSR (총부채상환비율) [필수 용어 ★★]
"당신의 소득으로 빚을 갚을 능력이 되는가?"

집값이 비싸도, 소득이 적으면 대출을 많이 해주지 않습니다. DTI와 DSR은 **연 소득 대비 갚아야 할 원리금(빚)의 비율**을 따지는 지표입니다.

DTI: 주택담보대출 원리금 + **기타 대출의 '이자'만** 계산. (비교적 느슨)

DSR: 주택담보대출 원리금 + **기타 대출(신용대출, 학자금 등)의 '원금+이자'** 모두 계산. (매우 강력함)

- **핵심 포인트**

DSR의 공포: DSR 40% 규제란, "네가 버는 연봉의 40% 이상을 빚 갚는 데 쓰지 말라"는 뜻입니다. 마이너스 통장이나 자동차 할부금이 있다면 대출 한도가 확 줄어듭니다.

스트레스 DSR: 금리가 오를 것을 대비해 가산 금리를 더해서 한도를 더 옥죄는 제도로, 대출 한도를 더욱 줄입니다.

- **실전 활용법**

대출 다이어트: 집 사기 전에는 마이너스 통장을 해지하거나 신용대출을 갚아서 DSR 공간을 확보해야 주택담보대출이 많이 나옵니다.

만기 연장: 대출 기간을 30년에서 40년, 50년으로 늘리면 1년 동안 갚아야 할 원리금이 줄어들어 대출 한도가 늘어나는 효과가 있습니다.

- **예시 (연봉 5천만원 직장인 (DSR 40% 적용))**

1년에 갚을 수 있는 원리금 총액 한도: 5,000만원 × 40% = 2,000만원

이미 신용대출로 연 500만원을 갚고 있다면? → 주택담보대출은 연 원리금 1,500만원까지만 받을 수 있음.

보금자리론 / 디딤돌대출 (정책 모기지) [필수 용어 ★★]

"국가가 지원하는 고정금리, 서민을 위한 내 집 마련 사다리"

정부가 서민들의 주거 안정을 위해 주택금융공사(HF) 등을 통해 지원하는 저금리 대출 상품입니다. 시중 은행보다 조건이 좋습니다.

디딤돌대출: 소득 수준이 낮고 무주택자인 서민을 위한 최고의 혜택. 금리가 매우 낮지만 대출 한도가 적고 자격 요건이 까다롭습니다.

보금자리론: 디딤돌보다 소득 요건이 조금 더 완화된 상품. 고정금리가 특징이며, 9억원 이하 주택까지 커버합니다(특례보금자리론 기준).

- **핵심 포인트**

고정금리의 매력: 금리가 오르는 시기에도 이자가 변하지 않아 장기적인 자금 계획을 세우기 좋습니다.

체증식 상환: 초기에는 이자 위주로 적게 내고 나중에 많이 갚는 방식을 선택할 수 있어, 소득이 적은 사회초년생에게 유리합니다.

- **실전 활용법**

신혼부부 필수: 혼인 신고를 하면 소득 기준이 합산되어 불리할 수도 있고, 신혼부부 특공으로 유리할 수도 있습니다. 내 집 마련 전에는 혼인 신고 타이밍을 정책 대출 기준에 맞춰 조절하는 것이 '국룰'입니다.

선 디딤돌 후 보금자리: 조건이 된다면 금리가 더 싼 디딤돌을 먼저 최대한 받고, 모자란 돈을 보금자리론으로 메우는 것이 이득입니다.

  - **예시 (금리 비교)**
  - 시중 은행 주담대: 연 4.5% (변동 가능성 있음)
  - 디딤돌 대출: 연 2%대 (우대 금리 적용 시 1%대도 가능! 무조건 받아야 함)

집단대출 (중도금 / 이주비 대출) [필수 용어 ★★]
"아파트 당첨자들을 위해 은행이 묻지도 따지지도 않고 빌려주는 돈"

개인이 은행에 가서 심사받는 것이 아니라, 아파트 **분양 당첨자나 재개발 조합원 전체**를 대상으로 집단으로 승인해 주는 대출입니다. 개인의 소득이나 신용등급을 깐깐하게 보지 않는 편입니다.

중도금 대출: 분양 아파트 건설 기간 동안 들어가는 계약금 외의 중간 납입금(분양가의 60%)을 빌려주는 것.

이주비 대출: 재개발/재건축 시 살던 집을 비워주고 나갈 때, 조합원에게 전세금이나 이사 비용을 빌려주는 것.

- **핵심 포인트**

DSR 미적용: 중도금 대출과 이주비 대출은 차주 단위 DSR 규제에서 제외되는 경우가 많아, 대출이 잘 나옵니다. (단, 정책에 따라 변동 가능)

잔금 전환: 아파트가 다 지어지고 입주할 때는 이 중도금 대출을 '주택담보대출'로 갈아타야(대환) 하는데, 이때는 개인 소득(DSR)을 따지므로 미리 대비해야 합니다.

- **실전 활용법**

허그(HUG) 보증 한도: 중도금 대출은 HUG(주택도시보증공사) 등의 보증서를 담보로 나옵니다. 인당 보증 한도(예: 5억)가 꽉 차 있으면 추가 분양 당첨 시 대출이 안 나올 수 있으니 확인해야 합니다.

- **예시 (청약 당첨 시 자금 흐름)**
- 계약금(10%): 내 현금으로 납부.
- 중도금(60%): 집단대출로 해결. (입주 때까지 이자만 냄)
- 잔금(30%): 입주 시 전세 놓거나 주담대로 전환해서 해결.

HUG / HF / SGI (보증 기관) [필수 용어 ★★]

"전세금이나 대출을 떼였을 때 대신 갚아주는 든든한 곳"

은행이 대출을 해줄 때나 세입자가 전세금을 지킬 때, 개인의 신용만으로는 불안하니까 보증을 서주는 **3대 보증 기관**입니다.

HUG (주택도시보증공사): 전세보증금 반환보증의 대명사. 공공기관 성격이 강하며 서민 주거 안정에 초점.

HF (한국주택금융공사): 전세자금대출 보증을 주로 하며, 보증료가 저렴한 편. 소득과 신용을 중요하게 봅니다.

SGI (서울보증보험): 민간 보증 회사. 보증 한도가 높고 조건이 유연하여 고가 전세나 다주택자 대출 시 주로 이용합니다. (대신 보증료가 비쌈)

- **핵심 포인트**

전세사기 방지: 전세를 들어갈 때 '전세보증금 반환보증'에 가입하면, 집주인이 보증금을 안 돌려줘도 HUG나 SGI가 대신 갚아줍니다. 선택이 아닌 필수입니다.

대출 한도의 차이: 전세대출을 받을 때 HUG는 집값(담보) 위주로 보고, HF는 사람(소득) 위주로 봅니다. 백수라도 집 상태가 좋으면 HUG 대출이 나올 수 있습니다.

- **실전 활용법**

안심전세대출: HUG가 보증하는 상품, 소득이 없거나 신용이 낮아도 보증금의 90%까지 대출이 가능해 신혼부부나 청년들에게 인기입니다.

- **예시 (상황별 선택)**
  - 소득은 적지만 안전한 집에 들어간다: HUG 보증 대출 유리.
  - 연봉이 높고 공기업에 다닌다: 보증료가 싼 HF 유리.
  - 강남의 비싼 전세집에 들어간다: 한도가 높은 SGI 유리.

자금조달계획서 [필수 용어 ★★]

"집 살 돈, 어디서 났는지 낱낱이 밝혀라"

정부가 투기를 막기 위해 도입한 제도로, 주택을 매수할 때 **매수 자금을 어떻게 마련했는지(예금, 대출, 증여, 전세금 등)를 상세히 적어내는 서류**입니다. 규제 지역 내 주택 거래나 비규제 지역 6억원 이상 주택 거래 시 필수적으로 제출해야 합니다.

- **핵심 포인트**

증빙 자료: 단순히 "내 돈이다"라고 쓰는 게 아니라, 예금 잔액 증명서, 소득 금액 증명원, 차용증 등 **객관적인 증거**를 함께 내야 합니다.

국세청 통보: 내용이 의심스럽거나 소득 대비 집값이 너무 비싸면 국세청 세무조사 타깃이 될 수 있습니다.

- **실전 활용법**

부모님 찬스 주의: 부모님께 돈을 빌렸다면 이자를 지급한 내역과 차용증이 있어야 인정됩니다. 그냥 받았다면 증여세를 내야 합니다. 자금 출처가 명확하지 않다면 섣불리 계약하면 안 됩니다.

- **예시 (10억짜리 아파트를 산다면?)**

예금 3억 + 주식 판 돈 2억 + 주담대 4억 + 부모님 차용 1억 = 총 10억 → 항목에 맞는 통장 사본과 대출 신청서 첨부해서 신고해야 함.

투기과열지구 / 조정대상지역 [필수 용어 ★★]

"정부가 '여기 너무 뜨거우니까 조심해'라며 찬물을 끼얹은 곳"

집값이 급등하거나 투기가 성행하는 지역을 정부가 지정하여 강력한 규제를 가하는 구역입니다.

조정대상지역: 규제 1단계. 대출 한도 축소, 세금 중과, 분양권 전매 제한.

투기과열지구: 규제 2단계 (더 셈). 대출 더 축소(LTV 40% 등), 재건축 조합원 지위 양도 금지 등 강력한 족쇄.

- **핵심 포인트**

규제 3종 세트: 규제지역으로 묶이면 [대출(LTV 축소) + 세금(다주택 중과) + 청약(재당첨 제한)] 3가지가 동시에 까다로워집니다.

풍선 효과: 규제지역으로 묶이면 투자 수요가 규제가 없는 옆 동네(비규제지역)로 옮겨가 그곳 집값이 오르는 현상이 발생하기도 합니다.

- **실전 활용법**

해제 호재: 규제지역에서 해제된다는 뉴스는 대출이 풀리고 세금이 줄어든다는 뜻이므로 집값 상승의 강력한 호재가 됩니다.

- **예시 (스쿨존(School Zone))**

일반 도로(비규제지역)에서는 시속 60km로 달려도 되지만, 스쿨존(규제지역)에 들어오면 시속 30km 제한에 위반 시 과태료도 훨씬 비쌉니다. 정부가 과속(투기)을 막기 위해 설치한 구역입니다.

토지거래허가구역 [필수 용어 ★★]

"구청장 허락 없이는 집 못 사는 곳, 갭투자 원천 봉쇄 구역"

정부가 투기 우려가 있는 지역(주로 서울 강남, 잠실, 용산 등 핵심지)을 지정하여, 부동산 거래 시 **지자체장의 허가**를 받게 하는 강력한 규제입니다. 이 구역의 가장 무서운 점은 '실거주 의무(2년)'입니다. 허가를 받으려면 매수자가 무조건 들어가 살아야 하므로, 전세를 끼고 사는 '갭투자'가 법적으로 불가능합니다.

- **핵심 포인트**

자금 계획: 전세 보증금을 레버리지로 쓸 수 없으므로, 집값 전체를 내 현금과 주택담보대출만으로 마련해야 합니다. 현금 부자가 아니면 진입하기 어렵습니다.

거래량 급감: 살 수 있는 사람이 적다 보니 거래량이 마르고, 시세보다 낮은 급매물이 나오기도 합니다.

- **실전 활용법**

실거주자 기회: 투자 수요가 차단된 곳이라 경쟁이 덜 치열합니다. 여력이 있고 실거주할 사람에게는 시세보다 싸게 살 기회가 될 수 있습니다.

- **예시 (잠실 아파트 매수)**

토지거래허가구역인 잠실 아파트를 사려면, 잔금 치르는 날 바로 이사 들어가야 합니다. "전세 놓고 잔금 치를게요"가 절대 통하지 않습니다.

Chapter 4

청약·분양·신축 아파트 이해하기
(새 아파트를 가장 싸게 사는 법)

청약통장 (주택청약종합저축) [기초 용어 ★]

"내 집 마련의 첫걸음, 아파트 당첨을 위한 필수 준비물"

새 아파트(분양)를 사고 싶다면 반드시 있어야 하는 통장입니다. 예전에는 종류가 여러 개였지만, 지금은 **'주택청약종합저축'** 하나로 통합되어 누구나 가입할 수 있습니다. 단순히 돈을 넣는 것을 넘어, '1순위 자격'을 갖추는 것이 중요합니다. 보통 투기과열지구 등 규제지역에서는 **가입 후 2년 경과 + 납입금액(예: 서울 300만원) 충족**이 되어야 1순위로 청약을 넣을 수 있습니다. 미성년자 때 납입한 기간은 최대 2년(인정 총액 5년으로 확대 예정)까지만 인정되니 전략적인 납입이 필요합니다.

- **예시 (1순위 만들기)**

  서울 아파트 청약을 노린다면? 통장 만든 지 2년이 지나야 하고, 통장에 최소 300만원 이상이 들어있어야 1순위 자격이 생깁니다.

국민평형(국평) / 초품아 [[기초 용어 ★]

"대한민국 표준 사이즈와 학부모가 가장 선호하는 입지"

부동산 뉴스나 커뮤니티에서 가장 많이 쓰는 은어입니다. 국평(국민평형)은 전용면적 84㎡(34평형)를 말합니다. 3~4인 가구가 살기에 가장 적합하고 물량도 제일 많아서 붙여진 이름입니다. 초품아(초등학교를 품은 아파트)는 단지 안에 초등학교가 있거나, 큰길을 건너지 않고 바로 학교에 갈 수 있는 아파트를 뜻합니다. 어린 자녀의 등하굣길이 안전하기 때문에 3040 부모들에게 인기가 폭발적이고 시세도 비쌉니다.

- **예시 (어떤 집을 살까?)**
  - 국평: "나중에 팔기 쉽게 수요가 제일 많은 84타입(국평)으로 하자."
  - 초품아: "우리 애 학교 보내기 편하게 초품아 단지로 이사 가자."

모델하우스 / 사이버 모델하우스 [기초 용어 ★]
"미래의 내 집을 미리 체험해 보는 견본 주택"

아파트는 다 지어지기 전에 팔기(선분양) 때문에, 실제 집을 볼 수가 없습니다. 그래서 건설사가 "앞으로 이렇게 지을 거예요"라고 미리 지어 보여주는 것이 모델하우스(견본주택)입니다. 직접 가서 방 크기나 자재를 만져볼 수 있습니다. 최근에는 직접 방문하지 않고도 인터넷(VR)으로 내부를 둘러볼 수 있는 **사이버 모델하우스**도 필수로 운영합니다. 청약 전에는 반드시 평면도와 마감재를 확인해야 합니다.

- **예시 (방문 팁)**
  모델하우스에 전시된 가구나 가전제품은 대부분 '전시용(옵션)'입니다. "이거 기본으로 주는 건가요?"라고 물어보고, '유상 옵션' 스티커가 붙어 있는지 꼼꼼히 확인해야 합니다.

발코니 확장 [기초 용어 ★]
"선택 사항이라 쓰고 필수라고 읽는 공간 확장 공사"

아파트 분양 시 거실과 방에 딸린 발코니(베란다)를 터서 거실과 방을 넓게 만드는 공사입니다. 법적으로는 '선택'이지만, 요즘 아파트는 설계를 할 때부터 확장을 전제로 만들기 때문에 **확장을 안 하면 방이 너무 좁아서 살 수가 없습니다.** 그래서 사실상 '필수 옵션' 취급을 받습니다. 분양가와 별도로 수백만원에서 천만원 이상의 확장비를 따로 내야 합니다.

- **예시 (확장 안 하면)**

거실에 소파 놓을 자리가 부족하고, 작은방에는 침대 놓으면 문이 안 열릴 수도 있습니다. 집을 팔 때도 "확장 안 된 집"은 인기가 없어 제값을 받기 힘듭니다.

LH / SH 임대주택 (행복주택 등) [기초 용어 ★]

"국가가 집주인, 시세보다 저렴하게 거주하는 주거 사다리"

민간 집주인이 아니라 **LH(한국토지주택공사)**나 **SH(서울주택도시공사)** 같은 공공기관이 집주인인 집입니다. 주변 시세의 60~80% 수준으로 저렴하게 거주할 수 있고, 전세 사기 걱정이 없습니다. 대학생, 청년, 신혼부부를 위한 **'행복주택'**, 저소득층을 위한 **'국민임대'** 등 다양한 유형이 있습니다. 자격 조건(소득, 자산)만 맞으면 당첨되어 오랫동안 안정적으로 살 수 있는 최고의 주거 사다리입니다.

- **예시 (월세 비교)**
- 일반 원룸: 보증금 1,000만원 / 월세 60만원.
- LH 행복주택: 보증금 4,000만원 / 월세 15만원.

가점제 vs 추첨제 [필수 용어 ★★]

"점수로 줄 세우기 vs 운에 맡기는 뺑뺑이"

청약 당첨자를 뽑는 두 가지 방식입니다.

가점제: 무주택 기간, 부양가족 수, 통장 가입 기간을 점수로 환산해 높은 순서대로 뽑는 방식. (만점 84점)

추첨제: 점수와 상관없이 뺑뺑이(랜덤)로 뽑는 방식.

• 핵심 포인트

규제지역의 벽: 서울 강남(투기과열지구) 같은 곳은 전용 85㎡ 이하는 가점제 비율이 높아서, 점수가 낮은 2030세대는 당첨되기 어렵습니다.

틈새 공략: 점수가 낮다면 대형 평수(85㎡ 초과)나 비규제지역 청약의 '추첨제 물량'을 노려야 합니다.

• 실전 활용법

내 점수 확인: '청약홈' 사이트에서 미리 내 가점을 계산해 보세요. 인기 단지 커트라인이 보통 60~70점대이므로, 50점 미만이라면 추첨제나 무순위 청약(무순위 청약)을 노리는 게 현실적입니다.

• 예시 (당첨 전략)

4인 가족, 무주택 15년 (가점 69점): 인기 지역 가점제 도전!

1인 가구, 사회초년생 (가점 10점): 추첨제나 생애 최초 특공 도전!

특별공급(특공) vs 일반공급 [필수 용어 ★★]

"사회적 배려를 위한 우선 입장권 vs 무한 경쟁의 본경기"

특별공급(특공): 신혼부부, 생애 최초, 다자녀, 노부모 부양 등 정책적 배려가 필요한 계층에게 **따로 물량을 빼두어 경쟁하게 하는 것**입니다. (평생 1번만 당첨 가능)

일반공급: 특공 물량을 제외한 나머지를 두고 청약 통장 가입자끼리 경쟁하는 것. (가점제/추첨제 적용)

- **핵심 포인트**

중복 청약 가능: 같은 단지에 **특공과 일반공급을 동시에 신청**할 수 있습니다. (단, 특공 당첨되면 일반공급은 자동 무효)

소득 기준: 특공은 소득이나 자산 기준(월급 얼마 이하, 차 가격 얼마 이하 등)이 까다로우므로 모집공고문을 꼼꼼히 봐야 합니다.

- **실전 활용법**

기회 2배: 자격이 된다면 무조건 특공 + 일반 둘 다 넣으세요. 당첨 확률을 2배로 높이는 방법입니다.

  - **예시 (놀이공원 입장)**
  - 특공: '임산부/노약자 전용 줄'에 서는 것. (경쟁자가 적음)
  - 일반공급: 그냥 일반 줄에 서서 기다리는 것. (사람이 엄청 많음)

분양권 vs 입주권 [필수 용어 ★★]

"청약 당첨된 새 아파트 vs 헌 집 주고 받은 새 아파트 권리"

둘 다 "새 아파트에 들어갈 권리"지만, 태생과 대우가 다릅니다.

분양권: 청약에 당첨되어 건설사와 계약한 권리. (초기 비용 적음)

입주권: 재개발/재건축 조합원이 헌 집 대신 받은 권리. (초기 비용 많음)

- **핵심 포인트**

세금 차이: 입주권은 사는 순간부터 주택 수에 포함되어 다른 집 팔 때 비과세를 방해할 수 있습니다. 분양권도 2021년 이후 취득분부터는 주택

수에 포함되어 양도세 중과 대상이 됩니다.

동·호수: 입주권(조합원)이 로얄동·로얄층(RR)을 먼저 가져가고, 남은 물량을 분양권(청약 당첨자)에게 줍니다. 좋은 층에 살고 싶다면 입주권을 사야 합니다.

· 실전 활용법

자금 여력: 목돈이 부족하면 계약금만 내고 중도금 대출을 받는 분양권이 유리하고, 목돈이 있고 로얄층을 원하면 입주권을 사는 게 낫습니다.

· 예시 (헌 집과 새 집 교환권)

- 입주권: 오래된 집 반납 후 새 아파트 교환권 받는 것
- 분양권: 신축 아파트를 살 수 있는 기회를 추첨으로 받는 것

전매제한 / 실거주 의무 [필수 용어 ★★]

"당첨됐어도 바로 팔 수 없는 족쇄와 들어가 살아야 하는 강제성"

청약 과열을 막기 위해 정부가 걸어놓은 두 가지 락(Lock)입니다.

전매제한: 분양권을 일정 기간 동안 **남에게 팔지 못하게 하는 것.**

실거주 의무: 아파트가 다 지어지면 전세를 놓지 말고 **무조건 주인이 직접 들어가서 살아야 하는 것.**

· 핵심 포인트

자금 계획의 붕괴: 실거주 의무가 있는 단지는 전세 보증금을 받아 잔금을 치르는 '갭투자' 전략이 불가능합니다. 잔금 전액을 내 돈과 대출로 막아야 하므로 현금이 부족하면 큰일 납니다.

위반 시 처벌: 실거주 의무를 어기면 LH가 강제로 집을 되사 가거나(환

매), 벌금을 물게 됩니다.

- **실전 활용법**

공고문 확인: 청약 신청 전 모집공고문 첫 페이지에 깨알같이 적힌 "전매 제한 X년, 거주의무 Y년"을 반드시 체크해야 합니다. 정책에 따라 수시로 바뀌기 때문입니다.

- **예시 (한정판 운동화 구매)**
- 전매제한: 사자마자 리셀(Resell) 금지. 3년 뒤에나 팔 수 있음.
- 실거주 의무: 산 신발을 보관만 하면 안 되고, 무조건 2년 동안 신고 다녀야 함.

분양가 상한제 [필수 용어 ★★]

"집값을 억지로 눌러 담은 로또 분양의 탄생"

정부가 건설사에게 "이 가격 이상으로는 팔지 마!"라고 분양가의 상한선을 강제로 정해버리는 제도입니다. 땅값(택지비)과 짓는 돈(건축비)에 적정 이윤만 더해서 가격을 책정하게 합니다. 주변 시세는 10억인데, 분양가는 7억으로 나오게 되니 당첨만 되면 앉은자리에서 3억을 버는 '로또 청약'이 만들어지는 주원인입니다.

- **핵심 포인트**

적용 지역: 공공택지(신도시 등)는 무조건 적용되고, 민간택지는 투기과열지구 등 정부가 지정한 곳에만 적용됩니다.

강력한 규제: 싸게 주는 대신 '전매제한(최대 10년)'과 '실거주 의무(최대 5년)'라는 족쇄를 채웁니다. 먹튀를 방지하기 위해서입니다.

- **실전 활용법**

자금력 필수: 실거주 의무가 있는 분양가 상한제 단지는 전세를 놓아 잔

금을 치르는 것이 불가능합니다. 반드시 입주 시점에 잔금을 치를 현금 여력을 확인하고 청약해야 합니다.

- **예시 (공공 임대 좌석이 있는 콘서트)**

콘서트 표 시세는 10만 원인데, 정부가 강제로 7만 원에만 팔게 함. → 싸게 사는 대신, 되팔기 금지·본인 사용 의무가 붙음.

마이너스 옵션 [필수 용어 ★★]

"인테리어는 내가 할게, 껍데기만 다오"

아파트를 분양받을 때 벽지, 바닥재, 조명, 주방 가구 등 **기본적인 마감재를 싹 빼고, 골조(뼈대)만 있는 상태로 분양받는 방식**입니다. 대신 그만큼 분양가를 깎아줍니다. "어차피 입주할 때 내 취향대로 싹 뜯어고칠 건데, 굳이 기본 인테리어 비용을 낼 필요가 있나?"라고 생각하는 사람들을 위한 제도입니다.

- **핵심 포인트**

취향 존중: 획일적인 아파트 인테리어가 싫고, 나만의 개성 있는 집을 꾸미고 싶은 사람에게 유리합니다.

비용 문제: 개인이 따로 인테리어를 하면 대량 구매하는 건설사보다 자재 단가가 비쌉니다. 할인금액보다 비용이 더 많이 들 수 있습니다.

- **실전 활용법**

가성비 따지기: 할인해 주는 금액이 보통 평당 100~200만원 선인지 확인하고, 내가 하려는 인테리어 견적과 비교해 봐야 합니다. 보통은 기본형을 선택하는 것이 가성비가 좋습니다.

- **예시 (완본체 PC vs 반본체 PC)**
- 완본체 PC: 케이스부터 부품이 다 조립되어 나오는 완본체 컴퓨터.
- 반본체 PC: 기본 케이스와 메인보드만 사는 것. (내 입맛대로 고성능 부품을 끼우고 싶을 때 선택)

사전청약 [필수 용어 ★★]

"건물 짓기도 전에 미리 찜하는 예약 티켓"

보통 아파트 착공 시점에 하는 본청약보다 **1~2년 앞서서 미리 당첨자를 뽑는 제도**입니다. 정부가 "집 공급할 거니까 조금만 기다려"라며 주택 수요를 분산시키기 위해 도입했습니다. 사전청약에 당첨되면 본청약 때까지 자격만 유지하면 100% 당첨권을 줍니다.

- **핵심 포인트**

확정이 아님: 사전청약 때 제시된 분양가는 '추정 분양가'입니다. 본청약 때 공사비 인상 등으로 가격이 오를 수 있습니다.

희망 고문: 토지 보상 지연 등으로 본청약이 기약 없이 미뤄지거나, 사업 자체가 취소되는 리스크가 있습니다.

- **실전 활용법**

보험용: 사전청약에 당첨되어도 다른 단지의 일반 청약에 도전할 수 있습니다. (단, 다른 사전청약은 중복 불가). 일단 보험으로 들어놓고 더 좋은 곳을 노리는 전략이 유효합니다.

- **예시 (맛집 예약)**

식당 건물도 안 지어졌는데 미리 '대기표 1번'을 받은 셈. 식당 오픈시기, 메뉴 가격이 얼마가 될지는 그때 가봐야 알 수 있음.

RR (로얄동 로얄층) [필수 용어 ★★]

"같은 단지 안에서도 가격이 1억 이상 차이 나는 이유"

아파트 단지 내에서 가장 선호도가 높고 가격도 비싼 동과 층을 줄여서 'RR'이라고 부릅니다. 부동산 하락기에도 가격 방어가 잘 되고, 상승기에는 가장 먼저, 가장 비싸게 팔립니다.

로얄동(Royal Dong): 뷰가 트여 있거나(한강뷰, 뻥뷰), 지하철역/학교가 가깝거나, 소음이 적은 동.

로얄층(Royal Floor): 과거에는 '가운데 층'을 선호했으나, 요즘은 뷰와 채광이 좋은 '고층(탑층 포함)'을 선호하는 추세입니다.

- **핵심 포인트**

개인차: 노인분들은 저층이나 단지 입구 동을 선호하기도 하지만, 대중적인 RR은 '조망(View)'과 '일조량(남향)'이 결정합니다.

가격 차이: 같은 평수라도 RR과 비선호 매물(1층, 벽뷰 등) 간에는 매매가 차이가 10~20%까지 벌어지기도 합니다.

- **실전 활용법**

매수 전략: 실수요자라면 조금 비싸더라도 RR을 사는 게 만족도가 높고, 투자자라면 RR과 비선호 매물의 가격 차이(갭)가 너무 벌어졌을 때 저렴한 매물을 잡아 '키 맞추기'를 노리는 전략도 유효합니다.

- **예시 (한강변 아파트)**
- 101동(한강 맨 앞): 거실에서 한강이 보임 (RR - 20억)
- 105동(단지 뒷편): 앞 동 벽만 보임 (비선호 - 17억)

판상형 vs 타워형 [필수 용어 ★★]

"성냥갑 같은 맞통풍 구조 vs 세련된 외관의 조망 특화 구조"

아파트의 평면 구조와 외관에 따른 분류입니다.

판상형: ─자 모양으로 지어짐. 앞뒤가 뚫려 있어 맞통풍(환기)이 잘 되고 남향 배치가 유리합니다. 한국인이 가장 선호하는 구조입니다.

타워형: +, Y, □ 모양 등으로 높게 지어짐. 외관이 화려하고 거실 조망이 좋지만, 맞통풍이 안 되고 일부 방은 북향이 될 수도 있습니다.

- **핵심 포인트**

환기: 판상형은 창문만 열면 바람이 숭숭 통하지만, 타워형은 기계식 환기 시스템에 의존해야 하는 경우가 많습니다.

사생활: 판상형은 앞 동 거실이 훤히 보일 수 있지만(동간 거리 중요), 타워형은 구조상 사생활 보호에 유리한 편입니다.

- **실전 활용법**

시세 차이: 같은 단지라면 통상적으로 판상형이 타워형보다 시세가 높고 매매도 잘 됩니다. (타워형은 뷰를 중시하는 수요층에게 인기)

  - **예시 (선택의 기준)**
  - 판상형: "나는 환기 잘 되고 햇볕 잘 드는 네모반듯한 집이 최고야."
  - 타워형: "나는 거실 양창으로 펼쳐지는 도시 야경이 더 중요해."

베이 (Bay) [필수 용어 ★★]

"거실과 방이 햇볕을 함께 쬐는 공간의 수"

발코니(베란다)를 기준으로 **기둥과 기둥 사이의 구획**을 말합니다. 쉽게 말해, "아파트 전면부(주로 남향)에 방과 거실이 몇 개나 붙어 있는가?"
를 뜻합니다.

3베이: 거실 + 방 2개가 전면에 배치됨. (방 1개는 북쪽에 있음)

4베이: 거실 + 방 3개가 모두 전면에 배치됨. (모든 방이 채광이 좋음)

- **핵심 포인트**

채광과 난방: 베이 수가 많을수록 햇볕이 드는 면적이 넓어 집이 환하고 난방비가 절약됩니다.

확장 효과: 4베이는 서비스 면적(발코니)이 넓어서, 확장 공사를 하면 실평수가 3베이보다 훨씬 넓어집니다. 최근 신축 아파트의 대세입니다.

- **실전 활용법**

구조 확인: 같은 30평대라도 **4베이가 3베이보다 집이 더 넓고 쾌적**해 보 입니다. 매도 시 4베이 선호도가 높아 가격을 잘 받을 수 있습니다.

- **예시 (아침 햇살)**
  - 2베이(구축): 안방과 거실만 밝고, 자녀 방은 뒤쪽에 있어 어둡고 춥다.
  - 4베이(신축): 안방, 거실, 자녀 방 2개 모두 햇살이 들어와 따뜻하다.

Chapter 5

재개발부터 경매까지,
수익률을 극대화하는 심화 기술
('시간'과 '법'에 투자하는 고수의 영역)

재개발 vs 재건축 [필수 용어 ★★]

"동네 전체를 갈아엎느냐, 우리 아파트만 다시 짓느냐"

둘 다 헌 집을 새 집으로 만드는 정비사업이지만, 사업의 성격과 규제가 완전히 다릅니다.

재개발: 동네가 통째로 낡아서 도로, 상하수도 같은 **기반 시설까지 싹 다 새로 만드는 것**. (강북의 빌라촌 등) → **공공성**이 강함.

재건축: 도로나 학교는 멀쩡한데 **건물(아파트)만 낡아서 그것만 부수고 새로 짓는 것**. (강남의 낡은 아파트 등) → **사유재산** 성격이 강함.

- **핵심 포인트**

진입 장벽: 재개발은 전세가가 낮아 초기 투자금이 많이 들고(실거주 하며 버티기 필수), 재건축은 집값이 비싸서 진입 장벽이 높습니다.

규제 강도: 사익 추구 성격이 강한 재건축에 규제(재초환, 안전진단 등)가 훨씬 더 많습니다.

- **실전 활용법**

투자 성향: "시간을 태워서라도 큰 수익을 원한다"면 재개발, "입지가 확

실하고 계산이 서는 투자를 원한다”면 재건축이 맞습니다.

- **예시 (성형수술)**
- 재개발: 뼈대부터 피부까지 전신 성형. (완전히 다른 사람이 됨, 대공사)
- 재건축: 눈, 코만 예쁘게 다시 고침. (기본 골격은 그대로, 부분 공사)

안전진단 [필수 용어 ★★]

“재건축의 첫 관문, 위험해야 살아남는 아이러니”

재건축을 하고 싶다고 마음대로 할 수 있는 게 아닙니다. 나라에서 “이 아파트는 너무 낡아서 살기에 위험하다”고 판정을 내려줘야 사업을 시작할 수 있습니다. 이 검사가 바로 안전진단입니다. A~E등급으로 나뉘며, E등급(불량)을 받아야 재건축이 확정됩니다. (D등급은 조건부 재건축)

- **핵심 포인트**

기준의 변화: 과거에는 ‘건물이 무너질까 봐(구조안전성)’ 걱정돼야 통과시켜 줬지만, 요즘은 ‘살기에 너무 불편하다(주거환경, 주차난, 층간소음)’는 점을 더 많이 봅니다. (규제 완화 추세)

통과의 기쁨: “축! 안전진단 통과”라는 현수막이 걸리면 집값은 폭등합니다. 새 아파트가 될 자격을 얻었기 때문입니다.

- **실전 활용법**

단계 확인: 재건축 아파트를 살 때 “안전진단 통과했나요?”를 가장 먼저 물어봐야 합니다. 통과 못한 단지는 사업이 무기한 연기될 수 있습니다.

- **예시 (학교 건물 재건축 승인)**

학교를 새로 짓고 싶은데, 교육청이 “아직 수업은 가능하니 안 됩니다”라고 하면 공사 불가 (탈락).

"균열이 심하고 안전사고 위험이 큽니다"라는 판정이 나와야 헐고 새 학교를 지을 수 있음 (통과).

조합원 분양가 vs 일반분양가 [필수 용어 ★★]
"집주인을 위한 원가 분양과 손님을 위한 시세 분양"

재개발·재건축 아파트의 가격은 두 가지로 나뉩니다.

조합원 분양가: 헌 집을 내놓고 사업의 주체가 된 조합원들이 새 아파트를 받는 가격. (일반분양가보다 **저렴하고, 로얄물건 우선** 배정)

일반분양가: 조합원 배분 후 남은 물량을 청약 통장을 든 일반인들에게 파는 가격. (시세와 비슷하거나 분양가 상한제 적용 시 조금 저렴함)

• **핵심 포인트**

수익 구조: 일반분양가를 비싸게 팔수록(완판 전제), 조합의 수입이 늘어나 조합원의 분담금이 줄어듭니다. 즉, 조합원은 일반분양 당첨자가 비싼 값을 치러주길 바랍니다.

옵션 혜택: 조합원에게는 발코니 확장, 시스템 에어컨 등 고가 옵션을 무료로 주는 경우가 많습니다.

• **실전 활용법**

안전마진 계산: 재개발 물건을 살 때 [총 매수가(권리가액+프리미엄+분담금)]가 주변 신축 아파트 시세보다 저렴한지 비교해야 합니다. 일반 청약 당첨이 어렵다면 웃돈(P)을 주고라도 조합원 입주권을 사는 게 나을 수 있습니다.

• 예시 (공동 구매)
- 조합원: 공장 지을 때 돈을 보탠 창립 멤버. (원가구매 + 좋은 물건 선점)
- 일반분양자: 물건이 다 만들어진 후 줄 서서 사러 온 손님. (정가 구매 + 남은 물건 중 추첨)

용적률 / 건폐율 [필수 용어 ★★]

"땅 위에 건물을 얼마나 뚱뚱하게, 그리고 얼마나 높게 지을 수 있는가?"

땅의 가치를 결정하는 가장 중요한 수학 공식입니다.

건폐율(넓이): 대지 면적 대비 건물 바닥 면적의 비율. 건폐율이 높으면 건물이 빽빽하게 들어서서 쾌적함이 떨어집니다. (동간 거리가 좁음)

용적률(높이/밀도): 대지 면적 대비 건물 연면적(바닥 면적의 합)의 비율. 용적률이 높을수록 건물을 **높게(고층)** 지을 수 있습니다.

• **핵심 포인트**

재건축의 핵심: 현재 아파트의 용적률이 낮아야(150% 이하), 재건축할 때 일반분양 물량을 많이 만들어낼 수 있어 사업성이 좋습니다. 이미 용적률이 꽉 찬(250% 이상) 고층 아파트는 재건축이 어렵습니다

쾌적함의 척도: 건폐율이 낮을수록 아파트 단지 내 조경 공간과 산책로가 넓어집니다.

• **실전 활용법**

투자 지표: 5층짜리 저층 아파트가 투자처로 인기 있는 이유는 '낮은 용적률' 덕분에 대지지분이 많고 높게 지을 여력이 크기 때문입니다.

- 예시 (레고 블록 쌓기)

  - 건폐율: 바닥판(땅)을 블록으로 얼마나 꽉 채웠는가?

  - 용적률: 블록을 위로 몇 층까지 쌓아 올렸는가?

용도지역 (1,2,3종 일반주거 / 준주거 / 상업) [필수 용어 ★★]

"땅에도 계급이 있다, 신분 상승을 꿈꾸는 토지들"

모든 땅에는 나라에서 정해준 '용도(계급)'가 있습니다. 이 계급에 따라 지을 수 있는 건물의 높이(용적률)가 달라집니다.

1종 일반주거: 저층 주택 (용적률 ~200%). 아파트 못 짓는 경우 많음.

2종 일반주거: 중층 아파트 (용적률 ~250%). 가장 흔함.

3종 일반주거: 고층 아파트 (용적률 ~300%). 재건축 시 가장 유리.

준주거/상업지역: 주상복합이나 빌딩 가능 (용적률 500%~1000% 이상). 땅값이 가장 비쌈.

- **핵심 포인트**

종 상향: 재개발 구역이 2종에서 3종으로, 혹은 준주거로 용도지역이 변경되면 지을 수 있는 아파트 층수가 올라가 사업성이 대박 납니다.

함정: 겉보기엔 똑같은 빌라촌이라도 '1종' 지역은 고층 아파트를 못 지어서 재개발이 무산되거나 사업성이 떨어질 수 있습니다.

- **실전 활용법**

토지이용계획확인원: 투자를 하려거든 반드시 이 서류를 떼서 해당 땅의 '계급(용도지역)'을 확인해야 합니다.

• **예시 (군대 계급)**

- 1종: 이등병 (할 수 있는 게 별로 없음)

- 3종: 병장 (꽤 높게 지을 수 있음)

대지지분 [필수 용어 ★★]

"아파트 콘크리트가 아니라, 당신이 소유한 진짜 땅의 크기"

아파트는 허공에 떠 있는 게 아닙니다. 아파트 소유자는 건물뿐만 아니라 아파트 단지 땅의 일부를 나눠서 가지고 있는데, 이 땅의 면적을 '대지지분'이라고 합니다. 재건축할 때는 낡은 건물(콘크리트)은 부숴버리기 때문에 가치가 없고, 오직 '땅(대지지분)'만 남습니다. 따라서 대지지분이 클수록 보상을 많이 받습니다.

• **핵심 포인트**

평수보다 지분: 전용 30평 아파트라도 대지지분이 10평인 곳과 20평인 곳은 가치가 다릅니다. 대지지분이 클수록 추가분담금을 적게 냅니다.

용적률과의 관계: 용적률이 낮은(저층) 아파트일수록 집집마다 나눠 갖는 땅(대지지분)이 큽니다.

• **실전 활용법**

재건축 투자 공식: 비슷한 입지의 두 아파트가 가격이 같다면? 무조건 '평균 대지지분'이 큰 단지를 사야 합니다. 그것이 진짜 알짜배기입니다.

• **예시 (피자 나눠 먹기)**

- 피자 한 판(땅)을 5명이 나눠 먹으면(저층) → 한 조각이 큼.

- 같은 피자를 20명이 나눠 먹으면(고층) → 한 조각이 요만큼 밖에 안 됨. (재건축할 때 내 땅이 요만큼 밖에 없음)

"헌 집 줄게 새 집 다오, 그런데 내 헌 집은 얼마로 쳐줄래?"

재개발이나 재건축 투자의 세계는 겉으로 보기엔 낡은 집을 사고파는 것이지만, 그 본질은 '미래의 아파트 입주권'을 확보하는 금융 게임에 가깝습니다. 이 게임의 승패를 가르는 가장 중요한 변수가 바로 '내 헌 집의 가치를 조합이 얼마로 인정해 주느냐'입니다. 이때 등장하는 핵심 키워드가 **비례율**과 **권리가액**입니다. 많은 초보 투자자가 재개발 구역의 빌라를 살 때 단순히 "감정평가액(감평가)"이 높으면 좋은 줄 압니다. 하지만 감평가는 그저 시작점일 뿐입니다. 진짜 내 자산의 가치를 결정하는 것은 사업 전체의 수익성을 나타내는 '비례율'입니다. 비례율은 쉽게 말해 "이 재개발 사업이 얼마나 남는 장사인가?"를 보여주는 성적표입니다. 일반 분양 수익이 많고 공사비가 적게 들면 비례율은 100%를 훌쩍 넘겨 조합원들에게 보너스(권리가액 상승)를 안겨줍니다. 반대로 공사비가 폭등하거나 미분양 사태가 터지면 비례율은 100% 아래로 곤두박질치고, 조합원들은 손해를 떠안아야 합니다.

내 진짜 자산 가치 = 감정평가액 × 비례율 투자자가 기억해야 할 최종 성적표이자 내 자산의 실질적 가치는 '권리가액'입니다. 공식은 간단합니다. **[내 집 감정평가액 × 비례율 = 권리가액]**. 예를 들어, 내 헌 집이 감정평가에서 1억원을 받았다고 칩시다. 만약 이 구역의 사업성이 좋아 비례율이 120%가 나왔다면? 내 집은 1억원이 아니라 1억 2천만원(권리가액)의 가치를 인정받게 됩니다. 나는 앉은자리에서 2천만원을 더 번 셈입니다. 반대로 비례율이 80%로 떨어지면? 내 1억짜리 집은 조합 장부상에서 8,000만원짜리로 전락합니다. 나중에 새 아파트를 받을 때 그 차액만큼 내 돈(분담금)을 더 내야 합니다. 이처럼 비례율은 고정된 숫자가 아니라 사업 진행 과정에서 끊임없이 살아서 움직이는 생물과 같습니다. 관리처분인가 때 100%였던 비례율이, 공사비 증액 협상이나 금리 인상 여파로 입주 시점에는 90%로 떨어질 수도 있습니다. 이것이 재개발 투자의 리스크이자, 동시에 싼값에 사서 비례율 상승을 노리는 고수들의 기회이기도 합니다.

투자자의 결론: P(프리미엄)의 적정성을 따져라 재개발 투자는 결국 [권리가액 + 프리미엄(P)]을 주고 사는 것입니다. 그런데 권리가액은 비례율에 따라 춤을 춥니다. 따라서 매물을 볼 때는 단순히 "피가 싸다"고 덜컥 계약할 것이 아니라, "이 구역의 비례율이 앞으로 떨어질 위험은 없는가?"를 냉정하게 따져봐야 합니다. 시공사와 공사비 갈등은 없는지, 일반분양 물량이 많아 미분양 리스크가 큰 것은 아닌지 확인하는 것이 내 권리가액을 지키는 길입니다. 비례율이 10%만 움직여도 당신의 수익률은 천국과 지옥을 오갈 수 있음을 명심하십시오.

개념 한 줄 정리

비례율

재개발·재건축에서 조합원이 받는 새 아파트의 배정 비율

권리가액

조합원의 종전자산을 평가해 새 아파트 배정·분담금 산정 기준 금액

분담금 / 환급금 [심화 용어 ★★★]

"그래서 새 아파트를 받으려면 돈을 얼마나 더 내야 합니까?"

재개발이나 재건축 투자의 성패를 가르는 것은 결국 '돈'입니다. 헌 집을 주고 새 아파트를 받을 때, 내가 돈을 더 내야 하는지, 아니면 오히려 돈을 돌려받는지 확정 짓는 것이 바로 **분담금**과 **환급금**입니다. 공식은 아주 단순하지만 냉혹합니다. **[내가 입주할 새 아파트 가격(조합원 분양가) - 내 헌 집의 가치(권리가액) = 분담금]**. 만약 조합원 분양가가 5억원인데 내 권리가액이 3억원이라면, 입주할 때 2억원(분담금)을 더 내야 합니다. 반대로 내 땅이 커서 권리가액이 6억원이라면? 오히려 1억원(환급금)을 현금으로 돌려받으며 새집에 들어갑니다.

싸게 샀다고 좋아하지 마라, 총매가(Total Cost)의 함정 많은 초보자가 썩은 빌라의 매매 가격이 싸면 "와, 싸게 샀다!"고 좋아합니다. 하지만 여기에 분담금이라는 거대한 청구서를 더해야 진짜 내 집 마련 비용, 즉 '총투자금(총매가)'이 나옵니다. 예를 들어 매매가 2억원짜리 빌라를 샀는데, 나중에 분담금이 4억원이 나온다면? 결국 당신은 6억원에 아파트를 사는 셈입니다. 그런데 바로 옆 단지 신축 아파트 시세가 5억원이라면? 고생은 고생대로 하고 오히려 1억원을 손해 보는 투자를 한 것입니다. 눈앞의 헌 집 가격(초기 투자금)만 보고 분담금을 계산하지 않는 것은, 할부 원금은 생각 안 하고 당장 내는 계약금만 보고 차를 사는 것과 같습니다. 추가분담금의 공포 더 무서운 것은 이 분담금이 고정된 숫자가 아니라는 점입니다. 사업 도중 공사비가 오르거나 금리가 올라 사업비가 증가하면, 비례율이 떨어지면서 내 권리가액은 줄어들고 분담금은 늘어납니다. 이를 '추가분담금'이라 부릅니다. 입주를 코앞에 두고 갑자기 "1억원 더 내라"는 통지서를 받는 비극이 실제로 비일비재하게 일어납니다.

투자자의 결론: 안전마진을 역산하라 재개발 물건을 볼 때는 항상 계산기를 두드려야 합니다. **[매매가 + 예상 분담금 = 총 투자금]**. 그리고 이 총 투자금이 주변 신축 아파트 시세보다 최소 1~2억원 이상 싼지(안전마진) 확인해야 합니다. 그 마진이 없다면, 10년 동안 마음고생하며 헌 집

을 들고 있을 이유가 없습니다. 분담금은 당신의 수익을 갉아먹는 가장 큰 비용이자, 투자의 성패를 좌우하는 결정적 변수임을 잊지 마십시오.

분담금

조합원이 새 아파트 받기 위해 추가로 내는 금액

환급금

정산 후 조합원이 돌려받는 남은 금액

관리처분인가 [심화 용어 ★★★]

"9부 능선을 넘었다, 투자의 불확실성이 확신으로 바뀌는 순간"

재개발·재건축 사업은 10년이 넘게 걸리는 길고 지루한 여정입니다. 조합 설립이 되었다고 축포를 터뜨리지만, 그중 실제 아파트가 되어 입주까지 가는 현장은 절반도 되지 않습니다. 수많은 고비 중에서 '관리처분인가'는 사실상 사업의 '9부 능선'을 넘었다고 평가받는, 투자자에게 가장 감격스럽고 중요한 마일스톤입니다. 이 단계가 승인되었다는 것은 관할 지자체로부터 이런 허락을 받은 것과 같습니다. **"너희가 계획한 대로 헌 집을 부수고, 몇 평형 아파트를 짓고, 누구에게 얼마를 걷을지(분담금)를 모두 확정했다. 이제 정말로 부수고 지어도 좋다."** 즉, 뜬구름 잡는 계획이 아니라 구체적인 '권리 관계와 돈 문제'가 법적으로 확정된 순간입니다.

모호함이 사라지고 숫자가 남는다 관리처분인가 이전의 투자가 '막연한 기대감'에 베팅하는 것이라면, 관리처분인가 이후의 투자는 '계산된 확신'에 베팅하는 것입니다. 이 단계에서 조합원들은 자신이 배정받을 평형과 대략적인 동·호수, 그리고 가장 중요한 '추가분담금'의 액수를 통보받습니다. 이전까지는 "대충 2억 정도 더 내면 되겠지"라고 추산만 했다면, 이제는 "정확히 1억 8,500만원을 납부하시오"라는 청구서를 받게 되는 셈입니다. 모든 데이터가 확정되므로 투자자는 정확한 총 **매수가**와 **기대 수익률**을 계산기를 두드려 산출할 수 있게 됩니다.

하이 리스크(High Risk)가 로우 리스크(Low Risk)로 바뀌는 변곡점 관리처분인가가 나면 이제 남은 절차는 이주(살던 사람들이 나가는 것)와 철거, 그리고 착공뿐입니다. 물론 이주 과정에서 알박기나 소송 등으로 시간이 지체될 수는 있지만, 사업 자체가 엎어질 확률은 극도로 낮아집니다. 리스크가 사라진 만큼, 당연히 가격(프리미엄)은 사업 단계 중 가장 비싸게 형성됩니다. 초기 단계에 진입한 사람은 큰 수익을 얻지만, 그만큼 사업 무산의 공포를 견뎌야 했습니다. 반면 관리처분 이후에 진입하는 사람은 비싼 값을 치르는 대신, '입주까지의 시간'과 '사업의 안전성'을 사는 것입니다.

투자자의 결론: 가장 비쌀 때가 가장 안전할 때다 많은 초보 투자자가 "피(Premium)가 너무 많이 붙어서 못 사겠다"며 관리처분 단계의 물건을 포기하고, 초기 단계의 싼 빌라를 찾아갑니다. 하지만 고수들은 오히려 이때를 '가장 안전한 진입 타이밍'으로 봅니다. 특히 실거주를 목적으로 하는 투자자라면, 언제 될지 모르는 초기 단계에서 마음고생을 하는 것보다, 웃돈을 더 주더라도 입주 시기가 가시화된 관리처분인가 이후의 물건을 매수하는 것이 정신 건강과 자산 방어 측면에서 훨씬 현명한 선택일 수 있습니다. 불확실성을 제거한 대가는 결코 아깝지 않습니다.

관리처분인가

재개발·재건축에서 종전자산 평가와 새 아파트 배분·분담금을 확정해 승인받는 절차

이주비 대출 / 이사비 [심화 용어 ★★★]

"쫓겨나는 서러움이 아니라, 투자의 레버리지 기회"

관리처분인가가 나면 정든 집을 비워줘야 하는 원주민에게는 '이주'가 서러움일 수 있습니다. 하지만 투자자에게 이 시기는 가장 기다려온 순간이자, 자금 계획의 마법을 부릴 수 있는 기회입니다. 조합이 집주인들에게 공사 기간 동안 나가 살 전세금이나 생활비를 지원하기 위해 알선해 주는 **'이주비 대출'**과 **'이사비'** 때문입니다. 초보자는 이를 단순히 "이사할 때 보태 쓰라고 주는 돈" 정도로 생각합니다. 하지만 고수들은 이를 "내 투자금을 회수하고 수익률을 극대화하는 무이자 레버리지"로 활용합니다.

초기 투자금을 획기적으로 줄여주는 마법 보통 이주비 대출은 종전 자산 평가액(감정평가액)의 40~60% 정도가 나옵니다. 중요한 것은 많은 재개발 구역에서 시공사가 혜택으로 '이주비 무이자 대출'을 내건다는 점입니다. (정확히는 조합원이 내야 할 이자를 사업비로 대납해 주는 구조입니다.) 이것이 왜 중요할까요? 예를 들어, 내가 갭투자로 사둔 낡은 빌라에 세입자가 살고 있다고 칩시다. 이주가 시작되면 세입자에게 전세금을 돌려줘야 하는데, 내 생돈을 들이는 대신 이 '이주비 대출'을 받아 전세금을 내어줄 수 있습니다. 만약 대출금이 전세금보다 많다면? 남는 차액은 고스란히 내 통장에 현금으로 들어옵니다. 즉, 묶여 있던 내 투자 원금 일

부를 회수하게 되어 실투자금(Equity)이 대폭 줄어드는 효과가 발생합니다. 실투자금이 줄어드니 수익률(ROE)은 폭등하게 됩니다.

이사비: 쏠쏠한 보너스 혹은 공돈 반면 '이사비'는 말 그대로 짐을 옮기는 비용을 지원하는 돈입니다. 조합마다 다르지만, 적게는 몇백만원에서 많게는 수천만원까지 지급하기도 합니다. 일부는 무상 지급(공짜), 일부는 무이자 대여 형식으로 주어집니다. 투자자 입장에서는 취등록세나 중개수수료 같은 부대 비용을 상쇄하고도 남을 만한 쏠쏠한 보너스입니다.

투자자의 결론: 대출 가능 여부가 수익률을 가른다 따라서 관리처분인가 전후의 물건을 매수할 때는 반드시 "이주비 대출이 승계 가능한 물건인가?"를 확인해야 합니다. 다주택자이거나 대출 규제 지역인 경우 이주비 대출이 제한될 수 있습니다. 대출이 안 나오면 세입자 보증금을 내 돈으로 전부 메워야 하므로 자금 계획이 꼬이게 됩니다. 이주비 대출을 얼마나 영리하게 활용하느냐가 재개발 투자의 수익률 앞자리를 바꾸는 핵심 변수임을 잊지 마십시오.

이주비 대출

조합원이 이주 과정에서 필요한 자금을 대출로 지원받는 제도

이사비

조합원이 이주할 때 조합이 지급하는 이사 관련 비용 지원금

재건축 초과이익 환수제 (재초환) [심화 용어 ★★★]

"재건축의 저승사자, 국가가 당신의 수익을 공유한다"

부동산 투자자들 사이에서 가장 무서운 단어를 꼽으라면 단연 '재초환'입니다. 재건축 사업을 통해 조합원 1인당 평균 이익이 3,000만원을 넘을 경우, 초과한 금액의 최대 50%를 국가가 세금(부담금)으로 걷어가는 제도입니다. 취지는 명확합니다. "헌 아파트가 새 아파트가 되면서 집값이 폭등한 것은 네가 열심히 일해서 번 돈이 아니라, 용적률 상향이나 도시 인프라 같은 사회적 혜택 덕분이니 그 이익을 사회와 나눠라"라는 것입니다. 하지만 투자자 입장에서는 내가 리스크를 감수하고 10년을 기다려 얻은 수익의 절반을 내놓으라는 청천벽력과도 같은 고지서입니다.

재개발엔 없고, 재건축엔 있다 투자자가 반드시 기억해야 할 점은 이 제도가 오직 '재건축'에만 적용된다는 사실입니다. 기반 시설이 열악한 동네를 통째로 바꾸는 '재개발'은 공공성이 강해 이익을 환수하지 않습니다. 하지만 기반 시설이 양호한 곳에서 아파트만 새로 짓는 '재건축'은 사익 추구의 성격이 강하다고 보고 징벌적 과세를 하는 것입니다. 그래서 고수들은 규제가 심할 때는 재건축 대신 규제가 덜한 재개발로 눈을 돌리기도 합니다. 재초환은 투자처를 결정하는 거대한 물줄기 자체를 바꿔놓는 변수입니다.

입주 때 날아오는 수억원의 청구서 재초환이 무서운 진짜 이유는 '예측 불가능성'입니다. 사업 초기에는 정확한 액수를 알기 어렵다가, 나중에 입주할 때가 되어서야 확정된 금액이 통보됩니다. 강남의 일부 재건축 단지에서는 조합원 1인당 수억원의 부담금이 예상되어 사업이 올스톱되거나, 조합원 간에 내분이 일어나기도 했습니다. 분담금 낼 돈은 마련해 놨는데, 갑자기 5억원을 세금으로 더 내라고 하면 버틸 수 있는 사람은 많지 않기 때문입니다.

투자자의 결론: 피할 수 있는 곳인가, 맞고도 남는 곳인가? 재건축 아파

트에 투자하려거든 반드시 확인해야 합니다. **"이 단지는 재초환을 피한 곳인가, 아니면 적용받는 곳인가?"** (2017년 12월 31일 이전 관리처분인 가 신청 단지는 면제됨). 만약 적용받는 단지라면, 예상 부담금을 보수적 으로 계산해서 총 투자금에 포함시켜야 합니다. 아무리 입지가 좋아도 재 초환 폭탄을 맞으면 수익률은 반토막이 날 수 있습니다. 재초환은 당신의 수익을 국가와 5:5로 나눌 각오가 되어 있는지 묻는 냉혹한 질문입니다.

재건축 초과이익 환수제 (제초환)

재건축으로 발생한 이익이 일정 기준을 넘으면 국가가 일부를 부담금 형태로 환수하는 제도

가로주택정비사업 / 모아타운 [심화 용어 ★★★]

"거대한 항공모함(재개발)이 못 가는 곳을 누비는 쾌속정"

흔히 재개발·재건축은 '시간과의 싸움'이라고 합니다. 조합 설립부터 입 주까지 평균 10~15년이 걸리니, 투자자들 사이에서는 "몸테크 하다가 늙 어 죽는다"는 자조 섞인 농담이 나올 정도입니다. 이 지루한 기다림을 획 기적으로 줄여주는 대안으로 등장한 것이 바로 '가로주택정비사업'입니 다. 도로로 둘러싸인 블록(가로구역) 안에서 소규모로 헌 집을 부수고 새 집을 짓는 방식입니다. 대규모 재개발이 절차가 복잡하고 느린 '항공모 함'이라면, 가로주택은 절차를 간소화해 빠르게 목표 지점에 도달하는 '쾌속정'입니다.

속도는 얻었지만, '나 홀로 아파트'의 한계 가로주택정비사업의 최대 강

점은 '속도'입니다. 재건축의 가장 큰 장벽인 '안전진단'이 생략되고, 복잡한 절차들을 통합 심의하기 때문에 빠르면 3~4년 만에도 입주가 가능합니다. 하지만 치명적인 단점이 있습니다. 규모가 작다 보니(보통 1~2개 동), 커뮤니티 시설이나 조경, 주차장 같은 인프라가 대단지 아파트에 비해 턱없이 부족하다는 점입니다. 그래서 "이름만 아파트지, 사실상 신축 빌라와 다를 게 뭐냐"는 비판을 받으며 아파트로서의 가치를 제대로 인정받지 못하는 경우가 많습니다.

단점을 보완한 서울시의 야심작, '모아타운' 이러한 '나 홀로 아파트'의 한계를 극복하기 위해 서울시가 내놓은 모델이 바로 '모아타운'입니다. 원리는 간단합니다. 여러 개의 가로주택정비사업 구역을 한 데 묶어(모아), 마치 하나의 '대단지 아파트'처럼 개발하는 것입니다. 개별 구역이 주차장을 통합해서 지하를 넓게 쓰고, 지상에는 공원과 도서관을 만듭니다. 즉, 가로주택의 장점인 '빠른 속도'는 유지하면서, 단점인 '인프라 부족'을 해결하여 대단지급 브랜드 아파트를 짓겠다는 전략입니다.

투자자의 결론: 묶여야 산다 따라서 소규모 정비사업에 투자할 때는 "이 구역이 혼자 개발되는가(가로주택), 아니면 주변과 함께 묶이는가(모아타운)"를 반드시 확인해야 합니다. 단독으로 진행되는 가로주택은 완공 후에도 시세 상승에 한계가 있습니다. 반면 모아타운으로 지정된 곳은 대단지 프리미엄이 붙어 가치가 훨씬 높게 뜁니다. 단, 주의할 점은 '권리산정기준일'입니다. 투기 세력을 막기 위해 특정 날짜 이후에 지어진 신축 빌라나 쪼개기 지분은 입주권을 주지 않고 현금청산 시켜버리기 때문입니다. "빠르고 싸다"는 유혹 뒤에 숨겨진 입주권의 유무를 확인하는 것이 투자의 첫걸음입니다.

가로주택정비사업

노후 주택 밀집지역을 소규모로 정비해 기존 거주민 중심의 주거환경을 개선하는 도시정비 방식.

모아타운

인근 소규모 정비구역들을 묶어 하나의 큰 단지처럼 개발해 기반시설·주거환경을 효율적으로 개선하는 사업

1+1 입주권 [심화 용어 ★★★]

"두 채를 받는 대박인가, 세금 폭탄을 안기는 독이 든 성배인가?"

재개발·재건축 투자의 가장 달콤한 유혹 중 하나가 바로 '1+1'입니다. 헌 집 한 채를 갖고 있었는데, 새 아파트 두 채를 준다니 이보다 더한 대박이 어디 있겠습니까? 큰 평수는 내가 살고, 작은 평수는 월세를 주거나 자녀에게 증여하는 '강남 건물주' 부럽지 않은 시나리오가 그려집니다. 하지만 실전 투자에서 1+1 입주권은 '독이 든 성배'로 불리기도 합니다. 혜택이 큰 만큼, 그 뒤에 숨겨진 제약 조건과 세금 폭탄이 상상을 초월하기 때문입니다.

아무나 안 준다: 면적이나 가격이 커야 가능 우선 1+1을 받을 자격 자체가 까다롭습니다. 내가 가진 헌 집의 감정평가액이 분양받을 두 아파트의 분양가 합계보다 비싸거나, 헌 집의 전용면적이 두 아파트 면적 합계보다 커야 합니다. 즉, 덩치가 아주 큰 단독주택이나 대형 빌라를 가진 조

합원만 누릴 수 있는 특권입니다. 게다가 두 채 중 한 채는 반드시 전용면적 60㎡ 이하(소형)여야 한다는 조건이 붙습니다. 보통 '국평(84㎡) + 소형(59㎡)' 조합으로 받게 됩니다.

치명적인 족쇄: 3년 전매제한과 세금 1+1이 무서운 진짜 이유는 '유동성'과 '세금'입니다. 투기 방지를 위해, 추가로 받는 소형 주택은 준공 후 **3년 동안 팔 수 없습니다(전매제한)**. 급전이 필요해도 팔지 못하고 강제로 들고 있어야 합니다. 더 큰 문제는 세금입니다. 입주하는 순간 당신은 '2주택자'가 됩니다. 조정대상지역이라면 취득세, 양도세 중과 대상이 되며, 특히 공시가격이 합산되어 **종합부동산세(종부세)** 폭탄을 맞을 수 있습니다. 대출 또한 다주택자 규제에 묶여 자금 줄이 막힐 수 있습니다. "두 채 받아서 월세 받아야지"라고 생각했다가, 월세보다 더 큰 보유세를 내느라 허리가 휘는 경우가 발생합니다.

투자자의 결론: 실거주인가, 수익인가? 따라서 1+1은 단순 투자 목적보다는 '실거주 목적'이 명확할 때 선택해야 합니다. 부모님을 모시고 살거나 성인이 된 자녀를 독립시킬 목적으로 두 채가 꼭 필요한 경우라면 최고의 선택입니다. 하지만 단순히 수익률을 노리는 투자자라면 신중해야 합니다. 3년 동안 묶일 자금 여력이 있는지, 종부세를 감당할 수 있는지 계산해봐야 합니다. 때로는 욕심을 버리고 1+1 대신, 똘똘한 대형 평형 한 채와 거액의 환급금(현금)을 챙기는 것이 세후 수익률 측면에서 훨씬 현명한 전략일 수 있습니다.

1+1 입주권

재개발·재건축에서 한 세대가 기존 주택 외 소형 주택 한 채를 추가로 분양받을 수 있는 권리로, 두 주택 입주가 가능한 배정 방식

"경매의 알파요 오메가, 빚을 지우는 마법의 지우개"

부동산 경매가 매력적인 이유는 시세보다 싸게 살 수 있기 때문입니다. 하지만 세상에 공짜는 없습니다. 싼 가격 뒤에는 복잡한 권리 관계와 빚 (채무)이 얽혀 있습니다. 낙찰을 받고 잔금을 치렀는데, 등기부등본이 깨 끗해지지 않고 빚이 그대로 남아 있다면 어떨까요? 아무도 경매를 하지 않을 것입니다. 그래서 경매에는 '말소기준권리'라는 절대적인 기준선 이 존재합니다. 이 기준선이 하는 역할은 명확합니다. **"나(기준권리)를 포함해서, 내 뒤에 줄 선 권리들은 경매가 끝나면 모두 지워준다(소멸)."** 즉, 낙찰자에게 깨끗한 등기부등본을 선물해 주는 '마법의 지우개' 역할 을 합니다.

인수와 소멸의 갈림길 말소기준권리는 권리 분석의 시작이자 끝입니다. 등기부등본에 적힌 수많은 권리(근저당, 가압류, 전세권 등) 중에서 날 짜가 가장 빠른, 즉 '가장 먼저 돈 받을 권리가 있는 놈'이 말소기준권리 가 됩니다. (주로 근저당, 가압류, 담보가등기, 경매개시결정등기, 배당요 구한 전세권 중 가장 빠른 것). 이 기준선보다 늦게 설정된 권리들은 낙 찰자가 신경 쓸 필요 없이 모두 사라집니다(**소멸**). 하지만 이 기준선보 다 **'먼저'** 설정된 권리가 있다면? 그 권리는 지워지지 않고 낙찰자가 그 대로 떠안아야 합니다(**인수**). 이것이 경매의 가장 큰 공포인 '선순위 인 수 권리'입니다.

싸게 샀다가 피보는 이유: 선순위 전세권의 함정 가장 대표적인 비극은 '선순위 임차인'을 파악하지 못했을 때 일어납니다. 예를 들어, 시세 5억 짜리 아파트가 경매로 3억에 나왔다고 칩시다. 등기부상 말소기준권리는 2020년의 근저당입니다. 그런데 2019년에 전입한 세입자(전세금 3억)가 살고 있다면? 이 세입자의 권리는 말소기준권리보다 빠르기 때문에 소멸하지 않습니다(인수). 낙찰자는 경매 낙찰가 3억원을 법원에 내고, 별도로 세입자에게 전세금 3억원을 또 돌려줘야 합니다. 결국 6억원에 집을 산 꼴이 되어 시세보다 비싸게 산 최악의 투자가 됩니다.

투자자의 결론: 지우개 성능을 믿지 말고, 살아남는 놈을 보라 경매 초보자는 말소기준권리를 찾고 "와, 뒤에 있는 건 다 지워지네!"라며 안도합니다. 하지만 고수는 말소기준권리 '앞'을 봅니다. 지우개로도 지워지지 않는 끈질긴 놈들이 있는지를 살피는 것입니다. 법원이 제공하는 매각물건명세서에 '인수(낙찰자가 떠안아야 할 권리)'라고 적힌 항목이 있는지 눈에 불을 켜고 확인하십시오. 말소기준권리를 찾는 것은 안전한 물건을 찾기 위함이 아니라, 피해야 할 폭탄(인수 권리)을 걸러내기 위한 생존 본능이어야 합니다.

개념 한 줄 정리

말소기준권리

경매에서 가장 먼저 설정된 권리로, 이를 기준으로 이후 권리들의 소멸 여부가 결정되는 핵심 권리

배당요구 / 배당순위 [심화 용어 ★★★]

"권리 위에 잠자는 자는 보호받지 못한다, 돈을 받는 냉혹한 줄서기"

경매 낙찰금은 빚 잔치를 위한 돈입니다. 법원은 낙찰자가 낸 돈을 빚쟁이(채권자)들에게 나눠주는데, 이 과정을 '배당'이라고 합니다. 그런데 법원은 알아서 돈을 챙겨주지 않습니다. "나도 받을 돈이 있으니 줄을 서겠

습니다"라고 법원에 신고를 해야만 돈을 줍니다. 이것이 '배당요구'입니다. 그리고 줄을 섰다고 해서 공평하게 나눠 갖는 것도 아닙니다. '배당순위'라는 엄격한 계급에 따라, 앞 순위가 배를 다 채울 때까지 뒷순위는 단 한 푼도 가져갈 수 없습니다. 이 냉혹한 줄서기를 이해하지 못하면, 낙찰자는 엉뚱한 빚을 대신 갚아줘야 하는 함정에 빠지게 됩니다.

배당요구종기일: 투자의 생사를 가르는 마감 시간 모든 경매 사건에는 '배당요구종기일(마감일)'이 정해져 있습니다. 특히 가장 주의해야 할 존재는 '선순위 임차인'입니다. 말소기준권리보다 먼저 전입해 대항력이 있는 세입자가 배당요구를 했다면, 그는 법원에서 보증금을 받고 나갈 것이므로 낙찰자가 신경 쓸 필요가 없습니다(안전). 하지만 만약 그가 배당요구를 안 했거나, 실수로 마감일을 하루라도 넘겨서 신청했다면? 법원은 그에게 한 푼도 주지 않습니다. 그럼 그 보증금은 누가 돌려줘야 할까요? 바로 낙찰자(당신)가 전액 물어줘야 합니다. 겉보기엔 평범해 보이는 물건이 순식간에 폭탄으로 돌변하는 순간입니다.

먼저 왔다고 먼저 받는 게 아니다 (조세 채권의 우선징수) 배당순위에는 '날짜'보다 강력한 '계급'이 존재합니다. 은행 근저당보다 날짜가 늦어도 무조건 먼저 돈을 빼가는 녀석들이 있습니다. 바로 '당해세(그 부동산에 부과된 세금)'나 임금채권 같은 것들입니다. 이것이 무서운 이유는 **'예측 불가능성'** 때문입니다. 등기부에는 세금 체납액이 얼마인지 나오지 않습니다. 낙찰자는 세입자가 1순위로 돈을 받아갈 줄 알고 입찰했는데, 뚜껑을 열어보니 국세청이 먼저 수억원을 '우선징수'해서 가져가 버릴 수 있습니다. 그러면 세입자는 돈을 다 못 받게 되고(미배당금), 대항력 있는 세입자의 남은 보증금은 낙찰자가 떠안아야 합니다.

투자자의 결론: 판사님 빙의해서 배당표를 짜보라 고수는 입찰표를 쓰

기 전에 반드시 가상의 '배당표'를 짜봅니다. 낙찰금액을 가지고 0순위(경매비용), 1순위(최우선변제금), 2순위(당해세)... 순서대로 돈을 나눠 줘 보는 것입니다. 이 시뮬레이션을 통해 "세입자가 돈을 다 받아나가는가? 아니면 떼이는 돈이 있어 나한테 달라고 할 것인가?"를 검증해야 합니다. 배당요구 여부와 순위를 모른다면, 당신은 눈을 가리고 지뢰밭을 걷는 것과 다름없습니다. 경매는 낙찰받는 기술이 아니라, 남의 빚을 떠안지 않는 기술입니다.

배당요구

경매 절차에서 채권자가 자신의 채권을 배당받기 위해 법원에 신청하는 절차

배당순위

경매 대금이 배분될 때 권리의 우선순위에 따라 채권자들이 배당받는 순서

명도 (점유자 내보내기) [심화 용어 ★★★]

"낙찰은 기술이지만, 명도는 심리전이자 예술이다"

법원에서 최고가 매수신고인(낙찰자)이 되어 잔금을 납부하면, 법적으로 그 집은 완벽하게 당신의 소유가 됩니다. 하지만 현실은 다릅니다. 소유권은 넘어왔어도, 그 집 문을 열고 들어갈 수 있는 '점유권'은 여전히 이전 집주인이나 세입자에게 있기 때문입니다. 그들을 내보내고 열쇠를 넘겨받는 과정을 '명도'라고 합니다. 경매 초보자들은 권리 분석이나 입찰가 산정에 온 힘을 쏟지만, 고수들은 입찰하기 전부터 "이 집 점유자를 어떻게 내보낼 것인가?"를 머릿속으로 시뮬레이션합니다. 명도가 끝나

야 비로소 투자가 완성되기 때문입니다.

법(강제집행)은 멀고, 이자(금융비용)는 가깝다 법적으로는 낙찰자가 유리합니다. 잔금 납부와 동시에 법원에 '인도명령'을 신청하면, 판결문 없이도 법원의 힘을 빌려 강제로 짐을 들어낼 수 있는(강제집행) 권한이 생깁니다. 하지만 강제집행은 최후의 수단일 뿐, 최선의 수단은 아닙니다. 집행관과 인부들을 부르는 비용도 만만치 않거니와, 절차를 밟는 데 몇 달이 걸립니다. 투자자에게 시간은 돈입니다. 명도가 3개월 지연되면 3개월치 대출 이자와 관리비를 허공에 날리게 됩니다. 그래서 고수들은 '강제집행(칼)'이라는 무기를 등 뒤에 숨긴 채, '이사비(당근)'를 내밀며 협상 테이블에 앉습니다.

사람이 하는 일, 감정 싸움을 피하라 명도 대상자는 대부분 재산을 잃고 벼랑 끝에 몰린 사람들입니다. 그들에게 "내 집이니 당장 나가라"고 으름장을 놓는 것은, 잃을 게 없는 사람을 자극해 극단적인 저항을 부르는 하수의 방식입니다. 명도의 핵심은 '협상'입니다. 상대방의 처지를 들어주되(공감), 법적인 절차는 냉정하게 진행하고 있다는 사실을 인지시키고(압박), 적절한 이사비를 쥐여주며 날짜를 확정 짓는(타협) 박자가 맞아야 합니다. 돈을 더 주더라도 빨리 내보내서 수리를 하고 임대를 놓는 것이, 월세와 이자를 계산했을 때 훨씬 이득인 경우가 많습니다.

투자자의 결론: 냉철한 머리와 따뜻한 가슴의 균형 명도를 잘하는 투자자는 법을 잘 아는 사람이 아니라, 사람의 마음을 잘 움직이는 사람입니다. 하지만 방심은 금물입니다. 협상 도중에 점유자가 바뀌면 인도명령이 무용지물이 될 수 있으므로, 반드시 '점유이전금지가처분'이라는 법적 안전장치를 걸어두어야 합니다. 법적인 절차는 기계적으로 진행하되, 대화는 인간적으로 푸십시오. 명도는 적을 쫓아내는 전쟁이 아니라, 새로

운 출발을 돕고 내 권리를 찾아오는 비즈니스입니다.

명도 (점유자 내보내기)
경매나 매매 후 새로운 소유자가 기존 점유자를 법적 절차에 따라 내보내고
부동산을 인도받는 과정

유치권 / 법정지상권 (특수 권리) [심화 용어 ★★★]
"초보자는 도망가고 고수는 줍는, 경매의 블루오션"

경매 법정에 가면 수십 명이 입찰표를 쓰려고 줄을 선 아파트가 있는 반
면, 아무도 거들떠보지 않아 가격이 반토막, 반의 반토막이 난 물건들도
있습니다. 등기부등본이나 매각물건명세서에 빨간 글씨로 '유치권 성립
여지 있음' 또는 '법정지상권 성립 여지 있음'이라고 적혀 있는, 이른바
'특수 물건'들입니다. 이 권리들이 무서운 이유는 말소기준권리보다 뒤
에 있어도 사라지지 않고 낙찰자가 떠안아야(인수) 하기 때문입니다. 해
결하지 못하면 낙찰받고도 내 집처럼 쓸 수 없습니다. 하지만 바로 그 '공
포' 때문에 경쟁자가 사라진 곳에, 경매의 진정한 고수익(High Return)
이 숨어 있습니다.

유치권: "돈 줄 때까지 못 나갑니다" (보이지 않는 점유) 유치권은 타인
의 물건을 점유한 사람이 그 물건에 관해 생긴 채권(공사비 등)을 변제
받을 때까지 물건을 내어주지 않고 버틸 수 있는 권리입니다. "공사비 줄
때까지 이 건물 못 넘깁니다"라고 써 붙인 플래카드가 바로 유치권의 상
징입니다. 유치권이 골치 아픈 이유는 **등기부등본에 나오지 않기 때문입**

니다. 현장에 가봐야만 알 수 있습니다. 하지만 고수들은 오히려 이를 반깁니다. 신고된 유치권의 상당수가 가짜이거나 성립 요건(점유의 지속성 등)을 갖추지 못한 허수아비이기 때문입니다. 법리적 분석과 현장 조사를 통해 가짜 유치권을 깨뜨리는 순간, 반값에 낙찰받은 물건은 제값을 찾아갑니다. 이것이 특수 물건 투자의 묘미입니다.

법정지상권: "남의 땅 위에 서 있는 건물의 운명" 우리나라 법은 토지와 건물을 별개의 부동산으로 취급합니다. 땅주인과 건물주가 달라졌을 때, 건물주가 남의 땅 위에서 건물을 철거하지 않고 사용할 수 있는 권리가 바로 '법정지상권'입니다. 만약 당신이 땅을 낙찰받았는데 그 위의 건물이 법정지상권이 있다면, 당신은 내 땅이어도 마음대로 건물을 부수거나 땅을 쓸 수 없습니다. 최악의 상황이죠. 하지만 해결책은 있습니다. 건물주는 땅을 쓰는 대가로 당신에게 '지료(월세)'를 내야 합니다. 지료가 연체되면? 그때는 법정지상권 소멸을 청구하고 건물을 경매로 넘겨 헐값에 사올 수 있습니다. 토지와 건물의 소유권을 하나로 합치는 순간(완전체), 부동산의 가치는 폭발합니다.

투자자의 결론: 하자와 수익은 비례한다 모든 권리가 깨끗한 아파트는 안전하지만 먹을 것(수익)이 적습니다. 경쟁이 치열해 낙찰가가 시세와 별 차이가 없기 때문입니다. 반면 특수 권리가 붙은 물건은 겉보기에 '하자'가 있어 보이지만, 그 하자를 치유할 능력만 있다면 그 어떤 투자보다 싸게 살 수 있는 기회입니다. 특수 권리는 피해야 할 지뢰가 아니라, **풀어내면 보물이 나오는 복잡한 매듭**입니다. 남들이 빨간 글씨를 보고 공포를 느낄 때, 그 이면에 숨겨진 법리적 허점과 협상의 기회를 보는 눈을 기르십시오. 그것이 경매의 신세계로 들어가는 열쇠입니다.

유치권

채권자가 목적물을 돌려주기 전까지 변제를 요구하며 점유할 수 있는 권리

법정지상권

토지·건물 소유자가 달라졌을 때 건물을 계속 사용할 수 있도록 법에서 인정하는 지상 이용권

NPL(부실채권) 투자 [심화 용어 ★★★]

"은행이 버린 빚을 사서, 황금알로 바꾸는 경매의 최고수 기술"

은행은 돈을 빌려 간 사람이 3개월 이상 이자를 내지 못하면, 그 대출을 '부실채권(NPL)'으로 분류합니다. 은행 입장에서는 건전성 지표(BIS 비율)를 맞춰야 하기 때문에, 이 골치 아픈 빚 문서를 헐값에라도 빨리 팔아치우고 싶어 합니다. 이때 등장하는 것이 NPL 투자자입니다. 이들은 부동산(물건)을 사는 것이 아니라, 그 부동산에 걸려 있는 '근저당권(빚 받을 권리)'을 사옵니다. 즉, 채권자가 되어 경매 판을 뒤에서 조종하거나, 직접 낙찰을 받아 수익을 극대화하는 고도의 금융 기법입니다.

할인(Discount)의 마법: 10억짜리 권리를 7억에 산다 NPL 투자의 핵심은 '할인 매입'입니다. 예를 들어, 감정가 10억원짜리 아파트에 10억원의 근저당(빚)이 있다고 칩시다. 집주인이 망해서 경매에 넘어가면, 유찰이 거듭되어 7억원까지 떨어질 수도 있습니다. 은행은 7억이라도 건지기 위해 이 10억원짜리 근저당권을 NPL 회사에 7억원(할인가)에 팝니다. 이제 당신이 이 채권을 7억원에 샀다고 가정해 봅시다. 당신은 10억원을 받

을 권리가 있는 '1순위 채권자'가 되었습니다.

배당 투자 vs 유입 투자 NPL로 돈을 버는 방법은 크게 두 가지입니다. 배당 투자: 아무것도 안 하고 기다립니다. 누군가 이 아파트를 9억원에 낙찰받으면, 법원은 1순위 채권자인 당신에게 9억원을 배당해 줍니다. 당신은 7억에 샀으니 앉은자리에서 2억원(차익)을 봅니다.

유입 투자(직접 낙찰): 당신이 직접 경매에 참여합니다. 10억원을 써내서 1등으로 낙찰받습니다. 남들이 보면 "미쳤다, 시세대로 샀네?"라고 비웃겠지만, 사실 당신은 주머니에서 돈을 낼 필요가 없습니다. 법원에 낼 낙찰 대금 10억원을, 내가 받을 돈 10억원(채권)으로 퉁치는 '상계 신청'을 하면 됩니다. 결국 당신은 7억원(채권 매입가)에 10억짜리 아파트를 산 셈이 됩니다. 이후 시세대로 팔면 엄청난 차익을 남길 수 있습니다.

투자자의 결론: 경매의 꽃이자, 진입장벽이 높은 블루오션 일반 경매는 "얼마를 써야 낙찰받을까?"를 고민하지만, NPL 투자는 "얼마에 채권을 사와야 남는 장사인가?"를 고민합니다. 이미 싼값에 채권을 확보해 놓았기 때문에, 경매장에서 누구보다 높은 가격을 써낼 수 있는 '무적의 낙찰자'가 될 수 있습니다. 하지만 NPL은 목돈(현금)이 필요하고, 권리 분석에 실패하면 깡통 채권을 떠안을 수 있는 하이 리스크 영역입니다. 남들이 보지 못하는 빚의 가치를 보는 눈, 그것이 부동산 투자의 마지막 단계인 NPL의 세계입니다.

NPL(부실채권) 투자

상환이 어려워진 부실채권을 할인된 가격에 매입해 회수·담보권 실행 등을 통해 수익을 얻는 투자 방식

Chapter 6

절세 전략과 수익형 부동산으로 경제적 자유 완성하기

(세금을 아끼고 건물주가 되는 꿈을 가져라)

취득세 [필수 용어 ★★]

"내 집이 되는 순간 내야 하는, 부동산 놀이공원 입장료"

부동산을 내 명의로 등기 칠 때 내는 세금입니다. 잔금을 치른 날로부터 60일 이내에 내야 하며, 안 내면 가산세가 붙습니다. 세율은 주택 수와 가격, 규제 지역 여부에 따라 1%에서 최대 12%까지 천차만별입니다.

• 핵심 포인트

주택 수 중과: 1주택자는 집값의 1~3%만 내면 되지만, 다주택자가 조정대상지역 집을 사면 8%, 12%의 징벌적 세금을 내야 합니다.

부가세: 취득세 외에 농어촌특별세와 지방교육세가 같이 붙기 때문에 실제 세율은 조금 더 높습니다. (예: 1% → 1.1%)

• 실전 활용법

일시적 2주택: 이사 가기 위해 새집을 사서 잠시 2주택이 된 경우, 기존 집을 정해진 기간(보통 3년) 내에 파는 조건으로 1주택자 세율(1~3%)을 적용받을 수 있습니다.

예산 짤 때: 집값만 준비하면 안 됩니다. 10억짜리 집을 사면 취득세만 1,100만원~3,300만원이 더 필요하니 현금을 따로 챙겨둬야 합니다.

- **예시 (같은 6억원 집이라도)**
  - 무주택자가 처음 살 때: 1% 적용 → 600만원
  - 3주택자가 또 살 때 (중과): 12% 적용 → 7,200만원 (세금 차이 12배!)

재산세 / 종합부동산세 (보유세) [필수 용어 ★★]

"집을 가지고 있는 것만으로 매년 내야 하는 월세 같은 세금"

집을 가지고 있으면 매년 내야 하는 세금을 통틀어 '보유세'라고 합니다.

재산세: 집주인이라면 누구나 내는 지방세. (비교적 금액이 적음)

종부세(종합부동산세): 일정 금액(1주택 12억, 다주택 9억 등) 이상 비싼 집을 가진 사람만 내는 국세. **'부자세'** 성격이 강하며 세율이 높습니다.

- **핵심 포인트**

과세기준일 6월 1일: 매년 6월 1일 하루를 기준으로 그날 집주인인 사람에게 1년 치 세금을 다 매깁니다.

공시가격 기준: 내가 산 가격(실거래가)이 아니라 정부가 정한 '공시가격'을 기준으로 세금을 계산합니다.

- **실전 활용법**

매매 타이밍: 집을 팔 때는 6월 1일 이전(5월 31일까지)에 잔금을 치러야 그해 보유세를 안 냅니다. 반대로 살 때는 6월 2일 이후에 사는 게 유리합니다. 하루 차이로 수백만원이 왔다 갔다 합니다.

공동명의: 종부세는 인별 과세(사람마다 따로 계산)이므로, 부부 공동명의로 하면 공제 금액이 늘어나 종부세를 확 줄일 수 있습니다.

- **예시 (6월 1일의 눈치 게임)**

 - 5월 31일에 집을 팔았다. → 매수자가 올해 세금 다 냄. (판 사람 만세!)

 - 6월 2일에 집을 팔았다. → 매도자가 올해 세금 다 냄. (산 사람 만세!)

양도소득세 (양도세) [필수 용어 ★★]

"집값이 오른 만큼 정부와 수익을 나누는, 부동산 세금의 끝판왕"

집을 팔아서 생긴 이익(양도차익)에 대해 내는 세금입니다. 부동산 세금 중 금액이 가장 크고 계산법도 가장 복잡합니다. 내가 5억에 사서 5억에 팔았다면(이익 0원), 양도세는 0원입니다. 즉, '번 돈'에 대해서만 냅니다.

- **핵심 포인트**

보유 기간: 산 지 1년도 안 돼서 팔면 지방세 포함 77%를 세금으로 떼갑니다. 최소 2년은 보유해야 일반 세율(6~45%)을 적용받습니다.

다주택 중과: 조정지역 다주택자는 기본 세율에 20~30%p를 더 얹어서 냅니다. (단, 시장 상황에 따라 중과 유예를 해주기도 합니다.)

- **실전 활용법**

필요경비: 샷시 교체, 보일러 수리, 확장 공사 등 집 가치를 높이는 데 쓴 비용은 영수증을 챙겨두면 나중에 양도세 계산할 때 이익에서 빼주어 세금을 줄일 수 있습니다. (도배, 장판은 안 됨)

- **예시 (1년 만에 팔면 남는 게 없다)**

 5억에 사서 1년 만에 7억에 팔아 2억을 벌었다면? → 단기 양도세율 77% 적용 시 세금만 약 1억 5천만원. 내 손에 남는 건 5천만원뿐.

비과세 vs 감면 [필수 용어 ★★]

"세금을 아예 안 내는 것과 깎아주는 것의 차이"

둘 다 세금을 줄여주는 혜택이지만, 그 위력은 천지 차이입니다.

비과세: 세금을 부과하지 않음. 즉, 세금이 '0원'입니다.

감면: 내야 할 세금에서 일정 비율(50%, 70% 등)을 **깎아주는 것**. (신고는 해야 하고, 농어촌특별세 등 부가세는 내야 함)

• 핵심 포인트

1세대 1주택 비과세: 대한민국 부동산 투자의 **가장 강력한 혜택**입니다. 1주택자가 2년 이상 보유(규제지역은 거주 포함)하고 팔면, 매매가 12억원까지는 양도세를 한 푼도 안 냅니다.

감면의 조건: 감면은 보통 '임대주택 등록'이나 '신축 주택 구입' 등 특수한 정책적 목적일 때 한시적으로 해줍니다. 나중에 조건을 어기면 감면받은 돈을 토해내야 하니 주의해야 합니다.

• 실전 활용법

비과세 전략: 부동산 테크의 핵심은 "어떻게 하면 합법적으로 비과세를 만들 것인가"입니다. 일시적 2주택 등을 활용해 평생 비과세로만 갈아타기를 하는 것이 자산을 불리는 가장 빠른 길입니다.

• 예시 (양도차익 5억원이 발생했다면?)
- 비과세: 낼 세금 0원. (5억 전부 내 돈)
- 50% 감면: 원래 세금 1억원 중 5천만원만 냄 + 감면받은 5천만원의 20%(농특세) 1천만원 납부 = 총 6천만원 납부.

일시적 1가구 2주택 (갈아타기 비과세) [필수 용어 ★★]

"이사 가려고 집을 하나 더 산 순간, 세금을 면제받는 골든타임"

원래 2주택자가 집을 팔면 양도세가 많이 나옵니다. 이사, 결혼, 상속 등으로 인해 **어쩔 수 없이 잠시 두 채가 된 경우**, 기존 집을 정해진 기한 내에 팔면 **1주택자처럼 비과세(12억원까지)** 혜택을 주는 제도입니다. 상급지로 갈아타기를 할 때 반드시 활용해야 하는 핵심 전략입니다.

- **핵심 포인트**

처분 기한: 보통 새집을 사고 **3년 이내**(규제지역 등 상황에 따라 다름)에 헌 집을 팔아야 혜택을 받습니다.

순서 중요: 반드시 '먼저 산 집(종전 주택)'을 먼저 팔아야 비과세가 됩니다. 새집을 먼저 팔면 과세됩니다.

- **실전 활용법**

퐁당퐁당 전략: A주택 매수 → (2년 후) B주택 매수 및 이사 → (3년 내) A주택 매도(비과세) → C주택 매수... 이 패턴을 반복하면 평생 세금 없이 자산을 불릴 수 있습니다.

  - **예시 (5억에 산 집이 9억이 되었습니다. (차익 4억))**
  - 그냥 팔면(2주택자): 세금 약 1억~2억원.
  - 일시적 2주택 활용: 새집 사고 3년 내에 팔면 세금 0원.

다주택자 중과세 (취득세/양도세 중과) [심화 용어 ★★★]

"수익률을 깎아먹게 만드는 부동산 투자의 가장 큰 암초"

부동산 초보자는 "얼마에 사서 얼마에 팔까(시세차익)"를 고민하지만, 고수는 "그래서 세금 떼고 나면 내 손에 얼마가 쥐어지는가(세후 수익률)"

를 계산합니다. 대한민국에서 다주택자가 된다는 것은, 정부가 설정해 놓은 강력한 '징벌적 과세' 구간으로 들어간다는 뜻입니다. 특히 집을 살 때 내는 '취득세'와 팔 때 내는 '양도세'에 적용되는 중과세율은 상상을 초월합니다. 이를 계산하지 않고 덜컥 집을 샀다가는, 집값이 올랐는데도 정작 내 돈은 줄어드는 기이한 경험을 하게 될 수도 있습니다.

취득세 중과: 진입 장벽을 높이다 (1% vs 12%) 보통 1주택자가 집을 살 때 내는 취득세는 **집값의 1~3% 수준**입니다. 하지만 조정대상지역에서 2주택자가 되면 8%, 3주택 이상이 되면 무려 12%의 취득세를 내야 합니다. (지방교육세 등을 합치면 13.2%에 달합니다.) 생각해 보십시오. 5억짜리 집을 사는데 세금으로만 6,000만원을 내야 합니다. 이 말은 집값이 사자마자 12% 이상 오르지 않으면 원금 손실이라는 뜻입니다. 취득세 중과세는 갭투자나 단기 투자의 진입 자체를 원천 봉쇄하는 강력한 **'입장료 인상'** 정책입니다.

양도세 중과: 탈출구를 막다 (+20%p, +30%p) 집을 팔 때 내는 양도소득세는 기본세율(6~45%)이 적용됩니다. 하지만 다주택자 중과세가 적용되면 여기에 **20%p(2주택) 또는 30%p(3주택 이상)가 가산**됩니다. 지방소득세까지 합치면 세율이 최고 82.5%에 육박합니다. 1억원을 벌었는데 세금으로 8천만원을 내야 한다면, 과연 누가 집을 팔까요? 양도세 중과세는 다주택자가 매물을 시장에 내놓지 못하게 만드는 **'매물 잠김 (Lock-in)' 효과**를 낳기도 합니다. 그래서 정부는 시장 상황에 따라 이 중과세를 한시적으로 유예해주며 퇴로를 열어주기도 합니다.

투자자의 결론: 세금은 비용이 아니라 투자의 본질이다 부동산 투자의 공식은 [매도가 - 매수가 - 세금 = 수익]입니다. 여기서 세금 비중이 과도하게 커지면 투자의 가치는 사라집니다. 따라서 다주택 포지션을 취하려는

투자자는 반드시 '세금 시뮬레이션'을 먼저 돌려봐야 합니다. 취득세 중과를 피하기 위해 공시가 1억 미만 주택을 공략하거나, 양도세 중과를 피하기 위해 임대사업자를 등록하거나, 자녀에게 증여를 하는 등 절세 전략 없이는 결코 성공적인 다주택 투자가 불가능한 시대입니다. 정책의 변화 (규제 지역 해제, 중과 유예 등)에 안테나를 세우는 것이야말로 수익률을 지키는 가장 큰 방패입니다.

다주택자 중과세 (취득세, 양도세)

다주택 보유자가 추가로 집을 살 때 취득세를 높게 부과하고, 팔 때 양도세도 더 무겁게 적용해 투기 수요를 억제하는 제도

법인 투자 (장단점 및 규제) [심화 용어 ★★★]

"개인의 한계를 넘어서는 무기인가, 세금 폭탄을 안기는 족쇄인가?"

부동산 투자자의 명의는 크게 두 가지로 나뉩니다. '개인'으로 살 것인가, 아니면 회사를 세워 '법인'으로 살 것인가. 과거 부동산 상승기에는 법인 투자가 소위 '치트키'로 통했습니다. 개인에게 적용되는 대출 규제와 중과세를 요리조리 피해 갈 수 있는 강력한 우회로였기 때문입니다. 하지만 정부가 이 우회로에 철조망을 치고 지뢰를 매설하면서(규제 강화), 이제 법인 투자는 철저한 계산 없이는 진입해서는 안 되는 '전문가의 영역'이 되었습니다.

비용 처리의 마법과 낮은 세율 (법인의 장점) 법인 투자의 가장 큰 매력은 '비용 처리'와 '명의 분산'입니다. 개인은 대출 이자나 수리비 정도만

필요경비로 인정받지만, 법인은 인건비, 사무실 임대료, 차량 유지비, 비품 구입비 등 사업과 관련된 모든 비용을 수익에서 뺄 수 있습니다. 과세표준을 줄일 수 있는 것이죠. 세율 또한 매력적이었습니다. 개인은 단타 매매를 하면 70%에 달하는 양도세를 내야 하고, 다주택자가 되면 중과세 폭탄을 맞습니다. 하지만 법인은 보유 기간이나 주택 수와 상관없이 법인세(순이익 2억 이하 10%, 2억 초과 20%)만 내면 됩니다. 여기에 주택 처분 시 추가로 내는 법인세(20%)를 더해도 개인의 단기 양도세보다는 훨씬 저렴한 구간이 존재합니다.

주택 시장의 공공의 적이 되다 (강력한 규제) 하지만 "법인으로 아파트 투기를 한다"는 인식이 퍼지면서, 정부는 주택 법인에 대해 전례 없는 규제 폭탄을 투하했습니다.

취득세 12%: 법인이 주택을 사면 가격이나 지역에 상관없이 무조건 12%의 취득세를 내야 합니다. 시작부터 수익률 -12%를 깔고 가야 하니 갭투자가 불가능해졌습니다.

종부세 공제 폐지: 개인은 인당 6억(1주택 9억, 12억 등)원의 기본 공제가 있지만, 법인은 공제 금액이 '0원'입니다. 단 100만원짜리 집을 가져도 종부세를 내야 하며, 세율도 개인 최고 세율(3~6%)을 적용받습니다. 법인으로 아파트를 장기 보유하는 것은 매년 자산이 녹아내리는 자살행위가 되었습니다.

대출 금지: 규제 지역 내 주택 매매 시 법인은 대출이 한 푼도 나오지 않습니다(LTV 0%).

투자자의 결론: 아파트를 버리고 빌딩으로 가라 이제 법인으로 아파트 갭투자를 하는 시대는 끝났습니다. 하지만 법인 자체가 무용지물이 된 것은 아닙니다. 고수들은 법인의 무대를 '비주거용 부동산'으로 옮겼습니

다. 상가, 지식산업센터, 꼬마빌딩, 토지 등은 주택 규제(취득세 중과, 종부세 폭탄)에서 자유롭습니다. 법인은 **DSR(총부채원리금상환비율)** 규제를 받지 않아 개인보다 대출 한도를 훨씬 많이 뽑을 수 있습니다. 따라서 "법인 투자가 끝났다"고 말하는 대신, "법인으로 아파트를 사는 건 끝났지만, 건물주가 되려면 법인이 필수다"라고 이해하는 것이 정확합니다. 법인은 이제 투기의 도구가 아니라, 사업의 도구로 활용해야 합니다.

개념 한 줄 정리

법인투자 *(장단점 및 규제)*

법인을 통해 부동산에 투자하면 절세·지분구조 설계 등이 가능, 대출 규제·세율 강화·추가 신고 의무 등 개인 투자보다 규제가 강하게 적용

종부세 합산 배제 [심화 용어 ★★★]

"다주택자의 유일한 숨구멍, 세금 폭탄을 피하는 합법적 방패"

종합부동산세(종부세)는 인별로 보유한 주택의 공시가격을 모두 합쳐서, 일정 금액(1주택 12억, 다주택 9억 등)을 초과할 때 부과하는 세금입니다. 집이 많을수록 세금이 기하급수적으로 늘어나는 누진세 구조죠. 그런데 집을 100채 가진 사람도 종부세를 거의 내지 않는 경우가 있습니다. 바로 **'종부세 합산 배제'** 혜택을 활용했기 때문입니다. 이 제도는 임대주택으로 등록한 집은 종부세 계산 시 주택 수에서 빼주는(합산하지 않는) 혜택입니다. 정부가 "서민 주거 안정을 위해 임대주택을 공급해 줬으니, 그 보상으로 보유세는 깎아주겠다"는 취지로 만든, 다주택자에게는 동아줄과도 같은 제도입니다.

아무나 안 해준다: 까다로운 요건의 벽 물론 조건은 까다롭습니다. 단순히 구청에 임대사업자 등록만 한다고 되는 것이 아닙니다.

가액 요건: 임대 개시일 기준 공시가격이 수도권 6억원(지방 3억원) 이하여야 합니다. (강남의 비싼 아파트는 혜택 불가)

기간 요건: 10년 이상(과거 단기 4년, 장기 8년) 의무적으로 임대를 줘야 합니다. 중간에 팔면 그동안 감면받은 세금을 토해내야 합니다.

증액 제한: 임대료를 5% 이상 올릴 수 없습니다.

이 요건을 모두 갖춰 세무서에 별도로 '합산 배제 신청'을 해야만 비로소 종부세 고지서에서 해당 주택들이 사라지는 마법을 볼 수 있습니다.

정책의 변덕, 등록 말소의 함정 투자자가 가장 주의해야 할 점은 '정책 리스크'입니다. 부동산 과열기에는 정부가 이 혜택을 축소하거나 아예 폐지(아파트 등록 금지 등)하기도 합니다. 특히 2020년 7.10 대책으로 아파트 임대사업자 제도가 폐지되면서, 많은 투자자가 합산 배제 혜택을 박탈당하고 종부세 폭탄을 맞았습니다. (현재는 소형 주택 위주로 부활 논의 중). 내가 등록하려는 주택이 '아파트인가, 비아파트(빌라/오피스텔)인가?' 그리고 '현재 시점에서 합산 배제 혜택이 유효한가?'를 확인하는 것은 세금 수천만원을 아끼는 필수 절차입니다.

투자자의 결론: 비아파트 투자의 핵심 키(Key) 아파트 투자가 막힌 지금, 종부세 합산 배제는 **빌라나 주거용 오피스텔** 투자의 핵심 수익 모델입니다. 공시가 낮은 빌라 여러 채를 사서 월세 세팅을 하고, 이를 모두 종부세에서 빼버리면 보유세 부담 없이 현금 흐름을 만들 수 있기 때문입니다. 세금은 수익률을 갉아먹는 비용이 아니라, 전략적으로 통제해야 할 변수입니다. 합산 배제 요건을 달성할 수 있는 물건만 골라 담는 것, 그것

이 다주택자가 살아남는 유일한 길입니다.

종부세 합산 배제

임대주택·주거복지 목적 등 일정 요건을 충족한 주택은 종부세 계산에서 제외해 전체 세 부담을 줄여주는 제도

임대수익률 vs 시세차익 [필수 용어 ★★]

"매달 월세를 받을 것인가, 나중에 비싸게 팔 것인가?"

부동산 투자의 목적은 크게 두 가지입니다.

임대수익률: 오피스텔, 상가처럼 매달 월세를 받는 것.
(연 수익률 = 1년 월세 합계 ÷ 실투자금)

시세차익: 아파트, 재개발처럼 사뒀다가 나중에 집값이 오르면 파는 것.
(양도차익 = 매도가 - 매수가)

- **핵심 포인트**

반비례 관계: 시세차익이 큰 물건(재건축 아파트)은 월세 수익률이 낮고, 월세가 잘 나오는 물건(지방 오피스텔)은 시세가 잘 안 오르는 경향이 있습니다. 두 마리 토끼를 다 잡기는 어렵습니다.

금리 비교: 임대수익형 부동산은 대출 이자보다 월세 수익률이 높아야 의미가 있습니다.

- **실전 활용법**

목적 명확화: 은퇴 후 생활비가 필요하다면 수익형(상가, 오피)을, 자산

증식이 목표라면 차익형(아파트, 재개발)을 선택해야 합니다.

- **예시 (상가 vs 아파트)**
- 상가: 5억 투자해서 매달 200만원 받음 (연 4.8% 수익, 집값은 그대로)
- 아파트: 5억 투자해서 2년 뒤 7억 매도 (2억 수익, 연 20% 수익 효과

PIR [필수 용어 ★★]

"월급을 한 푼도 안 쓰고 모아서 집을 사는 데 걸리는 시간"

주택 가격을 가구 연 소득으로 나눈 값입니다. 현재 집값이 소득 수준에 비해 비싼지 싼지를 판단하는 거시적인 지표입니다. PIR이 10이라면, 10년 동안 숨만 쉬고 돈을 모아야 집을 살 수 있다는 뜻입니다.

- **핵심 포인트**

버블 판독기: 서울 아파트 PIR 역사적 평균이 10~12 정도인데, 현재 PIR이 18~20까지 올라갔다면? "소득 대비 집값이 너무 비싸다(고평가)"는 뜻이므로 조정이 올 수 있습니다.

상대 비교: "뉴욕이나 런던보다 서울 집값이 비싼가?"를 비교할 때도 단순 집값이 아니라 소득 수준을 반영한 PIR로 비교해야 정확합니다.

- **실전 활용법**

매수 타이밍: PIR이 역사적 저점 구간에 도달했다면, "집값 더 떨어진다"고 공포에 떨더라도 용기를 내어 매수해야 할 타이밍일 수 있습니다.

- **예시 (서울 아파트 PIR)**
- 연봉 6천만원, 집값 6억원: PIR 10 (적당함)
- 연봉 6천만원, 집값 12억원: PIR 20 (매우 부담스러움, 거품 경고)

입주 물량 / 미분양 추이 [필수 용어 ★★]

"집값의 향방을 결정하는 가장 정직한 공급 신호등"

부동산 가격은 수요와 공급으로 결정되는데, 입주 물량은 미래에 확정된 '공급 폭탄'의 크기를 알려줍니다. 아파트는 짓는 데 3년이 걸리므로, 3년 뒤 입주 물량을 미리 알면 전세가와 매매가의 흐름을 예측할 수 있습니다. 미분양 추이는 현재 시장이 공급을 소화하고 있는지, 아니면 체하고 있는지를 보여주는 '건강 검진표'입니다. 특히 '준공 후 미분양(악성 미분양)'이 늘어나는 지역은 가격 하락의 위험이 매우 큽니다.

- **핵심 포인트**

적정 입주 물량: 보통 해당 **지역 인구수의 0.5% 정도를 적정 연간 공급량**으로 봅니다. (예: 인구 100만 도시라면 연간 5,000세대 입주가 적정)

미분양의 의미: 미분양이 줄어들기 시작하면 시장 반등의 신호로, 미분양이 쌓이기 시작하면 하락의 전조로 해석합니다.

- **실전 활용법**

전세가 방어: 내가 산 아파트 입주 시점에 주변에 대규모 입주 물량(예: 1만 세대)이 예정되어 있다면? 전세가가 폭락해 잔금을 치르기 어려울 수 있으니 피하거나 자금을 넉넉히 준비해야 합니다.

- **예시 (대구 시장의 교훈)**

2023년 대구에 역대급 입주 물량이 쏟아지자 전세가와 매매가가 동반 하락했습니다. 반면 입주가 부족한 지역은 하락장에서도 가격을 잘 방어했습니다.

거래량 회전율 [필수 용어 ★★]

"이 아파트가 얼마나 인기 있고 잘 팔리는가?"

단순히 거래 건수(거래량)만 보면 대단지 아파트가 항상 거래가 많아 보입니다. 이를 보정하기 위해 [거래량 ÷ 총 세대수]로 계산한 것이 **회전율**입니다. 회전율이 높다는 것은 손바뀜이 자주 일어난다는 뜻으로, 실수요자와 투자자 모두에게 인기가 많은 '핫한 단지'라는 증거입니다.

- **핵심 포인트**

환금성: 아파트는 주식과 달리 팔고 싶을 때 바로 팔기 어려운 자산입니다. 회전율이 높은 단지는 급매로 내놓으면 바로 팔리지만, 회전율이 낮은 단지는 몇 달을 기다려야 할 수도 있습니다.

바닥 신호: 집값이 떨어지는데 거래량 회전율이 늘어난다면? 바닥을 다지고 저가 매수세가 들어오고 있다는 긍정적인 신호일 수 있습니다.

- **실전 활용법**

단지 비교: 옆 단지와 가격이 비슷하다면 무조건 회전율이 높은 단지를 선택하세요. 나중에 팔고 나올 때(Exit) 훨씬 수월합니다.

  - **예시 (어느 단지가 더 핫할까?)**
  - A단지(1,000세대): 1년 거래량 50건 (회전율 5%)
  - B단지(500세대): 1년 거래량 40건 (회전율 8%)
  - → 거래 건수는 A가 많지만, 인기도와 환금성은 B단지가 더 높습니다.

리츠 (REITs) [심화 용어 ★★★]

"건물주가 되는 세련된 방법이지만 금리가 문제"

부동산 투자의 가장 큰 진입장벽은 '거대함(Lumpiness)'입니다. 빌딩 하나를 사려면 수백억원이 필요하고, 사고파는 데도 수개월이 걸립니다. 이 덩어리를 잘게 쪼개 주식 시장에 상장시켜, 누구나 커피 한 잔 값으로 강남 빌딩의 지분을 가질 수 있게 만든 금융 혁신이 바로 '리츠(REITs)'입니다. 리츠는 투자자들의 돈을 모아 부동산(오피스, 물류센터, 호텔, 데이터센터 등)을 사고, 거기서 나오는 임대료를 주주들에게 배당으로 나눠주는 주식회사입니다. 하지만 리츠를 단순히 '부동산 주식'으로만 이해하면 절반만 아는 것입니다. 리츠는 주식의 탈을 쓴 부동산이자, 동시에 채권의 성격을 가진 '하이브리드 자산'이기 때문입니다.

90% 배당 의무의 비밀: 인플레이션의 방패 리츠가 매력적인 이유는 법적으로 "이익의 90% 이상을 주주에게 배당해야 한다"는 의무가 있기 때문입니다. 그 대가로 법인세를 면제받습니다. 회사가 돈을 쌓아두지 않고 족족 나눠주니, 투자자는 은행 이자보다 높은 연 5~7% 수준의 배당 수익을 기대할 수 있습니다. 더 중요한 것은 **'인플레이션 헷지(Hedge)'** 능력입니다. 물가가 오르면 화폐 가치는 떨어지지만, 부동산 임대료와 건물 가격은 물가 상승분만큼 오르는 경향이 있습니다. 따라서 리츠는 내 자산의 실질 가치를 방어해 주는 든든한 방패 역할을 합니다.

금리의 역습: 리츠의 아킬레스건 하지만 리츠에게도 천적은 있습니다. 바로 '고금리'입니다. 리츠 회사는 건물을 살 때 대출(레버리지)을 많이 낍니다. 금리가 오르면 대출 이자 비용이 급증해 배당 줄 돈이 줄어듭니다 **(배당 컷)**. 또한, 안전한 국채 금리가 5%를 주는데, 위험한 리츠가 6%를 준다면 매력이 떨어집니다. 그래서 금리 인상기는 리츠에게 겨울과도 같습니다. 반대로 금리 인하가 시작되면, 이자 부담은 줄고 배당 매력은 커지며 주가는 날아오릅니다. 리츠 투자자는 부동산 시장뿐만 아니라, 중앙은행의 금리 정책을 뚫어져라 쳐다봐야 합니다.

투자자의 결론: 하락장에 모아가야 할 월세 통장 직접 부동산을 사면 세금 내랴, 세입자 관리하랴 골치가 아프지만, 리츠는 주식 앱으로 클릭 한

번이면 월세(분기 배당)가 들어옵니다. 무엇보다 급전이 필요할 때 언제든 팔 수 있는 '환금성'은 실물 부동산이 갖지 못한 최고의 무기입니다. 금리 인상으로 리츠 주가가 폭락했을 때가 역설적으로 최고의 기회입니다. 주가가 떨어지면 배당수익률은 올라가기 때문입니다. 은퇴를 앞두고 있거나 현금 흐름이 중요한 투자자라면, 주가가 쌀 때 리츠를 모아가는 것이 '건물주'가 되는 가장 현실적이고 안전한 길입니다.

리츠 (REITs, Real Estate Investment Trusts)
여러 투자자의 자금을 모아 부동산에 투자하고 임대수익·매각차익을 배당으로 지급하는 부동산 간접투자 상품

지식산업센터 / 꼬마빌딩 (수익형 부동산) [심화 용어 ★★★]
"월세 받는 건물주의 꿈, 그러나 공실 앞에서는 악몽이 된다"

주택 시장에 대한 규제가 강화될 때마다 투자자들은 '수익형 부동산'으로 눈을 돌립니다. 시세차익보다는 매달 따박따박 들어오는 '현금 흐름(월세)'을 만들기 위해서입니다. 그중에서도 '지식산업센터(지산)'는 소액 투자자들의 희망으로, '꼬마빌딩'은 자산가들의 최종 목표로 각광받았습니다. 하지만 이 둘은 아파트와는 전혀 다른 게임의 법칙이 지배합니다. 아파트는 입지가 좋으면 언젠가 오르지만, 수익형 부동산은 임차인을 맞추지 못하면(공실) 자산 가치가 '0'을 넘어 마이너스(관리비와 이자 폭탄)로 떨어질 수 있는 냉혹한 시장입니다.

지식산업센터: 대출이 만든 신기루인가, 기회의 땅인가? 과거 '아파트형

공장'이라 불리던 지식산업센터가 투자처로 급부상한 이유는 딱 하나, **'레버리지(Leverage)'** 때문입니다. 주택은 대출이 꽉 막혀 있지만, 지산은 사업자 대출을 통해 매매가의 80~90%까지 돈을 빌릴 수 있었습니다. 내 돈 10%만 있으면 건물주가 될 수 있다는 유혹은 강렬했습니다. 하지만 금리가 오르자 이 장점은 치명적인 독이 되었습니다. 월세보다 대출 이자가 더 비싸지는 '역마진'이 발생했기 때문입니다. 게다가 우후죽순 공급된 물량 탓에, 신도시 외곽의 지산들은 "관리비만 내주면 공짜로 들어와도 좋다"고 해도 임차인을 못 구하는 '공실의 무덤'이 되기도 합니다.

꼬마빌딩: 땅을 사는 것인가, 건물을 사는 것인가? 50억 미만의 중소형 상가 건물을 뜻하는 '꼬마빌딩' 투자의 핵심은 건물이 아니라 '땅'입니다. 건물은 시간이 갈수록 낡아서 가치가 떨어지지만(감가상각), 그 건물이 깔고 앉은 땅값은 오르기 때문입니다. 고수들은 낡은 꼬마빌딩을 사서 리모델링(밸류애드)을 하거나, 우량 임차인(스타벅스 등)을 유치해 건물의 가치를 뻥튀기한 뒤 되파는 전략을 씁니다. 하지만 꼬마빌딩 역시 경기 침체로 상권이 죽으면 1층 상가가 비게 되고, 이는 건물 전체의 가치 하락으로 직결됩니다. "조물주 위에 건물주"라는 말은 공실 없는 건물주에게만 해당되는 말입니다.

투자자의 결론: 수익률(Yield)이라는 숫자에 속지 말라 분양상담사나 중개인은 "수익률 5% 보장"이라는 달콤한 멘트를 던집니다. 하지만 그 수익률은 '만실(공실이 없을 때)'을 가정한 가상의 숫자일 뿐입니다. 수익형 부동산 투자의 제1원칙은 수익률이 아니라 '공실률'입니다. 수익률이 조금 낮더라도 배후 수요가 탄탄해 공실 걱정이 없는 곳이 최고입니다. 아파트는 내가 들어가서 살면 그만이지만, 빈 상가와 사무실은 내가 들어가서 살 수도 없습니다. 텅 빈 상가의 관리비 고지서를 받아보지 않은 사람은 수익형 부동산의 무서움을 논할 수 없습니다.

지식산업센터

기업·창업자가 사무·제조·물류를 한 공간에서 운영할 수 있게 조성된 복합
업무시설로, 임대수익·시세차익을 기대하는 수익형 부동산

꼬마빌딩

소규모 상업용 건물로, 임대수익과 향후 *redevelopment* 가치가 높아 개인·
법인의 대표적 수익형 부동산 투자 대상

금리 스프레드 & Cap Rate (자본환원율) [심화 용어 ★★★]

"건물주가 되기 전, 반드시 두드려야 할 계산기"

아파트는 시세차익을 노리지만, 빌딩이나 상가는 매달 들어오는 월세(현
금 흐름)를 노립니다. 이때 이 부동산이 비싼지 싼지, 투자를 해야 할지
말아야 할지를 결정하는 절대적인 기준이 바로 'Cap Rate(캡레이트)'와
'금리 스프레드'입니다. 이 두 가지를 계산하지 않고 덜컥 건물을 샀다가
는, 겉으로는 건물주님 소리를 듣지만 뒤로는 이자 내느라 허리가 휘는
'빛 좋은 개살구' 신세가 될 수 있습니다.

Cap Rate: 부동산의 수익력을 나타내는 성적표 Cap Rate(자본환원율)
는 부동산에서 나오는 순수입(NOI)을 부동산 가격으로 나눈 값입니다.
쉽게 말해 "대출 없이 내 돈 100%로 샀을 때 나오는 연 수익률"입니다.
공식: (연간 순임대소득 ÷ 부동산 매매가) × 100 만약 100억짜리 빌딩에
서 관리비와 세금을 떼고 순수하게 남는 월세가 연 4억원이라면, 이 빌딩
의 Cap Rate는 4%입니다. 이 수치는 건물의 가치를 객관적으로 비교하

는 기준이 됩니다. 강남 빌딩은 안전한 대신 Cap Rate가 낮고(2~3%), 지방 상가는 위험한 대신 Cap Rate가 높습니다(5~6% 이상).

금리 스프레드: 남는 장사인가, 밑지는 장사인가? 하지만 현실에서 100억짜리 빌딩을 현금으로 사는 사람은 드뭅니다. 대출을 낍니다. 이때 중요한 것이 '금리 스프레드'입니다. 이는 [Cap Rate - 대출 금리]의 차이를 말합니다.

정상적인 시장(양의 스프레드): Cap Rate(4%) > 대출 금리(3%). 빌딩 수익률이 이자보다 높으므로, 대출을 많이 받을수록 내 수익률은 올라갑니다(정의 레버리지). 투자하기 좋은 시기입니다.

위험한 시장(음의 스프레드): Cap Rate(4%) < 대출 금리(6%). 월세 받아 이자도 못 내는 상황입니다(역마진). 대출을 받을수록 손해가 커집니다. 지금처럼 고금리 시기에는 많은 꼬마빌딩들이 바로 이 '역마진' 상태에 빠져 있습니다.

투자자의 결론: 금리를 이기는 물건을 찾아라 많은 초보 건물주가 "나중에 땅값 오르면 되지"라는 생각으로 역마진을 버티려 합니다. 하지만 마이너스 현금 흐름을 몇 년간 버틸 수 있는 자산가는 많지 않습니다. 수익형 부동산 투자의 제1원칙은 '금리 스프레드 확보'입니다. 대출 이자를 내고도 남는 돈이 있어야 안전한 투자입니다. 금리가 오르는 시기에는 Cap Rate가 충분히 높은(가격이 싼) 급매물을 잡거나, 대출 비중을 획기적으로 줄여야만 생존할 수 있습니다. "월세보다 이자가 더 무섭다"는 사실을 잊지 마십시오.

금리 스프레드

대출금리·국채금리 등 두 금리 사이의 차이를 의미하며, 부동산 투자 수익성과 위험 판단의 핵심 지표로 활용됨

Cap Rate (자본환원율)

부동산 순수익을 매입가로 나눈 비율로, 투자 대비 연간 수익성을 나타내며 수익형 부동산 가치 평가의 기준이 됨

PF (프로젝트 파이낸싱) [심화 용어 ★★★]

"설계도 한 장을 믿고 돈을 빌려주는, 부동산 시장의 뇌관"

우리가 흔히 은행에서 돈을 빌릴 때는 확실한 '신용'이나 '담보(집)'가 필요합니다. 하지만 부동산 개발 사업은 조금 다릅니다. 시행사(Developer)는 아이디어는 있지만, 막대한 토지 대금을 감당할 자본은 부족한 경우가 많습니다. 그들이 가진 건 땅을 살 계약금 일부와 '여기에 아파트를 지어 분양하면 대박이 날 거야'라는 사업 계획서(설계도)뿐입니다. 은행이 현재의 담보가 아닌, 이 '미래의 사업성(현금 흐름)'을 믿고 거액의 돈을 빌려주는 금융 기법을 'PF(프로젝트 파이낸싱)'라고 합니다. 부동산 호황기에는 시행사, 시공사(건설사), 금융사 모두에게 막대한 이익을 안겨주는 '마법의 지팡이'지만, 시장이 식으면 참여자 모두를 파멸로 이끄는 '다이너마이트'가 되기도 합니다.

브릿지론에서 본PF로, 살얼음판을 걷다 PF는 진행 과정에 따라 크게 두 단계로 나눕니다.

브릿지론(Bridge Loan): 사업 초기, 아직 인허가도 안 났고 땅도 다 못 샀을 때 빌리는 자금입니다. 위험도가 높기 때문에 제2금융권 등에서 고금리로 빌립니다. 말 그대로 본 사업으로 가기 위해 잠시 연결해 주는 '다리' 역할인데, 가장 리스크가 큰 살얼음판 단계입니다.

본PF: 인허가가 나고 시공사가 정해지면, 사업의 안정성이 증명된 셈입니다. 이때 제1금융권 등에서 더 큰 돈을 상대적으로 저리에 빌려, 비싼 브릿지론을 갚고 본격적인 공사비를 충당합니다.

문제는 금리가 급등하거나 미분양이 속출할 때 발생합니다. 브릿지론 만기는 돌아오는데, 사업성이 나빠져 본PF로 갈아타지 못하면 어떻게 될까요? 시행사는 부도가 나고, 그 빚에 대해 보증을 섰던 건설사와 돈을 빌려준 금융사까지 줄줄이 쓰러지는 '연쇄 부도'의 공포가 시장을 덮치게 됩니다. 이것이 뉴스에 자주 등장하는 'PF 위기'의 실체입니다.

왜 내 아파트 공사가 멈추는가? (책임준공의 함정) PF 구조에서 은행은 돈을 빌려주는 대신 건설사(시공사)에게 '책임준공'을 요구합니다. "무슨 일이 있어도 건물을 끝까지 다 짓겠습니다. 못 지으면 빚은 우리가 다 갚을게요"라는 강력한 각서입니다.

그런데 원자재 가격이 폭등하고 미분양이 나서 돈이 제때 안 들어오면, 건설사는 울며 겨자 먹기로 제 돈을 들여 공사를 강행해야 합니다. 자금력이 약한 중소 건설사는 결국 이 막대한 무게를 견디지 못하고 법정관리에 들어가게 되고, 그 순간 타워크레인은 멈춰 섭니다. 수분양자(계약자)들이 입주 지연의 피를 말리는 고통을 겪게 되는 근본적인 원인이 바로 이 PF 구조의 붕괴에 있습니다.

투자자의 결론: 위기는 곧 기회의 다른 이름 부동산 투자자에게 PF 위기는 단순히 공포의 대상이 아닌, 두 가지 중요한 시그널을 의미합니다.

첫째, 미래의 공급 부족입니다. PF가 막히면 착공이 줄어들고, 이는 필연적으로 2~3년 뒤 신축 아파트 '공급 절벽'으로 이어져 집값과 전셋값 상승의 강력한 불씨가 됩니다.

둘째, NPL(부실채권)과 줍줍의 기회입니다. PF 부실로 경매에 나온 알짜 사업 부지나, 자금난을 해결하기 위해 던지는 파격적인 할인 분양 물건은 현금을 쥔 투자자에게는 10년 만에 올까 말까 한 **'바겐세일'** 기간입니다.

뉴스를 보며 "건설사 망해서 큰일 났네"라고 걱정만 할 것이 아니라, 그 파장으로 인해 어디서 틈새가 벌어지고 있는지를 예의주시해야 합니다. 자본주의 역사상 가장 큰 부는 항상 위기의 한복판에서 만들어졌다는 사실을 기억하십시오.

개념 한 줄 정리

PF (프로젝트 파이낸싱)

부동산·개발 사업 자체의 미래 수익성과 담보가치를 기반으로 자금을 조달하는 방식으로, 사업 성공 여부가 대출 회수의 핵심이 되는 금융 구조

PART Ⅲ

금융·경제

[목표 : 돈의 흐름을 읽는 힘]

돈의 흐름을 읽는 자만이 위기를 기회로 바꿉니다

많은 투자자가 차트와 입지는 공부하지만 '경제 뉴스'는 외면하곤 합니다. 금리나 환율이 먼 나라 이야기처럼 느껴지기 때문입니다.

하지만 거시경제를 모르는 투자는 '눈을 가리고 운전하는 것'과 같습니다. 아무리 좋은 자산을 샀어도, 연준(Fed)의 금리 인상이나 경제 위기라는 파도 앞에서는 무력하기 때문입니다.

PART Ⅲ [금융·경제: 돈의 흐름을 읽는 힘]은 내 지갑부터 세계 경제까지 돈의 흐름을 보여주는 내비게이션입니다.

Chapter 1에서는 '기초 체력'을 다집니다. 금리, 예·적금 등 기본 용어로 소중한 종잣돈을 지키는 법을 배웁니다. 투자의 시작은 '벌기'가 아닌 '지키기'입니다.

Chapter 2에서는 '신호'를 읽습니다. 인플레이션, GDP 같은 지표가 보내는 시장의 시그널을 읽고 투자 타이밍을 잡는 통찰력을 기릅니다.

Chapter 3에서는 '큰 파도'를 봅니다. 환율과 연준(Fed)의 한마디가 불러오는 나비효과를 파헤쳐, 위기 속 기회를 발견하는 눈을 갖게 합니다.

경제 용어를 안다는 것은 세상의 소음을 '돈이 되는 정보'로 바꾸는 필터를 갖는 것입니다.

금리와 환율이 변할 때 그 'Why(이유)'를 이해하는 순간, 투자는 운이 아닌 실력이 됩니다. 숲을 보는 지혜로 부의 지도를 그려보시길 바랍니다.

Chapter 1

은행 활용법부터 절세까지, 돈 관리의 기초 체력 다지기

(내 돈을 지키고 관리하는 첫걸음)

기준금리 [기초 용어 ★]

"모든 돈의 가격을 결정하는 출발점"

한국은행(한국)이나 연준(Fed, 미국) 같은 중앙은행이 경제 상황을 보고 결정하는 '대표 금리'입니다. 이 금리는 시중 은행들이 서로 돈을 빌릴 때의 기준이 됩니다. 기준금리가 오르면 은행 대출 이자와 예금 이자가 다 같이 오르고, 기준금리가 내리면 다 같이 내립니다. 즉, 나라 전체의 돈값(이자)을 정하는 기준선입니다.

- **예시 (나비 효과)**

한국은행이 기준금리를 0.25% 올렸습니다. → 다음 달 내 주택담보대출 이자가 4.5%에서 4.75%로 오르고, 예금 이자도 조금 오릅니다.

단리 / 복리 [기초 용어 ★]

"이자에 이자가 붙는 마법, 부자가 되는 속도의 차이"

이자를 계산하는 두 가지 방식입니다.

단리: 원금에만 이자를 줍니다. (정직하지만 느림)

복리: 원금에 이자를 더한 금액에 다시 이자를 줍니다. (눈덩이처럼 불어남) 시간이 지날수록 복리의 효과는 기하급수적으로 커집니다. 아인슈타인은 복리를 "세계 8대 불가사의"라고 불렀습니다.

- **예시 (1,000만원을 연 10%로 2년간 맡긴다면?)**
- 단리: 1년 차 이자 100만원 + 2년 차 이자 100만원 = 총 1,200만원.
- 복리: 1년 차 이자 100만원을 원금에 합침(1,100만원) → 2년 차에는 1,100만원의 10%인 110만원을 줌 = 총 1,210만원. (시간이 길어질수록 차이는 엄청나게 벌어짐)

예금 / 적금 [기초 용어 ★]

"목돈을 굴릴 것인가, 목돈을 만들 것인가?"

은행의 대표적인 저축 상품입니다. 목적에 따라 골라야 합니다.

정기예금 (거치식): 큰돈(목돈)을 한 번에 넣고 만기까지 묻어두는 것.

정기적금 (적립식): 매달 일정 금액을 넣어서 만기에 목돈을 타는 것.

- **예시 (사회초년생의 선택)**
- 월급 받아서 1,000만원을 모으고 싶다? → '적금' 가입.
- 보너스로 받은 1,000만원을 안 쓰고 묶어두고 싶다? → '예금' 가입.

제1·2금융권 [기초 용어 ★]

"안전한 메이저 은행과 이자를 더 주는 서민 금융기관"

제1금융권: 우리가 아는 시중 은행(국민, 신한, 우리, 하나 등)과 지방은행, 인터넷은행(카카오, 토스 등). 안전하고 점포가 많지만 이자가 낮고 대출 문턱이 높습니다.

제2금융권: 저축은행, 새마을금고, 신협, 캐피탈, 증권사 등 1금융권보다 약간 불안하지만 이자를 더 많이 주고, 대출도 비교적 쉽게 해줍니다.

- **예시 (어디에 저축할까?)**
  - 월급 통장, 주거래 은행: 편리한 1금융권.
  - 파킹통장, 예금 풍차돌리기: 이자를 0.5%라도 더 주는 2금융권(저축은행).

예금자보호제도 [기초 용어 ★]

"은행이 망해도 내 돈 5천만원은 나라가 지켜준다"

금융기관이 파산해서 돈을 돌려주지 못할 때, 예금보험공사가 대신 지급해 주는 제도입니다. 보호 한도는 '1인당, 금융기관별로, 원금과 소정의 이자를 합쳐서 최고 5천만원'까지입니다. (※ 현재 한도 상향 논의 중이나 기본은 5천만원입니다.)

- **예시 (1억원 예금하기)**
  A저축은행이 금리가 높다고 1억을 다 넣으면 위험합니다. 은행이 망하면 5천만원만 받고 나머지 5천만원은 날릴 수 있습니다. → A저축은행 5천, B저축은행 5천으로 나눠서(분산 예치) 넣어야 100% 보호받습니다.

CMA / MMF [기초 용어 ★]

"하루만 넣어도 이자를 챙겨주는 잠시 머무는 통장"

월급 통장(수시입출금 통장)에 돈을 두면 이자가 거의 0%에 가깝습니다. 이때 잠시 돈을 보관하면서도 쏠쏠한 이자를 챙길 수 있는 곳이 '파킹통장'입니다.

CMA: 증권사가 고객 돈으로 채권 등에 투자해 수익을 돌려주는 통장.
(입출금 자유로움)

MMF: 자산운용사가 단기 금융 상품에 투자하는 펀드.
(하루 맡겨도 이자 줌)

  • **예시 (월급날과 카드값 결제일 사이)**
  월급은 25일에 들어오고 카드값은 30일에 나간다면? 5일 동안 일반 통장에 두면 이자가 0원이지만, CMA에 넣어두면 커피값 정도의 이자가 붙습니다.

신용점수 [기초 용어 ★]
"자본주의 사회의 성적표, 대출의 문턱을 결정하다"

개인의 금융 거래 내역을 바탕으로 신용도를 1,000점 만점의 점수로 매긴 것입니다. 점수가 높으면 은행이 "믿을 만한 사람"이라며 돈을 많이, 싸게 빌려주지만, 점수가 낮으면 대출을 거절하거나 비싼 이자를 요구합니다. 연체는 신용점수의 가장 큰 적입니다.

  • **예시 (대출 금리의 차이)**
  - 신용점수 900점: 은행에서 연 4% 금리로 대출해 줌.
  - 신용점수 600점: 은행 거절, 저축은행에서 연 10% 금리로 빌려야 함.

가처분소득 [기초 용어 ★]
"월급 명세서의 실수령액, 내가 진짜 쓸 수 있는 돈"

연봉이 아무리 높아도 세금 떼고, 이자 갚고 나면 쓸 돈이 없는 경우가 많습니다. 가처분소득은 총소득에서 세금, 건강보험료, 대출 이자 등 의무적으로 나가는 돈(비소비지출)을 뺀 나머지 금액입니다. 실제 구매력을 나타내며, 대출 한도를 정할 때도 중요한 기준이 됩니다.

- **예시 (부자의 기준)**
- A: 연봉 1억, 대출 이자로 5천만원 나감. (가처분소득 5천만 미만)
- B: 연봉 6천, 빚 없음. (가처분소득 5천만 수준) → 겉보기엔 A가 부자 같지만, 실제 쓸 돈은 B가 더 많을 수 있습니다.

실질소득 [기초 용어 ★]

"물가를 뺀 진짜 월급, 내 구매력은 늘었을까?"

통장에 찍힌 월급 액수(명목소득)가 올랐더라도, 물가가 그보다 더 많이 올랐다면 실제로는 가난해진 것입니다. 실질소득은 **물가 상승분을 반영하여 계산한 소득**입니다. "월급 빼고 다 올랐다"는 말은, 명목소득은 그대로인데 실질소득이 줄어들었다는 뜻입니다.

- **예시 (연봉 인상)**
내 월급이 5% 올랐는데, 물가가 10% 올랐다면?
작년에는 사과 100개를 샀는데, 올해는 95개밖에 못 삼. (실질소득 감소)

연말정산 / 소득공제 / 세액공제 [기초 용어 ★]

"13월의 월급(보너스)인가, 세금 폭탄(추가 납부)인가?"

매달 월급에서 떼어간 세금이 맞는지 확인하고 정산하는 과정입니다.

소득공제: 세금을 매기는 기준(과세표준) 금액 자체를 줄여주는 것.
(예: 신용카드 사용액) 연봉이 높을수록 유리합니다.

세액공제: 내야 할 세금에서 직접 돈을 깎아주는 것. (예: 월세, 연금저축) 누구에게나 혜택이 큽니다.

- **예시 (세금을 줄이는 법)**
- 소득공제: 연봉 5,000만원인데 신용카드를 많이 써서 연봉 4,000만원인 것처럼 쳐줌. (세율 구간이 낮아질 수 있음)
- 세액공제: 세금이 100만원 나왔는데, 월세 낸 게 있으니 10만원 깎아서 90만원만 내라고 함.

비과세 / 분리과세 [기초 용어 ★]

"세금을 아예 안 내거나, 따로 내서 부담을 확 줄이거나"

재테크의 수익률을 높이는 가장 확실한 방법은 세금을 아끼는(절세) 것입니다.

비과세: 세금을 '0원' 내는 것. 최고의 혜택.

(예: ISA 계좌 수익 200만원까지 비과세)

분리과세: 내 연봉(종합소득)과 합치지 않고, 따로 **낮은 세율로 떼고 끝내는 것.**

- **예시 (금융소득종합과세 피하기)**

이자와 배당으로 번 돈이 2,000만원을 넘으면 내 연봉과 합쳐서 높은 세금(최대 49.5%)을 맞습니다. 이때 '분리과세' 상품에 가입하면, 15.4%만 따로 내고 종결되므로 세금을 엄청나게 아낄 수 있습니다.

Chapter 2

인플레이션부터 GDP까지,
시장의 신호를 해석하는 법

(뉴스가 보이기 시작하는 핵심 지표)

인플레이션 (물가상승) [기초 용어 ★]

"돈의 가치가 쓰레기가 되어가는 과정"

물건 가격(물가)이 지속적으로 오르는 현상을 말합니다. 반대로 말하면 **돈의 가치가 떨어지는 것**입니다. 어제 1,000원이었던 김밥이 오늘 1,200원이 되었다면, 내 1,000원의 힘이 약해진 것입니다. 자본주의 경제에서 적당한 인플레이션(연 2%)은 건강하다는 신호지만, 급격한 인플레이션은 월급쟁이의 적입니다.

- 예시

현금 보관의 위험성: 1억원을 장롱 속에 10년 동안 넣어두면? 돈은 그대로 1억이지만, 물가가 올라서 10년 뒤엔 1억의 가치가 안 될 수도 있습니다.

GDP / 경제성장률 [필수 용어 ★★]

"한 나라가 1년 동안 벌어들인 성적표이자 성장 속도"

GDP(국내총생산)는 한 나라 안에서 가계, 기업, 정부 등 모든 경제 주체가 생산한 재화와 서비스의 가치를 합친 것입니다. 국가의 경제 규모를 나타냅니다. **경제성장률**은 이 GDP가 작년보다 얼마나 늘었는지를 백분율(%)로 나타낸 것입니다. 주가로 치면 GDP는 '시가총액', 경제성장률은 '수익률'과 비슷합니다.

- **핵심 포인트**

2분기 연속 마이너스: 경제성장률이 2분기 연속 마이너스(-)를 기록하면 공식적인 '경기 침체(Recession)'로 간주합니다.

잠재성장률: 물가를 자극하지 않고 달성할 수 있는 최대 성장률(기초 체력). 실제 성장률이 이보다 낮으면 경기가 식었다는 뜻이고, 높으면 과열됐다는 뜻입니다.

- **실전 활용법**

투자 지도: 선진국은 성장률이 낮지만 안정적이고, 신흥국(베트남, 인도 등)은 위험하지만 성장률이 높습니다. 포트폴리오의 국가 비중을 조절할 때 가장 기본이 되는 지표입니다.

- **예시 (연봉 협상)**
  - GDP: 내 연봉 총액. (높을수록 부자)
  - 성장률: 작년 대비 연봉 인상률. (높을수록 발전 가능성이 큼)

CPI / PPI (소비자/생산자 물가지수) [필수 용어 ★★]

"내 지갑을 털어가는 물가의 속도와 기업의 원가 부담"

인플레이션을 측정하는 두 가지 대표 지표입니다.

CPI (소비자물가지수): 소비자가 구입하는 상품과 서비스의 가격 변동. (장바구니 물가)

PPI (생산자물가지수): 기업이 물건을 만들 때 들어가는 원자재 등의 도

매 가격 변동. (공장 출고가)

- **핵심 포인트**

선행성: PPI(도매가)가 오르면 시차를 두고 결국 CPI(소매가)도 오르게 됩니다. 기업이 원가 상승분을 소비자 가격에 전가하기 때문입니다.

근원물가(Core CPI): 변동성이 심한 식료품과 에너지를 뺀 물가 지수입니다. 중앙은행은 일시적인 등락보다 이 근원물가를 더 중요하게 봅니다.

- **실전 활용법**

금리 예측: CPI가 예상보다 높게 나오면 "연준이 금리를 더 올리겠구나"라고 예상하여 주가가 하락하는 경우가 많습니다. 발표일(매월 중순)에는 변동성에 주의해야 합니다.

  - **예시 (빵 가격)**
  - PPI: 밀가루, 설탕 도매 가격이 오름. (빵집 사장님 부담 증가)
  - CPI: 빵 가격표가 2,000원에서 2,500원으로 바뀜. (손님 부담 증가)

PCE (개인소비지출 물가지수) [필수 용어 ★★]

"미국 연준(Fed)이 금리를 결정할 때 진짜로 참고하는 지표"

CPI와 비슷하게 물가를 측정하지만, 방식이 조금 다릅니다. CPI가 '고정된 장바구니'라면, PCE는 사람들이 비싼 소고기 대신 닭고기를 사 먹는 식의 '소비 패턴 변화(대체 효과)'까지 반영합니다. 그래서 연준은 PCE가 실제 물가 상황을 더 정확하게 보여준다고 판단하여, 통화 정책의 핵심 기준으로 삼습니다.

- **핵심 포인트**

CPI vs PCE: 보통 PCE가 CPI보다 조금 더 낮고 안정적으로 나오는 경향이 있습니다.

연준의 목표: 연준이 말하는 "물가 목표 2%"는 바로 이 PCE 지수(특히 근원 PCE)를 기준으로 합니다.

- **실전 활용법**

발표일: 매월 말에 발표됩니다. CPI가 예상보다 높게 나와서 시장이 놀랐더라도, 이후 발표된 PCE가 안정적이라면 "연준이 과민 반응하지는 않겠구나"라며 안도 랠리가 나오기도 합니다.

  - **예시 (장보기)**
  - CPI: 사과값이 2배 올랐으니, 물가는 2배 뛴 것으로 계산.
  - PCE: 사과가 비싸서 사람들이 배를 사 먹었으므로, 실제 생활비 부담은 덜 늘어난 것으로 계산.

실업률 / 고용지표 (NFP) [필수 용어 ★★]

"경제의 기초 체력 성적표, 나쁜 뉴스가 좋은 뉴스가 되기도"

미국의 고용 상황을 보여주는 지표입니다. 특히 NFP(비농업 고용지수)는 농축산업을 뺀 전 산업의 일자리 창출 개수로, 매월 첫째 주 금요일에 발표되는 **'시장을 가장 크게 흔드는 지표'** 중 하나입니다.

- **핵심 포인트**

연준의 책무: 연준의 목표는 '물가 안정'과 '완전 고용' 두 가지입니다. 고용이 너무 뜨거우면(실업률 하락, 임금 상승) 물가가 오를까 봐 금리를 올립니다.

Bad is Good: 경기가 안 좋을 때 고용 지표가 나쁘게 나오면(실업률 상승), 시장은 "이제 금리 안 올리겠네"라며 오히려 환호하기도 합니다.

- **실전 활용법**

경기 침체 신호: 실업률이 역사적 저점에서 갑자기 0.5%p 이상 튀어 오르면, 경기 침체가 시작되었다는 강력한 신호로 받아들여야 합니다.

  - **예시 (일자리 구하기)**
  - 고용 호조: 사장님이 "사람이 안 구해져서 월급 더 줄게"라고 함 → 사람들 지갑이 두둑해져 물가가 오름 → 금리 인상 공포.
  - 고용 부진: 취업이 안 됨 → 소비 감소 → 물가 하락 → 금리 인하 기대.

경기선행지수 [필수 용어 ★★]

"3~6개월 뒤의 경제 날씨를 미리 알려주는 예보관"

현재의 경제 상태가 아니라, **가까운 미래(6개월 후)에 경기가 좋아질지 나빠질지**를 예측해 주는 지수입니다. 주가, 재고량, 장단기 금리차 등 미래를 암시하는 여러 지표를 섞어서 만듭니다.

- **핵심 포인트**

방향성: 수치 자체보다 '추세'가 중요합니다. 100을 기준선으로 보는데, 100 이상이면 '경기 확장', 100 이하이면 '경기 하강'을 예고합니다.

OECD 경기선행지수: 한국은 수출 국가라 세계 경기에 민감하므로, OECD 경기선행지수가 한국 주식 시장의 대세 상승/하락을 맞히는 적중률이 꽤 높습니다.

- **실전 활용법**

매매 타이밍: 경기선행지수가 저점을 찍고 돌아서는 순간이 주식 투자의 가장 좋은 타이밍(바닥)인 경우가 많습니다. 반대로 고점을 찍고 꺾이면 보수적으로 대응해야 합니다.

- **예시 (구름 사진)**

비가 안 와도 먹구름이 몰려오는 사진(경기선행지수 하락)을 보면, 우산(현금) 을 챙겨야 합니다.

소비심리지수 (CSI) [필수 용어 ★★]

"지갑을 열까, 말까? 경제의 70%를 결정하는 마음의 온도"

소비자들에게 "앞으로 생활 형편이 좋아질 것 같나요?"라고 설문 조사 를 해서 수치화한 지표입니다. 자본주의 경제에서 소비는 전체 성장의 60~70%를 차지할 만큼 중요합니다. 사람들이 지갑을 닫으면 기업 매출 이 줄고, 투자가 줄어 경기가 침체하기 때문에, 중앙은행과 투자자는 이 지표를 통해 미래 경기를 예측합니다.

- **핵심 포인트**

기준선 100: 100보다 높으면 "경기가 좋아질 것 같아 돈을 쓰겠다(낙 관)"는 사람이 많고, 100보다 낮으면 "불안하니 허리띠를 졸라매겠다(비 관)"는 사람이 많다는 뜻입니다.

선행성: 실제 소비 데이터보다 심리가 먼저 움직입니다. CSI가 꺾이면 몇 달 뒤 기업 실적이 나빠질 가능성이 큽니다.

- **실전 활용법**

경기 민감주 투자: CSI가 바닥을 찍고 반등할 때가 자동차, 백화점, 여행 등 경기 민감주를 매수하기 좋은 타이밍입니다.

- **예시 (뉴스 헤드라인: "소비심리지수 80으로 추락")**

사람들이 돈을 안 쓰는 분위기에서 내수 기업들의 매출 타격이 예상됩니다.

스태그플레이션 (Stagflation) [심화 용어 ★★★]

"중앙은행이 가장 두려워하는 악몽, 물가와 불황의 기묘한 동거"

경제학에는 오래된 믿음이 하나 있습니다. 경기가 좋으면 사람들이 돈을 많이 써서 물가가 오르고(인플레이션), 경기가 나쁘면 지갑을 닫아 물가가 떨어진다(디플레이션)는 것입니다. 즉, 물가 상승과 경기 침체는 동시에 올 수 없는, 서로 다른 방향을 달리는 기차와 같다고 믿었습니다. 하지만 1970년대 오일 쇼크 당시, 이 믿음이 산산조각 나는 사건이 발생합니다. 경기는 곤두박질쳐서 실업자가 넘쳐나는데, 석유 파동으로 인해 물가는 미친 듯이 치솟는 기현상이 벌어진 것입니다. 경기 침체와 물가 상승이 동시에 덮치는 이 상황을 우리는 '스태그플레이션'이라 부릅니다.

중앙은행의 손발을 묶는 외통수 스태그플레이션이 무서운 진짜 이유는 정책 입안자들의 손발을 묶어버리기 때문입니다. 일반적인 불황이라면 중앙은행은 금리를 내려 돈을 풀면 됩니다. 반대로 경기가 너무 과열되면 금리를 올려 식히면 그만입니다. 하지만 스태그플레이션 상황에서는 어떤 버튼도 누를 수가 없습니다. 물가를 잡으려고 금리를 올리자니 가뜩이나 죽어가는 경기가 완전히 숨통이 끊어질 것 같고, 경기를 살리려고 돈을 풀자니 치솟는 물가에 기름을 붓는 격이 되기 때문입니다. 이러지도 저러지도 못하는 사이, 서민들은 월급은 그대로인데 밥상 물가만 오르는 최악의 고통을 겪게 됩니다.

공급 충격이 만드는 비극 스태그플레이션은 주로 수요가 아닌 '공급' 쪽에서 문제가 터졌을 때 발생합니다. 전쟁으로 기름값이 폭등하거나, 전염병으로 글로벌 공급망이 붕괴되어 물건을 못 만드는 상황이 대표적입니다. 비용이 오르니 기업은 가격을 올릴 수밖에 없고(물가 상승), 비싸지니 물건이 안 팔려 공장 가동을 줄이고 해고를 합니다(경기 침체). 이 악순환을 끊는 방법은 고통스럽게도 하나뿐입니다. 1980년대 폴 볼커 의장처럼, 경기 침체를 각오하고서라도 일단 물가부터 때려잡는 것입니다. 뼈를 깎는 고통 없이는 탈출할 수 없는 늪, 그것이 스태그플레이션입니다.

투자자의 결론: 주식과 채권이 함께 무너지는 날 일반적으로 경기가 안 좋으면 안전 자산인 채권 가격은 오릅니다(금리 하락). 그래서 '주식 60 : 채권 40' 포트폴리오는 서로 헷지(방어)가 됩니다. 하지만 스태그플레이션이 오면 이 공식이 깨집니다. 경기가 나빠서 주식이 떨어지는데, 물가를 잡기 위해 금리를 올려야 하니 채권 가격도 같이 떨어집니다. 주식과 채권이 동반 폭락하는 투자자의 지옥이 열리는 것입니다. 이때 유일한 피난처는 '원자재(금, 원유)'와 같은 실물 자산, 그리고 원가 상승분을 소비자 가격에 전가해도 물건이 팔리는 **강력한 가격 결정력을 가진 기업(해자)** 뿐입니다. 난세에는 현금조차 인플레이션에 녹아내리는 휴지 조각일 뿐임을 명심해야 합니다.

개념 한 줄 정리

> **스태그플레이션 (Stagflation)**
> 경기는 침체되는데 물가는 동시에 오르는 현상으로, 성장 둔화·실업 증가·고물가가 함께 나타나 정책 대응이 매우 어려운 경제 상황

디플레이션 & 디스인플레이션 [심화 용어 ★★★]

"물가 하락의 두 얼굴, 안도(Relief)와 공포(Fear)의 차이"

인플레이션이 '고열'에 시달리는 것이라면, 경제가 식어가는 과정은 두 가지로 나뉩니다. 열이 서서히 내려 정상 체온을 찾아가는 과정(**디스인**

플레이션)과, 체온이 너무 낮아져 저체온증으로 생명이 위태로워지는 상태(디플레이션)입니다. 투자자들은 뉴스에서 "물가가 꺾였다"는 소식이 들리면 환호합니다. 하지만 그 꺾임의 끝이 어디냐에 따라 파티가 열릴 수도, 장례식이 치러질 수도 있습니다. 이름은 비슷하지만 전혀 다른 이 두 용어를 구분하는 것은 거시경제 독해의 기본입니다.

디스인플레이션: 속도를 줄이는 것 (Positive) 디스인플레이션은 물가가 오르긴 오르되, '상승 속도가 둔화되는 것'을 말합니다. 자동차로 비유하면 시속 100km로 달리던 차가 50km로 속도를 줄이는 것입니다. 여전히 앞으로 가고(물가 상승) 있지만, 그 속도는 느려졌습니다. 중앙은행이 금리를 올려 인플레이션을 잡으려고 할 때 우리가 바라는 최상의 시나리오가 바로 이것입니다. 물가 상승률이 5% → 3% → 2%로 안정되면, 중앙은행은 금리 인상을 멈추고 다시 돈을 풀 여력을 갖게 됩니다. 주식 시장에는 최고의 호재인 '골디락스(뜨겁지도 차갑지도 않은 적당한 상태)'가 찾아오는 구간입니다.

디플레이션: 후진하는 것 (Negative) 반면 디플레이션은 물가 상승률이 마이너스(-)로 떨어져, '물건 가격이 실제로 하락하는 것'을 말합니다. 자동차가 뒤로 후진하는 상황입니다. 소비자 입장에서 물가가 떨어지면 좋을 것 같지만, 자본주의 경제에서 디플레이션은 인플레이션보다 훨씬 무서운 '암(Cancer)'입니다. 내일이면 가격이 더 떨어질 텐데 누가 오늘 물건을 살까요? 소비가 멈추면 기업 매출이 줄고, 기업은 고용을 줄이고 투자를 멈춥니다. 실업자가 늘어나면 소비는 더 줄어듭니다. 한번 빠지면 헤어 나올 수 없는 이 '디플레이션의 악순환'은 일본의 '잃어버린 30년'이 보여준 끔찍한 교훈입니다.

빚(Debt)의 무게가 달라진다 투자자에게 디플레이션이 재앙인 진짜 이유는 '부채의 실질 가치'가 늘어나기 때문입니다. 내가 1억원을 빌렸는데 물가가 매년 10%씩 떨어신다면? 화폐 가치가 오르기 때문에 내가 갚아야 할 돈의 가치는 실질적으로 매년 10%씩 불어나는 셈입니다. 빚을 내서 자산(부동산, 주식)을 산 사람들은 자산 가격은 떨어지는데 갚아야 할 빚의 무게는 무거워지는 이중고를 겪게 됩니다.

투자자의 결론: 열이 내리는가, 몸이 얼어붙는가? 따라서 물가 지표가 하락할 때는 환호하기 전에 확인해야 합니다. 이것이 건전한 디스인플레이션인지, 아니면 경기 침체를 동반한 디플레이션의 전조인지 말입니다. 디스인플레이션 구간에서는 성장주와 주식 비중을 늘려야 하지만, 디플레이션 공포가 닥치면 현금과 국채(가격 상승)만이 살길입니다. 중앙은행이 인플레이션보다 디플레이션을 더 두려워해서, 조금만 경기가 식어도 돈을 풀려고 안달하는 이유를 이해해야 합니다.

개념 한 줄 정리

디플레이션 (Deflation)

물가가 장기간 하락하고 소비·투자가 줄어 경제 전반이 침체되는 현상

디스인플레이션 (Disinflation)

물가 상승률이 둔화되는 현상, 물가는 오르지만 상승 속도가 느려지는 상태

리세션 (Recession) [심화 용어 ★★★]

"자본주의의 겨울, 거품을 걷어내는 고통스러운 치유의 시간"

경제 뉴스 헤드라인에 'R의 공포(Fear of Recession)'라는 단어가 등장하면 주식 시장은 파랗게 질립니다. 리세션, 즉 **경기 침체**는 경제 활동

이 위축되어 기업은 돈을 못 벌고, 사람들은 일자리를 잃으며, 소비가 줄어드는 우울한 시기를 말합니다. 기술적으로는 '2분기 연속 GDP(국내총생산) 성장률이 마이너스'를 기록할 때를 리세션으로 정의하지만, 실제로는 미국의 NBER(전미경제연구소) 같은 기관이 고용, 생산, 판매 등 다양한 지표를 종합해 사후적으로 "지난달부터 경기 침체였다"라고 공식 선언합니다. 자본주의 역사상 호황만 계속된 적은 없습니다. 산이 높으면 골이 깊듯이, 과열된 경기는 반드시 침체라는 냉각기를 거치게 되어 있습니다.

좀비 기업을 청소하는 자정 작용 리세션은 고통스럽습니다. 하지만 경제학적인 관점에서 리세션은 '필요악'입니다. 호황기에 싼 이자로 연명하던 부실한 좀비 기업들이 이 시기에 도태되고, 그 자본과 인력이 더 효율적인 기업으로 이동하기 때문입니다. 마치 겨울에 날씨가 추워져야 해충이 죽고 이듬해 농사가 잘 되는 것처럼, 리세션은 경제 곳곳에 낀 거품과 비효율을 걷어내는 **'디톡스(Detox)'** 과정입니다. 이 과정을 거치지 않은 경제는 건전성을 잃고 결국 더 큰 위기를 맞게 됩니다.

주가는 경제보다 먼저 바닥을 친다 투자자가 기억해야 할 가장 중요한 사실은 "주식 시장은 경제가 아니다"라는 점입니다. 정확히 말하면 주식 시장은 경제의 '선행지표'입니다. 주가는 리세션이 온다는 소문이 돌 때 가장 많이 폭락하고, 막상 리세션이 공식 선언되어 실물 경제가 최악일 때(뉴스에서 실업률이 최고라고 떠들 때) 오히려 반등을 시작합니다. 시장은 항상 6개월~1년 뒤의 회복을 미리 반영하기 때문입니다. 따라서 뉴스에서 "경기 침체가 확실시된다"고 할 때는 주식을 팔 때가 아니라, 오히려 용기를 내어 살 때일 가능성이 높습니다.

투자자의 결론: 겨울에 밀짚모자를 사라 앙드레 코스톨라니는 "밀짚모자

는 겨울에 사야 한다"고 했습니다. 모두가 경기 침체의 공포에 질려 우량주를 헐값에 던질 때가 바로 겨울입니다. 역사적으로 모든 리세션은 결국 끝났고, 그 뒤에는 더 강력한 호황장이 찾아왔습니다. 리세션을 두려워만 하지 말고, 평소에 현금 비중을 조절하며 다가올 겨울을 대비하십시오. 준비된 투자자에게 리세션은 부의 추월차선으로 갈아탈 수 있는, 10년에 한두 번 오는 바겐세일 기간입니다.

리세션 (Recession)

경제 성장률이 장기간 둔화하거나 마이너스로 전환해 생산·소비·고용이 전반적으로 위축되는 경기 침체 국면

골디락스 (Goldilocks) [심화 용어 ★★★]

"너무 뜨겁지도 차갑지도 않은, 경제의 가장 아름다운 순간"

영국의 전래 동화 <골디락스와 곰 세 마리>에는 숲속에서 길을 잃은 금발 소녀 골디락스가 등장합니다. 배고픈 소녀는 곰들의 집에 들어가 식탁 위에 놓인 세 그릇의 죽을 맛봅니다. 첫 번째 죽은 너무 뜨겁고, 두 번째 죽은 너무 차갑습니다. 하지만 세 번째 죽은 "너무 뜨겁지도, 차갑지도 않고 딱 적당하다"며 맛있게 먹어 치웁니다. 이 동화에서 유래한 경제 용어 '골디락스'는, 경제가 높은 성장을 이루고 있는데도(뜨거움) 물가가 오르지 않는(차가움), 그야말로 '가장 이상적이고 완벽한 경제 상태'를 의미합니다. 투자자들에게 골디락스는 꿈의 시나리오이자, 축제의 시간입니다.

인플레이션 없는 성장, 그 기적 같은 균형 일반적으로 경제가 성장하면

사람들의 지갑이 열리고, 수요가 늘어나 물가가 오르기 마련입니다(인플레이션). 반대로 물가를 잡으려다 보면 경제를 차갑게 식혀야 하니 성장이 둔화됩니다(경기 침체). 성장과 물가 안정은 두 마리 토끼와 같아서 동시에 잡기가 매우 어렵습니다. 그런데 가끔, 기적처럼 이 두 마리 토끼가 다 잡히는 시기가 옵니다. 기업 실적은 사상 최대를 찍는데, 물가는 안정되어 있어서 중앙은행이 금리를 올릴 필요가 없는 상황입니다. 이때 주식 시장은 '실적 장세'와 '유동성 장세'의 혜택을 동시에 누리며 거침없이 상승합니다. 1990년대 중반 미국 경제가 누렸던 '신경제' 호황기가 대표적인 골디락스 사례입니다.

줄타기의 위태로움: 영원한 봄은 없다 하지만 투자자가 명심해야 할 것은, 골디락스는 안정적인 상태가 아니라 **'아슬아슬한 줄타기'** 상태라는 점입니다. 너무 뜨겁지도 차갑지도 않은 온도는 유지하기가 매우 어렵습니다. 여기서 조금만 더 경기가 과열되면 즉시 고물가(화상)가 찾아오고, 중앙은행은 찬물(금리 인상)을 끼얹을 것입니다. 반대로 조금만 삐끗하면 디플레이션(동상)의 늪에 빠질 수도 있습니다. 역사적으로 골디락스라고 불렸던 시기의 끝은 언제나 버블 붕괴나 급격한 긴축으로 이어졌습니다. 사람들이 "이번엔 다르다. 이 호황은 영원할 것이다"라고 믿으며 가장 방심할 때, 균형은 깨지고 시장은 대가를 치르게 됩니다.

투자자의 결론: 파티를 즐기되, 취하지 말라 골디락스 국면에서 주식 비중을 줄이는 것은 바보 같은 짓입니다. 가장 편안하게 수익을 낼 수 있는 구간이기 때문입니다. 하지만 동시에 가장 경계심을 가져야 할 때이기도 합니다. 뉴스에서 "골디락스 진입", "물가 없는 완벽한 성장"이라는 찬사가 쏟아질 때, 현명한 투자자는 샴페인을 마시면서도 한 손으로는 비상구 문고리를 잡고 있어야 합니다. **가장 완벽해 보이는 순간이, 사실은 정점에 가장 가까운 순간일 수 있음을 역사는 반복해서 증명해 왔**

기 때문입니다.

골디락스 (Goldilocks Economy)

경제가 과열되지도 침체되지도 않은 이상적 상태

기저효과 (Base Effect) [심화 용어 ★★★]

"비교의 기준은 우리를 속일 수 있다"

경제 뉴스를 보면 "소비자물가 상승률이 둔화되었다"거나 "수출이 급등했다"는 헤드라인을 자주 접합니다. 이때 초보 투자자는 "경제가 좋아지는구나!"라고 단순하게 받아들이지만, 고수들은 즉시 차트를 열어 '작년 이맘때' 수치를 확인합니다. 지금 숫자가 좋은 이유가 실력 향상이 아니라, 비교 대상인 과거 수치가 너무 엉망이었기 때문(기저효과)일 수 있어서입니다. 기저효과는 기준 시점의 위치에 따라 현재 지표가 실제보다 부풀려지거나(과대평가) 위축되어(과소평가) 보이는 '통계적 착시'입니다.

낮은 기저(Low Base)의 마법: 낙제생이 평균만 해도 천재처럼 보인다
대표적인 예는 코로나19 팬데믹 직후입니다. 2020년 세계 경제가 멈추며 기업 실적과 성장률은 바닥을 쳤습니다. 그러자 2021년에는 조금만 경제가 돌아가도 전년 대비 성장률이 +50%, +100%씩 찍히는 기염을 토했습니다. 이는 폭발적 성장 때문이 아니라, 비교 대상인 분모(2020년)가 너무 작아 생긴 착시입니다. 이를 '반사 이익'이라고도 합니다. 투자자가 이 화려한 숫자에 취해 "엄청난 성장주다!"라고 착각하고 고점에 매수하는 순간, 기저효과가 사라지는 이듬해부터 주가는 처참하게 무너집니다.

높은 기저(High Base)의 저주: 전교 1등은 유지하기도 벅차다 반대의 경우도 있습니다. 주로 인플레이션 지표에서 나타납니다. 작년에 물가가 9%나 폭등했다면, 올해 3%만 올라도 "물가가 잡혔다"고 안도합니다. 사실 작년의 비싼 가격에서 3%가 '더' 오른 것이니 서민들의 삶은 여전히 팍팍한데도 말입니다. 단지 작년 수치가 워낙 높아 올해 상승폭이 상대적으로 작아 보일 뿐입니다. 기업 실적도 마찬가지입니다. 코로나 특수로 마스크나 진단키트 기업들이 사상 최대 실적을 찍었다면(높은 기저), 그 다음 해에는 아무리 장사를 잘해도 '전년 대비 역성장(-)' 성적표를 받게 됩니다. 시장은 이를 '성장성 훼손'으로 받아들이고 가차 없이 밸류에이션을 깎아버립니다.

투자자의 결론: YoY(전년 대비)의 함정을 피하고 QoQ(분기 대비)를 섞어라 그러므로 기저효과가 강력한 시기에는 뉴스 헤드라인의 '전년 동기 대비(YoY) 증감률'만 믿어서는 안 됩니다. 첫째, '절대 수치(Absolute Value)'를 봐야 합니다. 성장률(%)이 아니라 실제 매출액(원)과 영업이익이 평년 수준을 회복했는지 확인하십시오. 둘째, '전 분기 대비(QoQ)' 추세를 함께 봐야 합니다. 작년과의 비교(YoY)는 기저효과 때문에 왜곡될 수 있지만, 직전 분기와의 비교(QoQ)는 현재의 성장 모멘텀을 보여주는 더 솔직한 거울이 됩니다. 비교 기준점이 어디냐에 따라 해석은 180도 달라집니다. 숫자에 속지 말고, 숫자가 서 있는 '바닥(Base)'의 높이를 먼저 확인하십시오.

기저효과 (Base Effect)
이전 시기의 물가·성장률 수준이 너무 높거나 낮아 그다음 시기의 증가율이 실제보다 과대·과소하게 보이는 통계적 착시 현상

연준(Fed)의 생각과
경제 위기를 기회로 바꾸는 통찰력
(거시경제의 큰 파도를 타는 법)

환율 (돈의 교환비) [기초 용어 ★]

"우리나라 돈과 남의 나라 돈을 바꾸는 비율"

보통 원/달러 환율을 말합니다. "환율이 1,300원이다"라는 말은 **1달러를 사려면 1,300원이 필요하다**는 뜻입니다.

환율 상승(1,400원): 달러가 비싸지고 원화 가치가 떨어짐. (수출 기업 좋음, 수입 물가 비싸짐)

환율 하락(1,100원): 달러가 싸지고 원화 가치가 오름. (해외여행 가기 좋음, 수출 기업 힘듦)

- 예시 (해외 직구)
- 환율 1,000원일 때: 100달러짜리 신발 = 10만원.
- 환율 1,400원일 때: 100달러짜리 신발 = 14만원. (앉아서 4만원 손해)

강달러 / 약달러 [필수 용어 ★★]

"킹달러의 습격인가, 달러의 후퇴인가?"

달러의 가치가 다른 통화에 비해 높아지는 것을 **강달러(킹달러)**, 낮아지는 것을 **약달러**라고 합니다.

강달러: 환율 상승 (1달러 = 1,200원 → 1,400원). 수입 물가가 비싸져서 인플레이션을 유발하지만, 수출 기업은 돈을 더 법니다.

약달러: 환율 하락 (1달러 = 1,400원 → 1,200원). 외국인 투자 자금이 미국 밖(신흥국)으로 이동하여 한국 증시에 호재가 됩니다.

- **핵심 포인트**

외국인 수급: 외국인은 달러를 들고 와서 원화로 바꿔 한국 주식을 삽니다. 약달러(원화 강세)가 예상될 때 환차익을 노리고 한국 주식을 사는 경향이 있습니다.

인플레이션 수출: 미국이 금리를 올려 강달러를 만들면, 수입 물가가 오르는 다른 나라들은 울며 겨자 먹기로 금리를 따라 올려야 합니다.

- **실전 활용법**

환율 방어: 강달러 시기에는 현금 중 일부를 달러로 보유하는 것이 자산 가치를 방어하는(헷지) 가장 좋은 수단입니다.

  - **예시 (아이폰 직구)**
  - 약달러(1,000원): 1,000달러짜리 아이폰을 100만원에 삼. (이득)
  - 강달러(1,400원): 똑같은 폰을 140만원 줘야 삼. (손해)

기축통화 [기초 용어 ★]

"전 세계 어디서나 통하는 돈의 제왕, 미국 달러"

국제적인 거래 결제나 금융 거래의 기본이 되는 통화입니다. 현재는 미국 달러($)가 압도적인 기축통화입니다. 석유를 살 때도, 반도체를 살 때도 달러를 내야 합니다.

- **핵심 포인트**

안전자산: 세계 경제가 위기에 처하면 사람들은 주식이나 부동산을 팔고 달러를 사 모으려 합니다. 미국이 망하지 않는 한 달러는 휴지 조각이 되지 않기 때문입니다.

환율 방어: 한국 같은 나라는 위기에 대비해 달러를 창고에 많이 쌓아두어야 합니다(외환보유고).

- **실전 활용법**

위기 대비: 경제 위기설이 돌면 원화 가치는 떨어지고 달러 가치는 오릅니다. 포트폴리오에 달러 자산(미국 주식, 달러 예금)을 일부 섞어두는 것이 최고의 방어입니다.

- **예시 (카지노 칩)**

카지노 안에서는 현금 대신 전용 칩(기축통화)만 받습니다. 칩이 없으면 게임도 못 하고 밥도 못 사 먹습니다. 세계 경제라는 카지노의 칩은 '달러'입니다.

달러 인덱스 (DXY) [필수 용어 ★★]

"미국 돈의 절대적인 힘을 보여주는 성적표"

달러의 가치가 올랐는지 내렸는지를 파악하기 위해, 세계 주요 6개국 통화(유로, 엔, 파운드, 캐나다 달러, 스웨덴 크로나, 스위스 프랑) 대비 달러의 평균적인 가치를 지수화한 것입니다. 그냥 "환율이 올랐다"고 하면 원화가 약해서인지 달러가 강해서인지 알 수 없지만, **달러 인덱스**를 보면 "아, 전 세계적으로 달러가 강세구나"를 객관적으로 알 수 있습니다.

- **핵심 포인트**

기준선 100: 1973년의 가치를 100으로 봅니다. 100보다 높으면 달러가 강세(킹달러), 낮으면 약세입니다.

유로화의 비중: 6개 통화 중 유로화 비중이 57.6%로 가장 큽니다. 따라서 유로존 경기가 나빠져 유로가 약세가 되면, 반대로 달러 인덱스는 급등합니다.

- **실전 활용법**

시장 위험 감지: 달러 인덱스가 급등하면 전 세계 자금이 안전 자산인 미국으로 쏠린다는 뜻입니다. 신흥국(한국 포함) 주식 시장에는 악재가 될 확률이 높습니다.

- **예시 (팔씨름 왕)**

달러가 혼자서 6명의 친구(유로, 엔 등)와 팔씨름을 합니다. 달러 인덱스가 오른다는 건 달러가 이 6명을 압도하고 있다는 뜻입니다.

환차익 / 환손실 [필수 용어 ★★]

"주식으로 잃어도 환율로 돈을 버는 마법의 원리"

해외 자산에 투자할 때, 자산 자체의 가격 변동 외에 환율 변동으로 인해 발생하는 이익(환차익)과 손실(환손실)입니다. 미국 주식은 달러로 사야 하므로, 주가가 그대로여도 환율이 오르면 내 원화 평가금액은 늘어납니다.

- **핵심 포인트**

환차익: 내가 달러를 샀을 때보다 환율이 **올랐을 때** 생기는 이익.
(1,200원에 환전해서 샀는데 1,400원이 됨)

환손실: 내가 달러를 샀을 때보다 환율이 **떨어졌을 때** 생기는 손해. (1,400원에 샀는데 1,200원이 됨)

- **실전 활용법**

환노출(UH) vs 환헤지(H): ETF 뒤에 (H)가 붙은 건 환율 변동을 막아둔 상품입니다. 환율이 오를 것 같으면 노출형(UH)을, 내릴 것 같으면 헤지형(H)을 사야 유리합니다.

- **예시 (테슬라 주가는 그대로인데)**

테슬라 주가는 200달러로 한 달 내내 똑같았습니다. 그런데 환율이 1,200원에서 1,300원으로 올랐다면? 내 계좌 수익률은 주가 변동 없이도 +8.3%(환차익)가 찍힙니다.

외환보유고 [필수 용어 ★★]

"국가 부도를 막기 위해 중앙은행 금고에 쌓아둔 비상금"

나라가 비상사태(경제 위기)에 대비해 쟁여두고 있는 외화(주로 달러)입니다. IMF 외환위기 때처럼 외국에 갚을 달러가 없어서 나라가 망하는 것을 막기 위한 **최후의 방어막**입니다.

- **핵심 포인트**

환율 방어: 환율이 너무 급등하면(원화 가치 폭락), 보유한 달러를 시장에 내다 팔아서 환율을 진정시킵니다. 이때 외환보유고가 줄어듭니다.

국가 신용도: 외환보유고가 넉넉해야 외국인 투자자들이 "한국은 안전하다"고 믿고 돈을 빼가지 않습니다.

- **실전 활용법**

위기 신호: 뉴스에서 "외환보유고가 급격히 줄고 있다"는 보도가 나오면

환율이 불안정하다는 뜻이므로, 원화 비중을 줄이고 달러나 금 같은 안전자산을 늘려야 합니다.

- **예시 (마이너스 통장)**

외환보유고가 넉넉하다는 것은 통장 잔고가 빵빵하다는 뜻입니다. 빚쟁이(해외 채권자)들이 와도 언제든 갚을 수 있으니 독촉하지 않습니다.

무역수지 / 경상수지 [필수 용어 ★★]

"국가 간의 가계부, 달러가 들어오는가 나가는가?"

국가가 외국과 거래해서 얼마나 돈을 벌었는지를 보여주는 성적표.

무역수지: 물건을 수출해서 번 돈에서 수입한 돈을 뺀 것. (수출 - 수입)
경상수지: 무역수지에 서비스(여행, 운송), 소득(월급, 배당), 이전소득 등을 모두 합친 **더 넓은 개념의 가계부.**

- **핵심 포인트**

환율과의 관계: 경상수지 흑자가 나면 달러가 국내로 많이 들어오니 원화 가치가 오릅니다(환율 하락). 반대로 적자가 지속되면 달러가 빠져나가 환율이 급등할 수 있습니다.

국가 신용도: 경상수지 적자가 오래되면 "저 나라 돈 없어서 빚 못 갚는 거 아니야?"라는 의심을 사게 되어 외국인 자금이 이탈합니다.

- **실전 활용법**

환율 예측: 한국은 수출 국가이므로 무역수지 적자 뉴스가 뜨면 환율 상승(원화 약세) 압력이 커져, 외국인 수급에 악재가 됩니다.

- **예시 (가계부)**
  - 무역수지: 아빠가 벌어온 월급(수출) - 마트 장보기 비용(수입).
  - 경상수지: 무역수지 + 아들 용돈 + 해외여행 가서 쓴 돈 등 모든 돈의 움직임.

MSCI 지수 [필수 용어 ★★]

"글로벌 큰손들이 쇼핑할 때 참고하는 장바구니 리스트"

미국의 모건스탠리캐피털인터내셔널(MSCI)사가 발표하는 세계 주가 지수입니다. 전 세계 펀드매니저들이 돈을 굴릴 때 이 지수를 기준으로 국가별, 종목별 비중을 결정합니다. 즉, **글로벌 자금의 나침반**입니다.

- **핵심 포인트**

선진국 vs 신흥국: MSCI는 전 세계를 선진시장(DM)과 신흥시장(EM)으로 나눕니다. 한국은 아직 신흥시장(EM)에 속해 있어, 중국이나 인도 등 다른 신흥국 상황에 따라 도매금으로 묶여 자금이 빠져나가곤 합니다.

리밸런싱: MSCI는 정기적으로 지수에 편입할 종목을 바꿉니다. 여기에 새로 들어가면(편입) 외국인 자금이 자동으로 들어와 주가가 오르고, 빠지면(편출) 주가가 떨어집니다.

- **실전 활용법**

편입 예상 종목: 분기마다(2, 5, 8, 11월) 지수 변경이 있습니다. 증권사 리포트에서 "이번에 A기업이 MSCI에 편입될 가능성이 높다"고 하면, 미리 사두는 전략(패시브 수급 기대)이 유효합니다.

- **예시 (미슐랭 가이드)**

식당(한국 증시)이 미슐랭 가이드(MSCI 선진국 지수)에 등재되면, 전 세계 미식가(글로벌 자금)들이 가이드를 보고 몰려와 매출이 폭발합니다.

국채 (10년물/2년물) [필수 용어 ★★]

"모든 대출 금리의 기준이자, 미래를 보여주는 나침반"

국가가 돈을 빌리고 발행한 차용증입니다. 특히 미국의 **10년물 국채**와 **2년물 국채**는 전 세계 금융 시장의 표준입니다.

2년물 (단기): 중앙은행(Fed)의 **정책 금리에 민감**하게 움직입니다.

10년물 (장기): 미래의 경기 전망과 인플레이션 기대를 반영합니다.

- **핵심 포인트**

무위험 수익률: 미국 국채는 "망할 리 없는 투자처"의 수익률이므로, 주식이나 부동산 같은 위험 자산의 **매력도를 평가하는 기준**이 됩니다.

모기지 금리: 10년물 국채 금리는 주택담보대출 금리의 기준이 됩니다. 10년물 금리가 오르면 내 대출 이자도 오릅니다.

- **실전 활용법**

장단기 금리 역전: 정상적인 경우 10년물 금리가 2년물보다 높아야 합니다. 만약 **2년물 금리가 10년물보다 높아지면(역전)**, 1~2년 뒤 경기 침체가 온다는 강력한 신호입니다.

- **예시 (엄마의 기분 vs 자녀의 미래)**
- 2년물: 엄마의 현재 기분(연준 정책). 오늘 용돈을 줄지 말지 결정함.
- 10년물: 10년 뒤 성공 가능성(경기 전망). 미래가 밝으면 투자가 늘어남.

채권 가격 vs 채권 금리 [필수 용어 ★★]

"시소처럼 반대로 움직이는, 채권 투자의 절대 법칙"

채권 투자를 할 때 가장 헷갈리지만 중요한 원칙입니다. **"금리가 오르면**

채권 가격은 떨어지고, 금리가 내리면 채권 가격은 오른다." 채권은 이자(표면금리)가 고정되어 있는 상품이기 때문에, 시중 금리가 변하면 채권 자체의 매매 가격이 조정되면서 수익률을 맞추게 됩니다.

- **핵심 포인트**

반비례: 시중 금리가 5%인데, 내가 가진 채권이 3% 이자만 준다면? 이 채권은 가치가 하락합니다. 반대로 시중 금리가 1%로 떨어지면, 3% 주는 내 채권은 가치가 상승합니다.

듀레이션: 만기가 긴 채권일수록 금리 변화에 따른 가격 등락 폭이 훨씬 큽니다.

- **실전 활용법**

금리 인하기 투자: 앞으로 금리가 내려갈 것 같다면? 장기 국채(ETF)를 사야 합니다. 금리가 내리면 채권 가격이 올라서 시세 차익을 크게 볼 수 있기 때문입니다.

- **예시 (중고 장터)**
  - 상황: 내가 연 3% 이자 주는 채권을 가지고 있음.
  - 변화: 갑자기 은행에서 연 5% 예금을 출시함(금리 인상).
  - 결과: 내 3%짜리 채권은 인기가 없어서, 싸게 내놔야 팔림(채권 가격 하락).

스프레드 [필수 용어 ★★]

"금리의 차이(Gap), 그것은 곧 위험의 크기다"

금융에서 스프레드는 '금리 차이'를 뜻합니다. 주로 [회사채 금리 - 국채 금리]를 말합니다. 국채는 나라가 망하지 않는 한 돈을 떼일 일이 없지만, 회사는 망할 수 있습니다. 그래서 회사채는 국채보다 이자를 더 줘야(위험 프리미엄) 팔립니다. 이 이자의 차이가 바로 스프레드입니다.

• 핵심 포인트

위험 신호: 경제가 좋으면 회사가 안 망할 것 같으니 스프레드가 좁아집니다. 위기가 오면 부도날까 봐 무서워서 스프레드가 확 벌어집니다.

신용도: 신용 등급이 낮은 기업일수록 국채와의 스프레드가 큽니다.

• 실전 활용법

위기 감지: 주가는 오르는데 회사채 스프레드가 갑자기 벌어지고 있다면? 채권 시장이 먼저 "기업들 자금 사정이 위험해!"라고 비명을 지르는 것이니 조심해야 합니다.

• 예시 (친구에게 돈 빌려주기)

- 부자 친구(국채): 떼일 염려 없음. 이자 3%만 받아도 됨.
- 백수 친구(회사채): 불안함. 이자 10%는 줘야 빌려줌.
- 스프레드: 7% (10% - 3%). 더 위험해지면 이자를 15% 요구하게 됨.

가산금리 [필수 용어 ★★]

"내 신용점수에 따라 은행이 덧붙이는 마진"

우리가 대출받을 때 적용되는 최종 금리는 [기준금리 + 가산금리 - 우대금리]로 결정됩니다.

기준금리: 은행이 돈을 조달해 오는 원가. (코픽스, 금융채 금리 등)
가산금리: 은행의 마진 + 내 신용 위험도.

• 핵심 포인트

나의 성적표: 기준금리는 내가 어쩔 수 없지만, 가산금리는 내 신용점수

에 따라 달라집니다. 신용이 좋으면 낮게, 나쁘면 높게 붙습니다.

은행의 꼼수: 시장 금리가 내려도 은행이 이익을 챙기기 위해 슬그머니 가산금리를 올리면, 내가 내는 대출 이자는 안 떨어질 수 있습니다.

- **실전 활용법**

금리 인하요구권: 취업, 승진, 재산 증가 등으로 신용 상태가 좋아졌다면, 은행에 "가산금리 깎아줘"라고 당당하게 요구할 수 있습니다.

- **예시 (택시 요금)**
  - 기본요금(기준금리): 누구나 똑같이 내는 돈.
  - 할증요금(가산금리): 심야 시간이거나 시외로 나가면 추가로 붙는 돈.

금리 사이클 (Interest Rate Cycle) [심화 용어 ★★★]

"주식 시장의 사계절, 겨울에 반팔을 입는 실수를 피하라"

농부는 씨를 뿌리기 전에 반드시 달력을 봅니다. 아무리 비옥한 땅과 좋은 씨앗이 있어도, 한겨울에 씨를 뿌리면 싹을 틔울 수 없기 때문입니다. 주식 투자도 마찬가지입니다. 기업의 실적(씨앗)도 중요하지만, 그 기업이 놓여 있는 거시경제의 환경(계절)을 파악하는 것이 우선입니다. 그리고 금융 시장에서 그 계절을 결정하는 절대적인 태양이 바로 '금리'입니다. 월스트리트의 격언 "연준(Fed)과 싸우지 말라(Don't fight the Fed)"는 바로 이 금리의 힘을 역설하는 말입니다.

금리는 금융 시장의 중력이다 워런 버핏은 "금리는 자산 가격에 있어 중력(Gravity)과 같다"고 말했습니다. 금리가 낮을 때는 중력이 약해져서, 기업들의 실적이 조금만 좋아져도 주가는 하늘 높이 날아오릅니다. 반대로 금리가 오르면 중력이 강해집니다. 기업이 아무리 돈을 잘 벌어도, 높아진 이자 부담과 할인율(WACC) 때문에 주가는 바닥으로 끌려 내려옵니다. 즉, 금리는 돈의 가격입니다. 돈값이 싸지면(저금리) 사람들은 은행에서 돈을 빌려 주식과 부동산을 사고(자산 인플레이션), 돈값이 비싸지면(고금리) 위험한 자산을 팔아 빚을 갚거나 안전한 예금으로 이동합니다(자산 디플레이션). 이것이 자본주의의 기본 작동 원리입니다.

주식 시장의 사계절: 유동성 장세에서 역실적 장세까지 앙드레 코스톨라니의 달걀 모형처럼, 금리 사이클은 크게 4가지 계절로 순환합니다. 투자자는 지금 어느 계절을 지나고 있는지를 냉정하게 파악해야 합니다.

봄 (유동성 장세): 경기는 최악이고 기업 실적은 바닥을 깁니다. 하지만 중앙은행은 경기를 살리기 위해 금리를 내리고 돈을 풉니다. 실물 경제는 춥지만, 주식 시장에는 따뜻한 돈이 들어오며 주가가 오르기 시작합니다. 이때는 적자 기업이라도 미래 꿈이 있는 '성장주'가 폭등합니다.

여름 (실적 장세): 풀린 돈 덕분에 경기가 살아나고 이익이 급증합니다. 중앙은행은 슬슬 금리를 올릴 준비를 하지만, 기업의 성장 속도가 금리 인상 속도보다 빠르기 때문에 주가는 가장 화려하게 꽃을 피웁니다.

가을 (역금융 장세): 경기가 과열되고 물가(인플레이션)가 치솟습니다. 중앙은행은 물가를 잡기 위해 금리를 가파르게 올립니다. 돈줄이 마르기 시작하며, 밸류에이션이 높은 주식부터 무너져 내립니다. 이때는 현금 흐름이 탄탄하고 부채가 적은 '가치주'나 '방어주'만이 비바람을 견딥니다.

겨울 (역실적 장세): 고금리의 후유증으로 소비가 줄고 기업 실적이 곤두박질칩니다. 주가는 폭락하고 공포가 시장을 지배합니다. 하지만 역설적으로 이 겨울의 끝자락, 즉 중앙은행이 "이제 금리를 내려야겠다"고 마음먹는 순간이 다음 봄을 위한 최고의 파종 시기입니다.

투자자의 결론: 날씨를 바꿀 순 없지만, 옷을 갈아입을 순 있다 많은 초보 투자자가 금리 인상기(가을/겨울)에 빚을 내어 성장주(봄/여름 옷)를 사는 실수를 범합니다. 반대로 금리 인하가 시작되어 시장이 봄을 준비하는데, 공포에 질려 주식을 전량 매도하고 예금(겨울 옷)에 들어가기도 합니다. 우리는 금리를 결정할 수 없습니다. 내일 비가 올지 안 올지(단기 주가)는 신도 모릅니다. 하지만 지금이 여름인지 겨울인지(금리 사이클)는 알 수 있습니다. 현명한 투자자는 계절을 예측하려 하지 않고, 계절에 맞는 옷(포트폴리오)으로 갈아입으며 사이클을 즐깁니다. **당신의 포트폴리오는 지금 어떤 계절의 옷을 입고 있습니까?**

금리 사이클 (Interest Rate Cycle)
경기 흐름에 따라 중앙은행이 금리를 인상·동결·인하하는 주기적 변화를 말하며, 경제 성장·물가·자산시장에 큰 영향을 주는 핵심 흐름

장단기 금리 역전 (Yield Curve Inversion) [심화 용어 ★★★]
"탄광 속의 카나리아, 다가오는 침체를 경고하다"

과거 광부들은 탄광에 들어갈 때 카나리아 새장을 들고 들어갔습니다. 산소 부족이나 유해가스에 민감한 카나리아가 노래를 멈추거나 쓰러지면, 그것은 곧 죽음의 공포가 다가온다는 신호였기에 뒤도 돌아보지 않고 탈출해야 했습니다. 금융 시장에도 이런 카나리아가 있습니다. 바로 '장단기 금리 역전'입니다. 지난 50년 동안 미국의 경기 침체(Recession)가 오기 전, 거의 예외 없이 이 현상이 먼저 발생했습니다.

시간의 가치를 거스르는 비정상 정상적인 세상에서 돈의 값(금리)은 빌리는 기간이 길수록 비싸야 합니다. 친구에게 돈을 1년 빌려줄 때와 10년 빌려줄 때, 언제 더 높은 이자를 받으시겠습니까? 당연히 10년입니다. 10년이라는 긴 세월 동안 돈을 떼일 위험도 크고, 그 돈을 다른 곳에 써서 불릴 기회비용도 크기 때문입니다. 그래서 국채 10년물(장기) 금리는 2년물(단기) 금리보다 높은 것이 상식이고, 이를 '우상향하는 수익률 곡선'이라 합니다. 그런데 아주 가끔, 이 상식이 뒤집히는 일이 발생합니다. **돈을 2년 빌리는 금리가 10년 빌리는 금리보다 더 비싸지는 기현상**, 이것이 바로 '장단기 금리 역전'입니다.

왜 이런 일이 벌어지는가? : 중앙은행 vs 시장의 줄다리기 이 기이한 현상은 중앙은행(Fed)과 시장 참여자(투자자)들의 생각이 정면으로 충돌할 때 일어납니다. 단기 금리(2년물)는 중앙은행의 통화 정책에 민감합니다. 경기가 과열되어 물가가 치솟으면, 중앙은행은 기준금리를 올려 이를 잡으려 합니다. 이때 단기 금리는 덩달아 급등합니다. 반면 장기 금리(10년물)는 시장의 '미래 경기 전망'을 반영합니다. 투자자들이 보기에 "중앙은행이 저렇게 금리를 무리하게 올리면, 결국 기업들이 망하고 경기가 박살 나겠구나(침체)"라고 판단하면 어떻게 할까요? 위험한 주식 대신 안전한 장기 국채를 사서 10년 동안 묵혀두려 할 것입니다. 장기 국채에 대한 수요가 폭발하면 국채 가격은 오르고, 반대로 금리는 떨어집니다. 결국 "지금 당장 돈줄을 죄겠다"는 중앙은행(단기 금리 상승)과 "그러다 다 죽는다, 난 안전자산으로 도피하겠다"는 시장의 공포(장기 금리 하락)가 맞물려 역전 현상이 만들어지는 것입니다.

침체의 예언자, 그러나 시차는 존재한다 역사는 증명합니다. 장단기 금리가 역전되고 나면 **평균적으로 12개월에서 18개월 뒤**에 실물 경기 침체가 닥쳐왔습니다. 하지만 중요한 것은 '즉시'가 아니라는 점입니다. 역전

현상이 발생한 직후에는 오히려 주식 시장이 마지막 불꽃(Last Dance)을 태우며 상승하는 경우도 많습니다. 그래서 많은 초보 투자자가 "이번에는 다르다(This time is different)"라며 경고를 무시하다가 뒤늦게 찾아온 하락장에 큰 손실을 입곤 합니다.

투자자의 결론: 파티가 끝나감을 인지하라 장단기 금리 역전은 "당장 주식을 다 팔고 떠나라"는 신호가 아닙니다. 대신 "파티가 끝나가고 있으니, 출구 근처로 이동해 외투를 챙겨라"라는 신호로 받아들여야 합니다. 이 신호가 커지면 공격적인 성장주 비중을 줄이고, 현금 흐름이 확실한 방어주나 채권의 비중을 늘리는 리밸런싱을 고민해야 합니다. 겨울이 오고 있다는 예보를 들었다면, 여름옷을 정리하고 두꺼운 옷을 꺼내는 것이 현명한 투자자의 자세입니다. 카나리아가 노래를 멈췄는데도 계속 탄광 깊숙이 들어가는 무모함은 용기가 아니라 객기일 뿐입니다.

개념 한 줄 정리

> **장단기 금리 역전 *(Yield Curve Inversion)***
> 단기 금리가 장기 금리보다 높아지는 비정상적 현상으로, 경기 둔화·침체 가능성을 시장이 먼저 반영할 때 나타나는 대표적 경기 경고 신호

국채 금리 (Treasury Yield) [심화 용어 ★★★]

"모든 자산 가격을 끌어당기는, 금융 시장의 중력"

투자의 현인 워런 버핏은 이렇게 말했습니다. **"금리는 자산 가격에 있어 중력(Gravity)과 같다."** 중력이 약하면 사과가 하늘로 떠오를 수 있지만, 중력이 강해지면 사과는 땅으로 곤두박질칩니다. 금융 시장에서도 마찬

가지입니다. 국채 금리가 낮을 때는(약한 중력) 기업의 실적이 조금만 좋아져도 주가는 하늘 높은 줄 모르고 치솟습니다. 반대로 국채 금리가 오르면(강한 중력), 아무리 훌륭한 실적을 내는 기업이라도 주가가 무겁게 짓눌립니다. 도대체 왜 미국 정부가 빌리는 돈의 이자(국채 금리)가 내 삼성전자 주식과 강남 아파트 가격을 좌지우지하는 걸까요?

무위험 수익률: 모든 투자의 기준점 미국 10년물 국채 금리는 전 세계 금융 시장에서 '무위험 수익률(Risk-Free Rate)'의 기준이 됩니다. 미국 정부가 망하지 않는 한 원금과 이자를 확실히 돌려받을 수 있는, 세상에서 가장 안전한 투자처이기 때문입니다. 투자자들은 항상 질문합니다. **"위험을 감수할 가치가 있는가?"** 만약 국채 금리가 1%라면, 사람들은 1%에 만족하지 못하고 위험을 무릅쓰고 주식이나 부동산으로 달려갑니다. 자산 가격이 폭등합니다. 하지만 국채 금리가 5%가 되면 상황은 돌변합니다. "가만히 있어도 안전하게 5%를 주는데, 굳이 원금 손실 공포를 견디며 주식을 해야 해?" 거대한 자금이 주식 시장을 떠나 안전한 채권 시장으로 이동합니다(머니 무브). 즉, 국채 금리의 상승은 주식 시장의 매력도를 떨어뜨리는 가장 강력한 경쟁자의 등장을 의미합니다.

성장주의 적(敵): 미래의 꿈을 할인하다 국채 금리 상승이 특히 기술주나 바이오 같은 '성장주'에 치명적인 이유는 **'할인율'** 때문입니다. 기업 가치(밸류에이션)는 미래에 벌어들일 돈을 현재 가치로 환산한 것입니다. 이때 이 미래의 돈을 현재 가치로 깎는 칼(할인율)이 바로 금리입니다. 금리가 오르면 할인율이 높아집니다. 이는 먼 미래에 벌어들일 100억원의 현재 가치가 쪼그라든다는 뜻입니다. 당장은 돈을 못 벌지만 10년 뒤 대박을 꿈꾸는 성장주들은, 금리가 오르는 순간 그 꿈의 가치가 난도질당합니다. 반면 당장 현금을 잘 버는 가치주는 상대적으로 타격을 덜 받습니다. 고금리 시대에 성장주가 폭락하고 가치주가 방어하는 이유가 여기에 있습니다.

투자자의 결론: 날씨를 보고 항해하라 물론 국채 금리가 오른다고 주가가 무조건 떨어지는 것은 아닙니다. 경기가 너무 좋아서 금리가 오르는 초반에는 주가도 함께 오를 수 있습니다. 하지만 임계점을 넘은 고금리는 결국 실물 경제를 위축시키고 자산 가격을 끌어내립니다. 주식 투자자라 해도 매일 아침 HTS를 켜기 전에 **미국 10년물 국채 금리**를 확인해야 합니다. 그것은 오늘의 날씨를 확인하는 것과 같습니다. 중력이 강해지고 있는데(금리 급등), 무거운 배낭(레버리지, 고평가 성장주)을 메고 등산을 하는 것은 객기일 뿐입니다. 흐름을 거스르지 마십시오. 금리는 당신의 계좌를 지배하는 가장 거대한 힘입니다.

국채 금리 (Treasury Yield)

정부가 발행한 국채에서 발생하는 이자수익률로, 경기 전망·물가·금리 기대를 반영하며 금융시장 전반의 기준이 되는 핵심 지표

양적완화(QE) & 양적긴축(QT) [심화 용어 ★★★]

"자본주의의 수도꼭지, 파티를 열고 닫는 거대한 손"

자본주의라는 거대한 정원에는 물(돈)이 필요합니다. 평소에는 중앙은행이 '기준금리'라는 수도꼭지를 살짝 돌려 물의 양을 조절합니다. 하지만 가뭄(경제 위기)이 너무 심해 수도꼭지를 다 열어도(제로 금리) 물이 부족할 때가 있습니다. 이때 중앙은행은 헬리콥터를 띄워 정원에 물을 들이붓습니다. 이것이 바로 양적완화(QE)입니다. 반대로 물이 넘쳐 정원이

썩을 위기(인플레이션)가 오면, 중앙은행은 강력한 펌프를 가져와 물을 강제로 퍼냅니다. 이것이 양적긴축(QT)입니다. 지난 15년, 자산 시장의 역사는 이 물의 양에 따라 천국과 지옥을 오갔습니다.

QE: 자산 시장을 위한 스테로이드 양적완화는 중앙은행이 발권력을 동원해 돈을 찍어내고, 그 돈으로 시중의 채권(국채, MBS 등)을 직접 사들이는 행위입니다. 중앙은행이 채권을 무제한으로 사주니 채권 가격은 오르고 금리는 바닥으로 떨어집니다. 안전한 채권에서 수익을 낼 수 없게 된 돈들은 수익을 찾아 더 위험한 자산인 주식과 부동산으로 썰물처럼 밀려 들어갑니다. 실물 경기가 엉망이어도 주가가 사상 최고치를 경신하는 '금융 장세'는 이렇게 만들어집니다. QE는 죽어가는 경제를 살리는 심폐소생술이지만, 동시에 자산 가격에 거품을 만드는 강력한 스테로이드 주사이기도 합니다.

QT: 파티가 한창일 때 펀치볼을 치워라 하지만 영원한 파티는 없습니다. 풀린 돈이 실물 경제로 흘러가 물가를 미친 듯이 올리기 시작하면, 중앙은행은 태도를 돌변합니다. "이제 파티는 끝났다"고 선언하며 양적긴축(QT)을 시작합니다. QT는 만기가 돌아온 채권을 재투자하지 않거나, 보유하던 채권을 시장에 내다 팔아 시중의 돈을 회수하는 것입니다. 시장에 채권 물량이 쏟아지니 채권 금리는 급등하고, 주식 시장을 떠받치던 유동성은 썰물처럼 빠져나갑니다. 유동성이라는 산소가 사라진 시장에서는 고평가된 성장주부터 숨을 헐떡이며 쓰러지게 됩니다. 이를 '긴축 발작'이라 부릅니다.

연준의 대차대조표(Balance Sheet)를 보라 많은 투자자가 기업의 재무제표는 열심히 분석하면서, 정작 시장의 운명을 쥐고 있는 미 연준(Fed)의 재무제표(대차대조표)는 보지 않습니다. 연준의 대차대조표 자산 규

246

모가 늘어난다는 것은 돈을 풀고 있다는(QE) 뜻이고, 줄어든다는 것은 돈을 회수하고 있다는(QT) 뜻입니다. 놀랍게도 지난 10여 년간 S&P500 지수의 등락은 연준의 총자산 규모 추이와 거의 완벽하게 일치했습니다. 기업의 실적보다 더 강력한 것이 바로 '돈의 총량'이기 때문입니다.

투자자의 결론: 거인과 싸우지 말라 월가에는 "연준과 싸우지 말라"라는 오랜 격언이 있습니다. 중앙은행이 돈을 풀기로 작정했다면(QE), 비관적인 경제 뉴스에 겁먹지 말고 주식을 사야 합니다. 반대로 중앙은행이 돈을 거둬들이기로 했다면(QT), 아무리 기업 실적이 좋아 보여도 현금 비중을 늘리고 몸을 사려야 합니다. 당신의 투자 성적은 당신이 얼마나 똑똑한가보다, 지금 수도꼭지가 열려 있는지 잠겨 있는지를 아는 눈치에 달려 있습니다. 물이 들어올 때 노를 저어야지, 물이 빠지는데 배를 띄우려다가는 갯벌에 갇힐 뿐입니다.

양적완화 (Quantitative Easing)

중앙은행이 국채 등 자산을 대규모 매입해 시중 유동성을 늘리고 금리를 낮춰 경기 회복을 돕는 통화정책

긴축 (Tightening)

보유 자산을 축소하거나 만기 상환을 통해 유동성을 회수해 금리를 높이고 과열된 경제를 진정시키는 정책

테이퍼링 (Tapering) [심화 용어 ★★★]

"유동성 파티가 끝나감을 알리는 첫 번째 신호탄"

스포츠 선수들은 중요한 시합을 앞두고 훈련량을 서서히 줄여 컨디션을 조절합니다. 이를 '테이퍼링(Tapering)'이라고 합니다. 원래 '끝이 뾰족해지다'라는 뜻의 이 단어가 금융 시장에 등장하면, 전 세계 투자자들은 긴장감에 휩싸입니다. 테이퍼링은 중앙은행이 경제 위기 때 수도꼭지를 틀어 콸콸 쏟아붓던 돈(양적완화)의 양을 '서서히 줄여나가는 과정'을 말합니다. 즉, "이제 환자(경제)가 스스로 걸을 수 있을 만큼 회복되었으니, 산소호흡기(유동성 공급)를 천천히 떼겠다"는 선언입니다. 이는 곧 돈 잔치가 끝나고, 고금리라는 현실의 세계로 돌아가야 할 시간이 다가왔음을 알리는 예고편입니다.

브레이크를 밟는 게 아니라, 엑셀에서 발을 떼는 것 많은 초보자가 오해하는 것이 있습니다. "테이퍼링을 하면 돈을 회수하는 건가?" 아닙니다. 테이퍼링은 돈을 회수하는 것(양적긴축, QT)이 아니라, '돈을 푸는 속도'를 줄이는 것입니다. 자동차로 비유하자면, 양적완화(QE)는 엑셀을 꽉 밟아 속도를 높이는 것이고, 테이퍼링은 엑셀에서 발을 살짝 떼어 속도를 줄이는 과정입니다. 차는 여전히 앞으로 가고 있습니다(돈은 여전히 풀리고 있음). 하지만 시장은 이를 곧 '브레이크(금리 인상 및 양적긴축)'를 밟겠다는 신호로 받아들입니다. 그래서 테이퍼링이 언급되는 순간, 시장은 미리 겁을 먹고 반응합니다.

긴축 발작: 예민한 시장의 히스테리 2013년, 벤 버냉키 당시 연준 의장이 "향후 자산 매입 규모를 축소(테이퍼링)할 수 있다"고 넌지시 말하자 전 세계 금융 시장은 대혼란에 빠졌습니다. 신흥국 통화 가치는 폭락하고 주식 시장은 곤두박질쳤습니다. 이를 어린아이가 신경질을 부리는 것에 빗대어 '긴축 발작'이라 부릅니다. 시장은 유동성이라는 마약에 중독되어 있어서, 약을 끊겠다고 말만 꺼내도 금단 현상을 일으키는 것입니다. 그래서 중앙은행은 테이퍼링을 시작하기 전, 시장이 충격을 받지 않

도록 아주 오랫동안, 아주 조심스럽게 신호를 보냅니다.

투자자의 결론: 음악 소리가 줄어들면 의자를 찾아라 테이퍼링이 시작되었다고 해서 당장 주식 시장이 무너지는 것은 아닙니다. 오히려 경기가 회복되고 있다는 증거이기에 기업 실적 장세로 이어지며 주가가 오르기도 합니다. 하지만 분명한 것은 '유동성의 힘'만으로 오르던 시절은 끝났다는 사실입니다. 테이퍼링은 금리 인상으로 가는 고속도로 진입로입니다. 이때부터는 빚(레버리지)을 줄이고, 현금 흐름이 확실한 우량 자산으로 포트폴리오를 압축해야 합니다. 파티장의 음악 소리가 작아지기 시작했습니다. 춤을 멈추고 앉을 의자를 찾아야 할 때입니다.

개념 한 줄 정리

테이퍼링 (Tapering)

중앙은행이 양적완화로 진행하던 자산 매입 규모를 점진적으로 줄여 유동성 공급 속도를 완화하는 과정

피벗 (Pivot) [심화 용어 ★★★]

"거대한 항공모함이 방향을 트는 순간, 시장의 운명이 바뀐다"

원래 농구 경기에서 공을 잡은 선수가 한 발은 고정한 채 다른 발을 움직여 방향을 바꾸는 기술을 뜻하는 '피벗(Pivot)'은, 이제 금융 시장에서 가장 가슴 뛰게 만드는 단어가 되었습니다. 바로 중앙은행(Fed)이 통화 정책의 기조를 완전히 뒤집는 '정책 전환'을 의미하기 때문입니다. 주로 금리를 올리던 긴축(Tightening) 기조에서 금리를 동결하거나 내리는 완화(Easing) 기조로 돌아서는 순간을 말합니다. 전 세계 자금의 흐름을 결

정하는 연준이라는 거대한 항공모함이 뱃머리를 돌리는 이 순간, 자산 시장에는 거대한 파도가 일렁입니다.

나쁜 뉴스가 좋은 뉴스가 되는 마법 피벗을 기다리는 시기에는 경제학 교과서의 상식이 뒤집힙니다. 실업률이 높아지고 경기가 나빠졌다는 우울한 뉴스가 나오면, 주식 시장은 오히려 환호성을 지르며 급등합니다. 왜일까요? "경기가 이렇게 안 좋으니, 연준이 금리 인상을 멈추고 피벗을 할 수밖에 없을 거야!"라는 기대감 때문입니다. 반대로 경제가 너무 튼튼하고 고용이 좋으면 시장은 실망합니다. 연준이 안심하고 금리를 더 올릴 명분이 생기기 때문입니다. 투자자들은 현재의 고통(경기 침체)보다 미래의 구원(피벗)을 더 강력한 호재로 인식합니다.

피벗의 역설: 금리를 내리는데 왜 주가는 폭락하는가? 많은 초보 투자자가 "금리 인하는 곧 주가 상승"이라는 공식을 맹신합니다. 하지만 역사를 돌아보면, 첫 금리 인하(피벗)가 시작된 직후 주가가 오히려 대폭락했던 사례가 많습니다. 2000년 닷컴 버블, 2008년 금융 위기 때가 그랬습니다. 이유는 '피벗의 원인'에 있습니다. 연준이 서둘러 금리를 내린다는 것은, 경제 어딘가가 심각하게 부러졌거나 경기 침체가 코앞에 닥쳤다는 것을 자인하는 꼴이기 때문입니다. 이때의 피벗은 축포가 아니라 '응급실로 가는 구급차의 사이렌 소리'입니다. 유동성이 풀린다는 기대감보다, 기업 실적이 박살 날 것이라는 공포가 시장을 지배하게 됩니다.

투자자의 결론: '왜(Why)' 돌아서는지 물어라 따라서 투자자는 연준이 피벗을 시사할 때 환호하기에 앞서 냉정하게 질문해야 합니다. "지금 연준이 방향을 트는 이유가 무엇인가?" 만약 물가가 잡혀서 여유 있게 금리를 낮추는 '보험성 인하'라면 주식 시장에는 최고의 호재(골디락스)가 됩니다. 하지만 경제 위기를 막기 위해 허겁지겁 내리는 '침체 방어용 인

하'라면, 주식 비중을 줄이고 방어적인 태세를 취해야 합니다. 피벗은 그 자체로 정답이 아니라, 새로운 게임의 시작을 알리는 신호탄일 뿐입니다.

피벗 (Pivot)

중앙은행이 기존의 금리 인상 기조에서 인하 기조로, 혹은 긴축에서 완화로 정책 방향을 전환하는 것을 의미

통화스와프 [심화 용어 ★★★]

"국가 간 마이너스 통장, 위기의 순간에 작동하는 달러 안전판"

우리가 살면서 가장 무서운 순간은 언제일까요? 당장 갚아야 할 돈은 있는데 수중에 현금이 말라버렸을 때일 것입니다. 국가도 마찬가지입니다. 1997년 IMF 외환위기는 한국이라는 나라가 갚아야 할 '달러'가 바닥나서 발생한 비극이었습니다. 이런 악몽을 되풀이하지 않기 위해 중앙은행들이 맺는 강력한 안전장치가 바로 '통화스와프'입니다. 쉽게 말해, "우리가 급할 때 너희 돈(달러)을 좀 빌려줘. 대신 우리 돈(원화)을 맡길게." 라고 약속하는 **국가 간의 마이너스 통장**입니다.

연준(Fed)과의 스와프: 금융 시장의 핵우산 통화스와프는 여러 나라와 맺을 수 있지만, 투자자가 주목해야 할 것은 오직 하나, '한미 통화스와프'입니다. 기축통화국인 미국 연준과 맺는 스와프는 차원이 다릅니다. 금융 위기가 터지면 전 세계 자금은 안전자산인 '달러'로 쏠립니다. 한국 같은 신흥국에서는 달러가 썰물처럼 빠져나가고 환율이 폭등(원화 가치 폭락)합니다. 이때 한미 통화스와프가 체결되면, 한국은행은 원화를 맡기

고 언제든 달러를 찍어내는 연준으로부터 달러를 공수해 올 수 있습니다. 시장은 "한국 뒤에 미국 연준이 버티고 있구나"라고 인식하여, 환율 폭등세가 즉시 진정되는 강력한 심리적 안정 효과를 얻습니다.

공짜 점심은 아니다 (이자 비용과 만기) 통화스와프는 무상 원조가 아닙니다. 정해진 기간과 한도가 있고, 빌려 쓴 만큼 이자도 내야 합니다. 또한 만기가 도래했을 때 연장되지 않으면 시장에 다시 불안감이 감돌기도 합니다. 하지만 이것은 비용의 문제가 아니라 '생존'의 문제입니다. 집에 불이 났을 때 소화기 가격을 따지지 않는 것과 같습니다. 2008년 금융위기와 2020년 코로나 팬데믹 당시, 폭락하던 한국 증시와 환율을 극적으로 돌려세운 '구원투수'가 바로 한미 통화스와프였습니다.

투자자의 결론: 환율 전쟁의 휴전 협정 주식 투자자에게 통화스와프 체결 뉴스는 '초대형 호재'입니다. 외국인 투자자들이 한국 시장을 떠나는 가장 큰 이유인 '환율 불안'을 단번에 잠재우기 때문입니다. 경제 위기설이 돌고 환율이 1,400원을 위협할 때, 뉴스에서 "한미 통화스와프 체결 임박"이라는 헤드라인이 뜬다면? 그것은 공포에 질려 주식을 팔 때가 아니라, 바닥을 확인하고 매수 버튼을 눌러야 할 강력한 시그널입니다. 통화스와프는 시스템 리스크를 막아주는 가장 튼튼한 방파제입니다.

개념 한 줄 정리

통화스와프 (*Currency Swap*)
두 나라의 중앙은행이 서로의 통화를 일정 기간 교환해 유동성을 확보하고 금융시장 안정과 외환위기 대응을 돕는 협정

"세계 경제의 날씨를 결정하는, 자본주의의 중앙 통제실"

1년에 8번, 한국 시간 새벽 3~4시경이 되면 전 세계 트레이더와 중앙은 행 총재들은 잠을 이루지 못하고 모니터 앞에 앉습니다. 바로 미국 연방 준비제도(Fed) 산하 FOMC(연방공개시장위원회) 결과가 발표되는 순간 이기 때문입니다. 회의에 참석하는 12명의 위원(투표권자)은 현대 자본 주의에서 어떤 대통령보다 강력한 경제 권력을 쥔 사람들입니다. 그들이 투표로 결정하는 '기준금리'와 '통화 정책'은 미국 주가뿐 아니라 한국의 환율, 브라질 물가, 심지어 당신의 주택담보대출 이자까지 즉각 바꾸는 '나비 효과'의 진원지입니다. FOMC는 단순한 회의가 아니라, 전 세계 자금 흐름을 조절하는 거대한 댐의 수문을 여닫는 '결정적 순간'입니다.

점도표(Dot Plot): 연준의 속마음을 훔쳐보는 비밀 지도 FOMC에서 금 리 결정만큼이나, 때로는 더 중요하게 다뤄지는 것이 '점도표'입니다. 3·6·9·12월 분기마다 공개되는 이 표는, 19명의 위원들이 생각하는 "적 절한 미래 금리 수준"을 익명의 점으로 찍어 나타낸 그래프입니다. 시장 은 '현재 금리'보다 점도표가 가리키는 '미래 방향'에 더 민감하게 반응합 니다. 예컨대 금리를 동결했더라도 점도표가 내년 인상을 가리키면(매파 적), 시장은 이를 '사실상의 긴축'으로 받아들여 폭락할 수 있습니다. 반 대로 금리를 올렸더라도 인상 종료가 임박했음을 암시하면(비둘기파적), 시장은 환호하며 급등합니다. 점도표는 연준이 시장에 던지는 강력한 가 이던스이자, 의중을 읽어낼 유일한 창문입니다.

행간을 읽어라: 단어 하나에 수천 조원이 움직인다 FOMC 성명서와 제 롬 파월 의장의 기자회견은 고도의 심리전입니다. 그들은 시장에 불필요 한 충격을 주지 않으면서도 의도를 명확히 전달하기 위해 정교하게 다

듣어진 '연준의 언어(Fedspeak)'를 구사합니다. 예를 들어 성명서에서 "상당 기간(Considerable time)"이라는 단어가 삭제되거나, "인내심을 갖겠다(Patient)"는 표현이 사라지면, 월가 알고리즘은 이를 즉각적인 '긴축 신호'로 인식해 매도 폭탄을 던집니다. 투자자들은 파월 의장의 표정, 넥타이 색깔, 목소리의 떨림까지 분석하며 행간에 숨겨진 힌트를 찾으려 애씁니다.

투자자의 결론: 연준과 맞서지 말라 (Don't fight the Fed) 월가에는 100년 넘게 전해오는 불문율이 있습니다. "연준과 맞서지 말라." 연준이 돈을 풀기로 작정했다면(비둘기), 비관적인 경제 뉴스가 쏟아져도 주식 비중을 과감히 늘려야 합니다. 유동성의 힘은 펀더멘털을 압도하기 때문입니다. 반대로 연준이 인플레이션을 잡기 위해 경기 침체를 감수하고서라도 돈줄을 죄겠다고 선언했다면(매), 아무리 주식이 저평가돼 보여도 미련 없이 팔고 현금을 확보해야 합니다. 아무리 뛰어난 기업이라도 거대한 거시경제의 파도를 거슬러 헤엄칠 수는 없습니다. 당신의 투자 다이어리에 FOMC 일정을 붉은색으로 표시해 두십시오. 그날의 결정이 향후 6주간, 길게는 1년간 당신 계좌의 순풍과 역풍을 결정짓습니다.

개념 한 줄 정리

FOMC (Federal Open Market Committee)

미 연준이 금리·통화정책을 결정하는 회의로, 금리 인상·동결·인하를 통해 경기와 물가를 조절하는 핵심 기관.

점도표 (Dot Plot)

FOMC 위원들이 향후 금리 전망을 점으로 표시한 그래프이며, 시장의 금리 경로 예상에 가장 중요한 지표로 활용

"인플레이션 파이터와 경제 수호자, 통화 정책의 두 날개"

경제 뉴스를 보면 "연준 의장이 매파적 발언을 쏟아냈다"거나 "비둘기파적 행보를 보였다"는 표현이 자주 등장합니다. 조류 도감에나 나올 법한 새들이 왜 금융 시장을 뒤흔들까요? 이 용어는 베트남 전쟁 당시 확전을 주장한 강경파(매)와 외교적 해결을 주장한 온건파(비둘기)에서 유래했습니다. 이후 금융 시장으로 넘어와 통화 정책 기조를 설명하는 핵심 언어가 되었습니다. 단순한 성격 차이가 아닙니다. 경제를 바라보는 '최우선 가치'가 무엇이냐에 따른 철학적 구분입니다.

매파(Hawks): "물가 안정을 위해서라면 경기 침체도 감수한다" 매파는 '물가 안정'을 최우선 과제로 삼습니다. 이들은 인플레이션을 경제를 갉아먹는 암적인 존재로 봅니다. 물가가 오르면 화폐 가치가 떨어지고 서민 경제가 무너지기 때문입니다. 그래서 매파는 경기가 식고 실업률이 오르더라도 금리를 가파르게 올리고 돈줄을 죄어야 한다고 주장합니다. 1980년대 "인플레이션 용을 잡기 위해" 기준금리를 20%까지 올린 전설적인 연준 의장 폴 볼커가 매파의 상징입니다. 시장 입장에서 매파는 유동성을 회수해 가는 저승사자 같지만, 장기적으로는 화폐 시스템의 신뢰를 지키는 파수꾼입니다.

비둘기파(Doves): "일자리가 먼저다, 돈을 풀어 성장을 돕자" 반면 비둘기파는 '경제 성장'과 '고용 안정'을 최우선으로 둡니다. 인플레이션보다 무서운 것이 디플레이션(경기 침체)이라고 믿기 때문입니다. 일자리를 잃고 공장이 멈추는 것을 막기 위해, 금리를 낮추고 돈을 풀어 경기를 부양해야 한다고 주장합니다. 2008년 금융위기 이후 헬리콥터처럼 돈을 뿌린 벤 버냉키나, 고압 경제를 주장한 재닛 옐런이 대표적입니다. 주식 시장은 따뜻한 돈(유동성)을 공급하는 비둘기파를 환영하고 사랑합니다.

영원한 매도, 영원한 비둘기도 없다 (중도파와 스윙보터) 중요한 건 이 성향이 고정된 게 아니라는 점입니다. 상황에 따라 색깔을 바꾸는 '올빼미파(중도파)'가 사실 대부분입니다. 비둘기파도 물가가 치솟으면 매파로 돌변하고(2022년 연준), 매파도 경기가 추락하면 비둘기 가면을 씁니다. 따라서 투자자는 성향 자체보다, 그들이 '데이터'를 보고 어떻게 태도를 바꾸는지(Pivot)를 읽어야 합니다.

투자자의 결론: 누구의 목소리가 커지는지 들어라 시장 사이클은 매파와 비둘기파의 주도권 싸움에 따라 결정됩니다. 매파가 득세해 금리를 올리는 시기엔 미래 가치를 당겨쓰는 성장주(기술주, 바이오)가 추락하고 현금 흐름이 좋은 가치주가 방어합니다. 반대로 비둘기파가 주도권을 잡아 금리를 내릴 땐 유동성의 힘으로 성장주와 자산 시장이 랠리를 펼칩니다. 뉴스를 볼 때 단순히 "금리를 올린대"라고만 보지 말고, "지금 매파의 목소리가 커지는가, 비둘기파가 반격을 시작했는가?"를 파악하십시오. 그목소리의 크기가 곧 시장의 추세를 결정하는 풍향계입니다.

개념 한 줄 정리

매파

물가 안정을 위해 금리 인상·긴축을 선호하는 입장, 강한 통화정책 주장

비둘기파

경기 부양을 위해 금리 인하·완화를 선호하는 입장, 완만한 통화정책 성향

CDS 프리미엄 [심화 용어 ★★★]

"부도의 공포를 사고파는 가격, 금융 시장의 화재 보험료"

우리가 은행에서 돈을 빌릴 때 신용등급이 낮으면 이자를 더 많이 내야 하듯, 국가나 기업도 돈을 빌릴 때(채권 발행) 신용도에 따라 비용이 달라집니다. 그런데 만약 "이 나라가 망해서 돈을 못 갚으면 어떡하지?"라는 공포가 생기면 어떻게 될까요? 투자자들은 이 위험을 회피하기 위해 일종의 '보험'을 듭니다. 이때 가입하는 보험 상품이 CDS(신용부도스와프)이고, 그 대가로 지불하는 보험료가 바로 'CDS 프리미엄'입니다. 즉, CDS 프리미엄이 치솟는다는 것은 "이 친구 조만간 망할 것 같으니, 보험료를 엄청 비싸게 받아야겠다"는 시장의 냉혹한 평가이자 경고음입니다.

부도 위험을 숫자로 보여주는 체온계 CDS는 채권을 산 투자자(채권자)와 제3자(보험사/투자은행) 간의 계약입니다. 투자자는 정기적으로 수수료(프리미엄)를 내고, 만약 해당 국가나 기업이 부도가 나면 제3자로부터 원금을 돌려받습니다. 평소에는 CDS 프리미엄이 매우 낮습니다(보험료가 쌉니다). 부도날 확률이 거의 없으니까요. 하지만 경제 위기가 닥치거나 기업의 재무 상태가 악화되면 이 수치는 수직 상승합니다. 무디스나 S&P 같은 신용평가사의 등급 조정은 굼뜨지만, 시장에서 실시간으로 거래되는 CDS 프리미엄은 위기를 가장 빠르고 민감하게 반영하는 **'실시간 신용 체온계'** 역할을 합니다.

한국 경제의 건강검진표 경제 뉴스에서 "한국의 CDS 프리미엄이 급등했다"는 소식이 들린다면 긴장해야 합니다. 이는 외국인 투자자들이 한국 경제를 바라보는 시선이 불안해졌다는 뜻입니다. 북한 리스크가 고조되거나, 외환 보유고가 부족해 보일 때 이 수치는 튑니다. 반대로 글로벌 위기 상황에서도 한국의 CDS 프리미엄이 안정적이라면, "한국은 기초 체력(펀더멘털)이 튼튼해서 쉽게 무너지지 않을 거야"라는 신뢰가 깔려 있다는 증거입니다. 환율이 요동칠 때 외국인 자금 이탈 여부를 가늠하는 가장 정확한 잣대 중 하나가 바로 이 수치입니다.

투자자의 결론: 주식보다 채권 시장이 먼저 안다 주식 투자자는 기업의 '성장성'을 보지만, 채권(CDS) 시장 참여자는 기업의 '생존'을 봅니다. 망할 기업은 성장할 수 없기 때문입니다. 만약 내가 투자하려는 기업이나 국가의 주가는 오르는데, 뒤로는 CDS 프리미엄이 야금야금 오르고 있다면? 그것은 주식 시장이 아직 눈치채지 못한 치명적인 부실 위험을 채권 시장이 먼저 감지했다는 신호일 수 있습니다. **위기는 항상 '신용(Credit)'에서 시작됩니다.** 화려한 주가 뒤에 숨겨진 보험료 청구서를 주기적으로 확인하는 습관은 당신의 자산을 결정적인 파산 위험으로부터 지켜줄 것입니다.

CDS 프리미엄 (Credit Default Swap Premium)
국가나 기업이 부도날 위험을 시장이 얼마나 높게 보는지를 나타내는 지표

하이일드 채권 / 하이일드 스프레드 [심화 용어 ★★★]

"위기의 냄새를 가장 먼저 맡는, 금융 시장의 탄광 속 카나리아"

주식 시장이 호황일 때는 누구나 장밋빛 미래를 이야기합니다. 하지만 파티장 뒤편, 채권 시장의 구석에서는 가장 위험한 기업들이 생존을 위해 치르는 처절한 몸값이 거래되고 있습니다. 바로 '하이일드 채권(High Yield Bond)'입니다. 신용 등급이 낮은(BB+ 이하) 기업이 발행하는 채권으로, 부도 위험이 높은 대신 높은 이자(High Yield)를 줍니다. 흔히 '정크 본드(Junk Bond, 쓰레기 채권)'라고도 불립니다. 투자자에게 이 채권의 금리는 단순한 수익률이 아니라, 시장이 느끼는 '부도 공포의 크기'를 나타내는 지표입니다.

하이일드 스프레드(High Yield Spread): 공포와 탐욕의 간격 중요한 것은 절대적인 금리 수치가 아니라 '스프레드(격차)'입니다. 하이일드 스프레드는 [하이일드 채권 금리 - 국채(무위험 자산) 금리]의 차이를 말합니다. 경기가 좋을 때는 투자자들이 탐욕에 눈이 멀어 위험한 하이일드 채권도 마다하지 않고 사들입니다. 채권 가격이 오르니 금리는 떨어지고, 국채와의 금리 차이(스프레드)는 좁아집니다. 하지만 경기가 나빠질 기미가 보이면? 투자자들은 가장 약한 고리인 하이일드 채권부터 내다 팝니다. 가격은 폭락하고 금리는 치솟습니다. 반면 안전한 국채로는 돈이 몰려 금리가 떨어집니다. 결국 두 금리의 차이인 **스프레드가 급격하게 벌어지기 시작합니다.**

주식보다 먼저 울리는 사이렌 이 스프레드가 중요한 이유는 '**선행성**' 때문입니다. 기업들은 주가가 떨어지기 전에 먼저 자금 조달에 어려움을 겪습니다. 은행 문턱이 높아지고 채권 시장에서 외면받기 시작하는 것이죠. 즉, 하이일드 스프레드가 갑자기 치솟는다는 것은, "가장 약한 기업들이 돈을 못 구해서 곧 쓰러질 것 같다"는 신호입니다. 역사적으로 2000년 닷컴 버블, 2008년 금융위기 때 주식 시장이 본격적으로 폭락하기 전에 하이일드 스프레드가 먼저 급등하며 경고음을 울렸습니다.

투자자의 결론: 틈이 벌어지면 도망쳐라 주가는 사상 최고치를 찍고 있는데, 하이일드 스프레드가 슬금슬금 올라가고 있다면? 그것은 주식 시장이 아직 위기를 눈치채지 못한 채 마지막 취기에 젖어 있다는 뜻일 수 있습니다. **스프레드가 좁을 때**는 위험 자산(주식)을 즐겨도 좋지만, **스프레드가 벌어질 때**는 현금이나 국채 같은 안전 자산으로 대피해야 합니다. 채권 시장의 똑똑한 돈(Smart Money)은 기업의 파산 냄새를 주식 시장보다 훨씬 먼저, 그리고 정확하게 맡습니다.

BIS 비율 (BIS 자기자본비율) [심화 용어 ★★★]

"은행이 망하지 않을 최소한의 안전판이자, 신용 위기의 방아쇠"

우리가 은행에 돈을 맡길 때 "이 은행이 망하면 어떡하지?"라고 걱정하
는 사람은 드뭅니다. 하지만 1997년 IMF 외환위기 당시, 수많은 은행이
문을 닫으며 예금자들이 공포에 떨었던 기억은 여전히 생생합니다. 그때
은행들의 생사여탈권을 쥐고 흔들었던 지표가 바로 'BIS 비율'입니다. 국
제결제은행(BIS)이 정한 이 기준은 "은행아, 너희가 가진 돈(자기자본)
대비 위험한 대출(위험가중자산)을 얼마나 많이 해줬니?"를 묻는 것입니
다. 즉, 위기가 닥쳐서 사람들이 돈을 떼어먹더라도 은행이 버틸 수 있는
기초 체력이 있는지를 보는 성적표입니다.

모든 돈의 무게는 다르다 (위험가중자산) BIS 비율의 핵심은 분모인 '위
험가중자산'에 있습니다. 은행이 가진 1억원이라도 다 같은 1억원이 아닙
니다. 국채(나라가 망하지 않는 한 안전함)에 투자한 1억원은 위험 가중
치가 0%입니다. 주택담보대출(집이라는 담보가 있음)은 **50%** 정도입니
다. 하지만 신용도가 낮은 기업에 빌려준 1억원은 위험 가중치가 100%
가 됩니다. 따라서 은행이 부실 기업 대출을 늘리면 위험가중자산이 커

지고, BIS 비율은 떨어집니다. 이 비율이 **8%** 밑으로 떨어지면 금융당국은 "너희 위험하다. 문 닫기 싫으면 당장 돈을 구해오든가 대출을 회수해라"라며 적기시정조치(경영개선권고 등)를 내립니다.

비가 올 때 우산을 뺏는 이유 BIS 비율은 평소엔 조용하지만, 경제 위기가 오면 '신용 경색'을 일으키는 주범이 됩니다. 경기가 나빠지면 기업들이 부도가 나고 대출이 부실화됩니다. 그러면 은행의 BIS 비율이 급락합니다. 은행은 살아남기 위해(BIS 비율 8%를 맞추기 위해) 멀쩡한 기업의 대출까지 강제로 회수하거나, 신규 대출을 중단해버립니다. 소위 '비 올 때 우산 뺏기'가 시작되는 것입니다. 이로 인해 흑자 기업까지 줄도산하고 경제 위기는 더욱 증폭됩니다. BIS 비율은 은행의 건전성을 지키는 방패지만, 역설적으로 위기 시에는 실물 경제를 질식시키는 목줄이 되기도 합니다.

투자자의 결론: 은행주와 채권 투자의 핵심 지표 당신이 은행 주식이나 은행이 발행한 채권(특히 신종자본증권, 후순위채)에 투자했다면, BIS 비율은 생명선과 같습니다. BIS 비율이 권고치(보통 10.5% 이상)에 미달하면, 은행은 주주에게 배당을 줄 수 없게 되거나 채권 이자 지급을 정지할 수도 있습니다. 특히 높은 이자를 주는 신종자본증권(영구채)은 은행의 BIS 비율이 악화되면 조기 상환(콜옵션)을 안 해줄 수도 있습니다. 은행이라고 무조건 안전한 것이 아닙니다. 그들의 금고 속에 얼마나 위험한 자산이 들어있는지, BIS 비율이라는 엑스레이(X-ray)를 통해 주기적으로 검진해야 합니다.

BIS 비율 (자기자본비율)

은행이 보유한 자기자본이 대출·투자 등 위험자산 대비 얼마나 건전한지를 나타내는 비율

유동성 위기 & 뱅크런 [심화 용어 ★★★]

"신용이 무너지는 순간, 건강한 기업도 흑자 부도를 맞는다"

우리 몸의 혈관이 막히면 심장마비가 오듯, 경제에도 돈이 돌지 않아 마비가 오는 순간이 있습니다. 이를 '유동성 위기'라 부릅니다. 흔히 '돈맥경화'라고도 하죠. 평소에는 기업도, 은행도 서로를 믿고 돈을 빌려주고 갚습니다. 하지만 어떤 충격으로 인해 '불신'이 싹트면 상황은 급변합니다. "저 은행이 망할지도 모른대!"라는 소문이 도는 순간, 사람들은 너도나도 돈을 찾으려 은행으로 달려갑니다. 이것이 '뱅크런(Bank Run)'입니다. 문제는 은행이 고객의 돈을 금고에 다 쌓아두고 있지 않다는 점입니다(지급준비금 제도). 은행은 돈의 대부분을 기업이나 가계에 대출해줬기 때문에, 예금자들이 한꺼번에 돈을 달라고 하면 내어줄 돈이 없어 파산하게 됩니다.

죄수의 딜레마: 내가 살기 위해 남을 죽여야 하는 공포 뱅크런이 무서운 이유는 '자기 실현적 예언'이기 때문입니다. 설령 그 은행이 튼튼하고 아무 문제가 없더라도, 사람들이 "위험하다"고 믿고 돈을 빼기 시작하면 그 믿음 때문에 실제로 망해버립니다. 이때 예금자들은 '죄수의 딜레마'에 빠집니다. 모두가 침착하게 기다리면 은행은 살 수 있지만, 만약 남들이 돈을 빼는데 나만 가만히 있으면 내 돈만 날리게 됩니다. 결국 "남보다

먼저 빼야 산다"는 공포가 이성적인 판단을 마비시키고, 거대한 인출 쇄도를 만들어냅니다. 이 공포는 전염병처럼 번져, 멀쩡한 옆 은행과 건실한 기업들까지 연쇄적으로 무너뜨립니다.

스마트폰 뱅크런: 빛의 속도로 붕괴하다 과거의 뱅크런은 은행 앞에 길게 줄을 서는 풍경이었지만, 현대의 뱅크런은 보이지 않는 곳에서 빛의 속도로 일어납니다. 2023년 미국의 실리콘밸리은행(SVB) 사태가 이를 증명했습니다. 스마트폰 뱅킹 앱으로 단 하루 만에 55조원이 빠져나갔습니다. 40년 역사의 은행이 무너지는 데 걸린 시간은 고작 36시간이었습니다. 디지털 시대의 유동성 위기는 대응할 시간조차 주지 않고 금융 시스템의 심장을 타격합니다.

흑자 도산: 돈이 없어서가 아니라, 돌지 않아서 망한다 유동성 위기가 오면 은행은 살기 위해 대출을 회수하고 신규 대출을 중단합니다(신용 경색). 이때 가장 억울한 피해자는 '흑자 기업'입니다. 물건도 잘 팔리고 장부상 이익도 났지만, 당장 결제해야 할 어음 막을 현금을 구하지 못해 부도가 나는 것입니다. 피가 몸에 가득해도 순환하지 않으면 죽는 것처럼, 경제 전체에 돈의 총량이 충분해도 그 돈이 공포 때문에 금고 속에 갇혀 돌지 않으면 경제는 질식사합니다

투자자의 결론: 위기의 징조, 스프레드(Spread)를 보라 그렇다면 투자자는 이 위기를 어떻게 감지해야 할까요? 주식 차트보다 '채권 금리 스프레드(격차)'를 봐야 합니다. 회사채 금리와 국채 금리의 차이가 급격히 벌어진다면, 시장에 "기업들이 돈을 못 구해서 아우성치고 있다"는 경보음이 울린 것입니다. 이 신호가 포착되면, 아무리 저평가된 주식이라도 매수를 멈추고 현금 비중을 최대로 높여야 합니다. 유동성 위기 구간에서는 현금만이 유일하게 생존을 보장하는 동아줄이자, 헐값이 된 자산을 주워

담을 수 있는 무기가 됩니다. 비가 올 때는 우산을 쓰는 게 아니라, 집에 머무는 것이 상책입니다.

유동성 위기

단기 자금이 부족해 제때 상환이나 운영 자금을 마련하지 못하는 상황

뱅크런

예금자가 불안으로 동시에 돈을 인출하려 몰리는 현상

부채 사이클 (레이 달리오의 이론) [심화 용어 ★★★]

"빚이 만들어내는 상승과 추락의 영원한 반복"

우리는 경제가 기술 발전이나 생산성 향상에 따라 직선으로 우상향한다고 생각합니다. 하지만 현실의 경제는 출렁거리는 파도처럼 호황과 불황을 반복합니다. 세계 최대 헤지펀드 매니저인 레이 달리오는 그 원인이 바로 '신용(Credit)', 즉 '빚'에 있다고 말합니다. 돈을 빌린다는 것은 '미래의 내가 쓸 돈을 지금 당겨와서 쓰는 행위'입니다. 빚을 내서 소비하고 투자하면 당장은 소득보다 많이 쓸 수 있어 경제가 성장합니다(호황). 하지만 언젠가는 빚을 갚아야 하는 시기가 오고, 그때는 허리띠를 졸라매야 하므로 경제는 위축됩니다(불황). 이 단순한 메커니즘이 모여 짧게는 5~8년, 길게는 75년 주기의 거대한 사이클을 만듭니다.

단기 부채 사이클: 우리가 아는 일반적인 경기 순환 5~8년 주기로 일어나는 작은 파도입니다. 중앙은행이 '금리'라는 도구로 통제 가능한 영역입니다. 경기가 좋으면 사람들이 빚을 내서 집을 사고 주식을 합니다. 물

가가 오르면 중앙은행은 금리를 올립니다. 이자 부담이 커지면 사람들은 소비를 줄이고 경기는 침체됩니다. 그러면 중앙은행은 다시 금리를 내려 경기를 살립니다. 우리가 흔히 겪는 호경기와 불경기의 반복입니다.

장기 부채 사이클: 75년 만에 오는 거대한 파도 문제는 인간의 욕망입니다. 사람들은 금리를 내려주면 빚을 갚기보다 돈을 더 빌려서 투기하는 것을 좋아합니다. 짧은 불황이 끝날 때마다 빚은 완전히 청산되지 않고 조금씩 쌓여갑니다. 이렇게 부채가 소득보다 빠르게 증가하는 현상이 수십 년간 누적되면, 결국 '임계점'에 도달합니다. 이때가 되면 금리를 0%까지 내려도 경기가 살아나지 않습니다. 빚이 너무 많아 아무도 돈을 빌리려 하지 않고, 은행도 빌려주지 않기 때문입니다. 1929년 대공황, 2008년 금융위기가 바로 이 장기 부채 사이클의 정점이었습니다.

디레버리징 (Deleveraging) 거품이 터지고 빚을 줄여야 하는 고통스러운 과정을 '디레버리징(부채 축소)'이라 합니다. 레이 달리오는 이 위기를 탈출하는 4가지 방법이 있다고 했습니다.

긴축: 허리띠 졸라매기 (고통스러움)
채무 불이행: 빚 탕감해주기 (은행 파산 위험)
부의 재분배: 부자 증세 (사회적 갈등)
화폐 발행: 중앙은행이 돈 찍어내기 (인플레이션 위험)

이 중에서 돈을 찍어내어(양적완화) 빚의 실질 가치를 떨어뜨리는 동시에, 그것이 과도한 인플레이션으로 이어지지 않도록 균형을 맞추는 것을 그는 '아름다운 디레버리징'이라 불렀습니다.

투자자의 결론: 우리는 지금 어디에 서 있는가? 레이 달리오의 이론이 투자자에게 주는 메시지는 명확합니다. **"나무(주가)만 보지 말고 숲(사이클)을 보라."** 우리는 지금 단기 사이클의 고점에 있는가, 아니면 장기

사이클의 끝자락에 있는가? 만약 장기 부채 사이클의 후반부(금리는 0
에 수렴하고 빚은 사상 최대인 상황)라면, 전통적인 방식(주식 60 : 채
권 40)은 통하지 않을 수 있습니다. 돈의 가치가 희석되는 시기에는 금
(Gold)이나 원자재 같은 실물 자산, 혹은 대체 투자처가 포트폴리오를 지
키는 방주가 될 수 있습니다. 역사는 반복됩니다. 그 거대한 수레바퀴 아
래 깔리지 않으려면, 지금 사이클의 위치를 파악하십시오.

부채 사이클

경제가 부채 증가→과열→조정→위기→회복으로 반복된다는 이론

PART IV

블록체인·코인

[디지털 자산의 미래]

화폐의 혁명, 거품이 걷히고 진짜 가치가 드러나는 시간

비트코인은 더 이상 '데이터 쪼가리'가 아닙니다. 세계적 자산운용사와 국가가 선택한 제도권 자산이자, '돈(Value)의 혁명'을 이끄는 거대한 파도입니다.

하지만 24시간 멈추지 않는 변동성과 해킹 위험 속에서, 준비 없는 투자는 기회가 아닌 자산을 삼키는 블랙홀이 될 수 있습니다.

PART Ⅳ [블록체인·코인: 디지털 자산의 미래]는 혼란한 시장에서 길을 잃지 않고 미래의 부를 선점하기 위한 나침반입니다.

Chapter 1은 '생존'입니다. 실수 한 번에 돈이 증발하지 않도록 지갑 관리와 보안 등 필수 생존 지식을 배웁니다.

Chapter 2는 '본질'입니다. 비트코인과 웹 3.0의 기술적 가치를 이해해 스캠을 걸러내고 진짜를 보는 눈을 키웁니다.

Chapter 3은 '활용'입니다. 디파이(DeFi)와 NFT를 통해 잠자는 코인을 깨워 수익을 창출하는 금융의 신세계를 엽니다.

Chapter 4는 '전략'입니다. 거대 세력인 '고래'의 움직임과 반감기, 규제를 분석해 투자의 승률을 높입니다.

블록체인은 아직 초기입니다. 남들이 망설일 때 먼저 공부하고 진입하여 '얼리 어답터'의 기회를 잡으십시오. 투기꾼이 아닌 투자자의 눈으로, 미래의 자산으로 안내하겠습니다.

Chapter 1

코인 투자의 기본 구조
(거래소 가입부터 첫 매수까지)

가상자산 / 암호화폐 [기초 용어 ★]

"데이터가 돈이 되는 세상, 인터넷상의 디지털 화폐"

지폐나 동전 같은 실물 없이 인터넷상에 데이터 형태로 존재하는 자산입니다.

암호화폐: 암호화 기술(블록체인)을 써서 안전하게 만든 화폐라는 뜻의 기술적 용어.

가상자산: 정부나 법에서 이를 '재산적 가치가 있는 것'으로 인정하여 부르는 법적 용어. (코인, 토큰, NFT 등을 통칭)

- **예시 (이메일 vs 코인)**
  - 이메일: 사진을 보내면 컴퓨터에도 남고 친구에게도 복사됨. (복제 가능)
  - 코인: 1만원을 보내면 내 지갑에서는 사라지고 친구 지갑에만 생김. (복제 불가능, **가치의 이동**)

비트코인 (BTC) [기초 용어 ★]

"블록체인의 시작이자, 위조 불가능한 디지털 금(Gold)"

2009년 사토시 나카모토가 만든 최초의 암호화폐입니다. 은행 없이 개인 간에 돈을 주고받기 위해 만들어졌습니다. 전체 발행량이 2,100만 개로 딱 정해져 있어, 시간이 갈수록 희소해지기 때문에 '디지털 금'이라고 불립니다. 코인 시장 전체의 가격 흐름을 주도하는 대장주입니다.

- **예시 (금괴와 비트코인)**

전쟁이 나면 금괴를 들고 튀어야 하지만, 비트코인은 머릿속에 암호(니모닉)만 기억하면 전 세계 어디서든 돈을 찾을 수 있습니다.

이더리움 (ETH) [기초 용어 ★]

"단순한 화폐를 넘어, 어플리케이션이 돌아가는 월드 컴퓨터"

비트코인 다음으로 시가총액이 큰 2등 코인입니다. 비트코인이 '계산기(돈 주고받기만 가능)'라면, 이더리움은 '스마트폰'입니다. 이더리움이라는 운영체제 위에서 게임, 금융(DeFi), NFT 등 다양한 앱(DApp)을 만들고 돌릴 수 있습니다.

- **예시 (원유(Oil))**

우리가 자동차를 타고 공장을 돌리려면 석유가 필요하듯, 블록체인 세상에서 서비스를 이용하려면 수수료(연료)로 이더리움을 내야 합니다.

알트코인 [기초 용어 ★]

"비트코인을 제외한 모든 코인, 대안인가 잡코인인가?"

'Alternative Coin(대안 코인)'의 줄임말로, 비트코인을 뺀 나머지 모든 암호화폐를 통틀어 부르는 말입니다. 이더리움도 넓게 보면 알트코인에 속합니다. 비트코인보다 기술적으로 더 빠르거나 새로운 기능을 내세우지만, 가격 변동성이 매우 크고 사라질 위험도 높습니다.

- 예시 (주식 시장 비유)

비트코인: 삼성전자. (무겁고 안정적)

알트코인: 중소형주나 벤처기업 주식. (하루 등락폭 높음)

스테이블코인 [기초 용어 ★]

"변동성 심한 코인판의 안전지대, 달러와 가치가 같은 코인"

하루에도 가격이 널뛰기하는 일반 코인과 달리, 가치가 법정화폐(주로 1달러)에 고정되도록 설계된 코인입니다. (예: USDT, USDC) 코인을 팔아서 현금화하고 싶은데 은행으로 빼기는 귀찮을 때, 스테이블코인으로 바꿔두면 가치가 변하지 않고 보관됩니다.

- 예시 (카지노 칩)

현금(달러)을 들고 게임판에 갈 수 없으니, 1달러짜리 칩(스테이블코인)으로 바꿔서 게임(투자)을 합니다. 게임이 끝나면 칩을 현금으로 바꿉니다.

밈코인 (Meme Coin) [기초 용어 ★]

"인터넷 유행(Meme)을 타고 탄생한, 재미 반 투기 반 코인"

특별한 기술적 목적 없이 인터넷상의 농담이나 유행하는 캐릭터(강아지, 개구리 등)를 본떠 만든 코인입니다. 기술력보다는 커뮤니티의 팬덤이나 인플루언서(일론 머스크 등)의 말 한마디에 가격이 수천 배 폭등하거나 폭락하는 '하이 리스크 하이 리턴'의 대명사입니다.

- 예시 (장난이 현실로)

도지코인(DOGE)은 원래 비트코인을 풍자하려고 만든 장난 코인이었지만, 커뮤니티의 열광적인 지지로 한때 시가총액 100조원을 넘기기도 했습니다.

CEX (중앙화 거래소) [기초 용어 ★]

"회사가 내 돈을 관리해 주는 코인판의 은행"

업비트, 빗썸, 바이낸스처럼 특정 기업이 운영하는 가상자산 거래소입니다. 아이디와 비밀번호만 있으면 은행 앱처럼 쉽게 코인을 사고팔 수 있고, 비밀번호를 잊어버려도 고객센터를 통해 찾을 수 있어 편리합니다. 단, 거래소가 해킹당하거나 파산하면 내 돈도 같이 묶일 수 있다는 위험 (FTX 사태 등)이 있습니다.

- **예시 (이용 방법)**

  업비트 앱을 켜서 케이뱅크 계좌로 원화를 입금하고 비트코인을 사는 행위는 모두 CEX를 이용하는 것입니다.

상장 / 상장폐지 (디리스팅) [기초 용어 ★]

"거래소라는 무대에 데뷔하거나, 자격 미달로 쫓겨나거나"

상장: 특정 코인이 거래소에서 정식으로 매매될 수 있도록 등록되는 것. 유동성이 생겨 가격이 오르는 호재입니다.

상장폐지(디리스팅): 프로젝트가 개발을 멈추거나 법적 문제가 생겨 거래소가 거래 지원을 종료하는 것. 사실상 사형 선고와 같아 가격이 휴지 조각이 됩니다.

- **예시 (뉴스의 영향)**
  - "A코인, 업비트 원화 마켓 상장 확정!" → 급등 (상장 프리미엄)
  - "B코인, 유의 종목 지정 후 거래 지원 종료(상폐)" → -90% 폭락

김치프리미엄 (김프) [기초 용어 ★]

"한국에서만 더 비싸게 거래되는 기이한 가격 차이"

똑같은 비트코인인데 해외 거래소보다 한국 거래소의 가격이 더 비싼 현상을 말합니다. 한국의 코인 투자 열기는 뜨거운 반면, 외국환거래법 등으로 인해 해외에서 싼 코인을 사오기가 어렵기(차익거래 제한) 때문에 발생합니다. 보통 상승장에서 김프가 높아집니다.

- **예시 (가격 비교)**
- 바이낸스(해외): 비트코인 1개 5,000만원 (환율 계산 시)
- 업비트(한국): 비트코인 1개 5,500만원 → 한국이 10% 더 비싸므로 "김프가 10% 꼈다"고 말합니다.

시장가 / 지정가 [기초 용어 ★]

"지금 당장 체결시킬 것인가, 원하는 가격을 기다릴 것인가?"

시장가: 가격 상관없이 "물량 있으면 지금 당장 사줘/팔아줘"라고 주문하는 것. 체결은 확실하지만, 변동성이 심한 코인 시장에서는 내가 본 가격보다 훨씬 불리하게 체결될 수 있습니다.

지정가: "이 가격 아니면 거래 안 해"라고 가격을 딱 정해두는 것.

- **예시 (급등주 추격 매수)**
가격이 미친 듯이 오를 때 마음이 급해 시장가 매수를 눌렀더니, 100원인 줄 알았던 코인이 순식간에 110원에 체결될 수 있습니다. (비싸게 매수함)

매수 / 매도 / 체결 [기초 용어 ★]

"주문을 넣는다고 다 내 것이 되는 건 아니다"

코인 거래의 가장 기본 행위입니다.

매수: 코인을 **사는 것**. (빨간색 버튼)

매도: 가지고 있는 코인을 **파는 것**. (파란색 버튼)

체결: 내가 부른 가격에 **거래가 성사된 상태**.

미체결: 가격을 지정해서 주문을 넣었어도 그 가격이 오지 않으면 거래가 안 됩니다. 이를 '미체결'이라 하며, 계속 대기 상태로 남습니다.

단위: 주식은 1주 단위로 사야 하지만, 코인은 소수점 단위(예: 0.0001 BTC)로 잘게 쪼개서 매수/매도할 수 있습니다.

- **예시 (당근마켓 거래)**
- 매수 주문: "9,000원에 살게요."
- 매도 주문: "10,000원에 팝니다."
- 체결: 누군가 양보해서 가격이 맞아야 거래 완료. (안 맞으면 미체결)

변동성 (코인 시장의 특성) [기초 용어 ★]

"24시간 잠들지 않는 롤러코스터, 상한가도 하한가도 없다"

코인 시장이 주식 시장과 가장 다른 점은 **가격의 등락 폭에 제한이 없다**는 것입니다. 하루에 100% 오를 수도 있고, -99%가 될 수도 있습니다. 또한 24시간 365일 장이 열려 있어, 자고 일어났더니 내 돈이 반 토막 나 있을 수도 있는 곳입니다.

하이 리스크: 변동성이 크다는 것은 단기간에 큰돈을 벌 기회도 있지만, 순식간에 전 재산을 잃을 위험도 크다는 뜻입니다.

서킷브레이커 없음: 주식 시장은 폭락하면 잠시 거래를 멈추지만, 코인 시장은 멈추지 않고 끝까지 떨어집니다.

- **예시 (놀이기구)**
  - 주식: 안전바가 있는 바이킹. (너무 무서우면 기계를 잠시 세워줌)
  - 코인: 안전바 없는 롤러코스터. (소리 질러도 멈추지 않고 끝까지 감)

지갑 (Wallet) [기초 용어 ★]

"코인을 보관하는 디지털 금고이자 계좌"

코인을 저장하고 전송할 수 있는 프로그램이나 장치를 말합니다. 실제 코인은 블록체인 네트워크상에 있고, 지갑은 그 코인을 움직일 수 있는 '열쇠(Key)'를 보관하는 곳입니다.

종류: 거래소에 가입하면 자동으로 생성되는 '거래소 지갑'과, 개인이 직접 관리하는 '개인 지갑(메타마스크 등)'이 있습니다.

기능: 단순히 보관만 하는 게 아니라, 디파이(DeFi)나 NFT 사이트에 로그인하는 'ID 역할'도 합니다.

- **예시 (은행 앱)**
  스마트폰에 있는 은행 앱을 통해 내 계좌 잔고를 확인하고 친구에게 송금하듯이, 코인 지갑 앱으로 코인을 관리합니다.

거래소 지갑 / 개인 지갑 [기초 용어 ★]

"은행에 맡길 것인가, 내 금고에 넣을 것인가?"

코인을 어디에 보관하느냐의 차이입니다.

거래소 지갑: 업비트, 빗썸 등이 내 코인을 보관해 줍니다. 아이디/비번만 알면 되고 편리하지만, 거래소가 해킹당하거나 파산하면 내 돈도 위험합니다. (은행 계좌와 비슷)

개인 지갑: 내 컴퓨터나 USB(하드월렛)에 직접 보관합니다. 해킹으로부터 안전하지만, 비밀번호(니모닉)를 잃어버리면 영원히 못 찾습니다.

- **핵심 포인트**

소유권: "키가 없으면 코인도 없다(Not your keys, not your coins)." 거래소 지갑의 주인은 거래소지만, 개인 지갑의 주인은 온전히 나입니다.

용도: 단타 매매는 **거래소 지갑**, 장기 보관은 **개인 지갑**이 유리합니다.

- **예시 (현금 보관)**
- 거래소 지갑: 은행에 예금하기. (은행이 망하면 골치 아픔)
- 개인 지갑: 현금을 5만원권으로 바꿔서 내 방 장롱 깊숙이 숨겨두기. (내가 잃어버리지만 않으면 제일 안전함)

주소 (Address) [기초 용어 ★]

"복잡한 영어와 숫자로 된 코인 계좌번호"

코인을 주고받을 때 사용하는 식별 번호입니다. 은행 계좌번호는 숫자 10~14자리지만, 코인 주소는 **30~40자리의 긴 알파벳과 숫자 조합**으로 되어 있습니다. (예: 0x71C...)

오입금 주의: 주소에서 글자 하나만 틀려도 코인은 엉뚱한 곳으로 가거나 허공으로 사라집니다. 은행처럼 "착오 송금 반환"이 불가능합니다.

네트워크 일치: 주소만 맞으면 되는 게 아니라, '전송 네트워크(체인)'도

맞춰야 합니다. (이더리움은 이더리움 망으로, 리플은 리플 망으로)

- 예시 (택배 보내기)

주소를 잘못 써서 택배가 엉뚱한 집으로 갔습니다. 그런데 그 집엔 아무도 안살고, 택배 기사님도 누군지 모릅니다. 물건(코인)은 영영 찾을 수 없습니다.

메모 / 데스티네이션 태그 [기초 용어 ★]

"지갑 주소가 아파트 동이라면, 메모는 호수와 같다"

리플(XRP, **데스티네이션 태그**), 이오스(EOS,메모), 스텔라루멘(XLM,메모) 같은 특정 코인을 거래소로 보낼 때, 지갑 주소 외에 추가로 입력해야 하는 **식별 번호**입니다. 거래소는 효율성을 위해 거대한 공용 지갑 하나로 모든 고객의 코인을 받습니다. 그래서 "이 돈이 철수의 돈인지 영희의 돈인지" 구분하기 위해 고유한 메모(태그) 번호를 부여합니다. 코인별로 이름을 다르게 부르기도 합니다

***주의할 점:** 메모를 안 적거나 틀리게 적으면, 코인은 거래소 공용 지갑에 도착하지만 내 계좌에는 반영되지 않는 '오입금 사고'가 발생합니다.

- 예시 (택배 배송)
- 주소: 서울시 강남구 테헤란로 123 (지갑 주소)
- 상세 주소: 101동 505호 (데스티네이션 태그) → 호수를 안 적으면 택배가 경비실에 처박혀서 못 찾습니다.

트랜잭션 (Tx) [기초 용어 ★]

"블록체인상에 기록된 모든 거래의 흔적, 디지털 영수증"

코인을 보내거나 받거나, 스마트 컨트랙트를 실행하는 모든 행위를 '트

랜잭션(Tx)'이라고 합니다. 모든 트랜잭션에는 'TxID(트랜잭션 해시)'라는 고유한 일련번호가 붙습니다. 이 번호만 알면 언제, 누가, 누구에게, 얼마를 보냈는지 블록체인 탐색기(이더스캔 등)에서 누구나 조회할 수 있습니다.

***주의할 점:** 핵심 포인트 코인을 보냈는데 상대방이 안 들어왔다고 할 때, 말싸움할 필요 없이 이 TxID를 조회해서 보여주면 됩니다. "성공(Success)"이라고 뜨면 내 손을 떠난 것입니다.

- **예시 (택배 송장 번호)**

친구에게 물건을 보내고 "송장 번호(TxID) 찍어줄게"라고 합니다. 조회해 보면 물건이 허브에 있는지, 배송 완료됐는지 다 나옵니다.

가스비 (Gas Fee) [기초 용어 ★]

"블록체인 고속도로를 이용하기 위해 내야 하는 통행료"

코인을 전송하거나 스마트 컨트랙트를 이용할 때, 네트워크를 유지하는 채굴자(검증자)에게 지불하는 **수수료**입니다. 이더리움 네트워크가 붐빌 때는 가스비가 몇만원까지 치솟기도 하고, 한산할 때는 몇백원으로 떨어지기도 합니다. 내가 전송하려는 코인의 가치보다 가스비가 더 비싼 배보다 배꼽이 더 큰 경우도 생기니 주의해야 합니다.v • 핵심 포인트 전송 속도를 빠르게 하려면 가스비를 더 많이 내면 됩니다. (급행료 개념) 가스비가 부족하면 전송이 가다가 멈추거나 실패할 수 있습니다.

- **예시 (배달팁)**

짜장면(코인)을 주문하려면 음식값 외에 배달비(가스비)를 따로 내야 합니다. 비나 눈이 오거나 점심시간(네트워크 혼잡)에는 배달비가 더 비싸집니다.

Chapter 2

'기술'을 이해하면 '진짜 코인'이 보인다
(스캠을 걸러내고 미래의 구글, 아마존을 찾는 안목)

메인넷 (Mainnet) [필수 용어 ★★]

"남의 집에 세들어 살다가, 내 집을 짓고 독립하는 것"

메인넷은 기존의 다른 블록체인(이더리움 등)에 의존하지 않고, 독자적인 생태계와 지갑 주소 체계를 갖춘 **독립된 네트워크**를 말합니다. 메인넷이 있으면 '코인(Coin)'이라 부르고, 메인넷 없이 남의 체인 위에서 곁방살이하면 '토큰(Token)'이라 부릅니다.

• 핵심 포인트

기술력의 증명: 자체 메인넷을 구축했다는 것은 그 프로젝트가 기술적으로 완성 단계에 이르렀다는 강력한 증거입니다.

생태계 확장: 메인넷이 있어야 그 위에 다른 DApp(앱)들을 유치하고, 자신만의 경제 생태계를 꾸릴 수 있습니다.

• 실전 활용법

메인넷 런칭 호재: 토큰 상태였던 프로젝트가 "우리 메인넷 출시합니다"라고 발표하면, 기술력을 인정받아 가격이 급등하는 경우가 많습니다.

스왑(Swap): 메인넷이 출시되면 기존 토큰을 새로운 메인넷 코인으로 1:1 교환하는 절차를 거쳐야 합니다.

- **예시 (안드로이드 vs 앱)**
- 토큰: 안드로이드 위에서 돌아가는 '배달의민족' 앱. (구글에 수수료 냄)
- 메인넷(코인): 구글에서 독립하여 아예 새로운 '스마트폰 OS'를 만든 것.

레이어 1 vs 레이어 2 [필수 용어 ★★]

"꽉 막힌 1차선 국도와 그 위에 뚫린 고속도로"

블록체인의 확장성 문제를 해결하기 위한 구조적 분류입니다.

레이어 1 (L1): 비트코인, 이더리움, 솔라나처럼 **기반이 되는 블록체인.** 보안과 데이터 기록을 담당, 사용자가 몰리면 느리고 비쌉니다. (국도)

레이어 2 (L2): L1 위에 얹어진 보조 체인. 거래는 L2에서 빠르게 처리하고, 중요 결과값만 L1에 기록합니다. (고속도로)

- **핵심 포인트**

역할 분담: L1은 '보안(은행 금고)'에 집중하고, L2는 '속도와 저렴한 수수료(창구 직원)'에 집중합니다.

이더리움의 구원투수: 이더리움(L1)이 너무 느려지자, 아비트럼이나 옵티미즘 같은 L2 프로젝트들이 등장해 생태계를 확장하고 있습니다.

- **실전 활용법**

전송시 주의: 거래소에서 코인을 보낼 때 "어떤 네트워크(체인)를 쓸래?"라고 묻습니다. L1(이더리움)으로 보내면 수수료가 1만원이지만, L2(아비트럼)로 보내면 100원일 수 있습니다. (받는 곳도 L2를 지원해야 함)

- **예시 (본사와 대리점)**
- 레이어 1 (본사): 전국의 모든 서류를 직접 처리함. (대기가 길어짐)

- 레이어 2 (대리점): 서류 요약본을 정리하여 본사에 보고함. (빠르고 쾌적함)

DApp (탈중앙화 앱) [필수 용어 ★★]

"주인 없는 앱, 로그인 버튼 대신 지갑 연결 버튼이 있는 곳"

DApp(디앱)은 중앙 서버가 아닌 블록체인 네트워크 위에서 작동하는 애플리케이션입니다. 겉모습은 일반 앱과 비슷하지만, 구글이나 페이스북 같은 중앙 관리자가 내 데이터를 통제하지 않습니다. 게임, 금융(DeFi), SNS 등 다양한 분야에서 만들어지고 있으며, 이더리움이나 솔라나 같은 플랫폼 코인의 가치를 높여주는 핵심 콘텐츠입니다.

• 핵심 포인트

검열 저항성: 중앙 서버가 없으므로 운영자가 마음대로 내 계정을 정지시키거나 데이터를 삭제할 수 없습니다.

오픈 소스: 대부분의 코드가 공개되어 있어, 누구나 앱이 사기인지 아닌지(백도어 여부 등) 검증할 수 있습니다.

• 실전 활용법

지갑 연결: DApp을 쓰려면 아이디/비번이 아니라 **'메타마스크'** 같은 가상자산 지갑을 연결해야 합니다. 이때 모든 수수료는 코인으로 냅니다.

• 예시 (카카오톡 vs 텔레그램(블록체인 버전))

카카오톡이 서버 오류로 멈추면 전 국민이 못 씁니다. 하지만 DApp 메신저는 전 세계 컴퓨터에 분산되어 있어, 지구 멸망 전까지는 멈추지 않습니다.

Web 3.0 [필수 용어 ★★]

"읽기(Web1)와 쓰기(Web2)를 넘어, 소유(Own)하는 인터넷"

인터넷의 진화 단계를 나타내는 개념입니다.

Web 1.0 (읽기): 신문 기사처럼 정보만 보는 시대. (초기 인터넷)

Web 2.0 (읽기+쓰기): 유튜브, 인스타처럼 내가 콘텐츠를 올리는 시대. 하지만 수익은 플랫폼(구글, 메타)이 다 가져감.

Web 3.0 (읽기+쓰기+소유): 내가 만든 콘텐츠와 데이터의 소유권을 블록체인(토큰/NFT)을 통해 내가 갖고, 수익도 내가 직접 챙기는 시대.

- **핵심 포인트**

데이터 주권: 내 검색 기록이나 취향 정보를 구글에 공짜로 넘기지 않고, 내가 원할 때만 제공하고 보상(코인)을 받을 수 있습니다.

프로토콜 경제: 플랫폼 기업이 독식하던 이익을 참여자(유저)들이 기여도에 따라 나눠 갖습니다.

- **실전 활용법**

섹터 투자: "웹 3.0 테마가 뜬다"고 하면, 파일코인(저장소), 베이직어텐션토큰(브라우저), 체인링크(인프라) 같은 관련 코인들이 주목받습니다.

- **예시 (온라인 글과 저작권)**

- Web 2.0: 내가 SNS에 쓴 내용은 플랫폼 서버에 저장되고, 광고 수익은 플랫폼이 가져감. 계정이 정지되면 내 기록도 함께 사라짐. (권한은 플랫폼에 있음)

- Web 3.0: 내가 쓴 글이 블록체인 지갑에 연결되어 저장되고, 이용될 때마다 보상을 받음. 플랫폼이 사라져도 기록과 권리는 내 것. (소유권이 내게 있음)

"가짜 돈으로 하는 모의실험, 에어드롭 사냥꾼들의 놀이터"

개발자들이 메인넷에 코드를 올리기 전에, 버그가 없는지 실험해 보는 '모의 훈련장'입니다. 테스트넷에서 쓰는 코인은 이름은 같아도 가치가 '0원'입니다. 수도꼭지(Faucet)라는 곳에서 무료로 받을 수 있습니다.

- **핵심 포인트**

안전성 검증: 충분히 테스트를 거쳐야 해킹 사고가 안 납니다.

무료 체험: 가스비(수수료) 걱정 없이 디파이나 NFT 민팅 같은 복잡한 기능을 연습해 볼 수 있습니다.

- **실전 활용법**

에어드롭 작업(에드작): 출시 전인 프로젝트가 "테스트넷 써보고 버그 찾아주면 나중에 진짜 코인 줄게"라고 하는 경우가 많습니다. 돈 안 들이고 코인을 얻을 수 있는 기회입니다.

- **예시 (모의 주식 투자)**

실전 매매 전에 사이버머니로 주식을 사고팔아 보는 것과 같습니다. 수익률이 100% 나도 현금화는 못 하지만, 실력을 키우고 보상을 받을 순 있습니다.

하드포크 / 소프트포크 (업그레이드) [필수 용어 ★★]

"돌아올 수 없는 강을 건너느냐(분리), 함께 가느냐(개선)"

블록체인 소프트웨어를 업그레이드하는 두 가지 방식입니다.

하드포크: 이전 버전과 호환되지 않는 **대대적인 업데이트**. 참여자들이 업그레이드에 동의하지 않으면 체인이 두 개로 쪼개져 **새로운 코인**이 탄생

하기도 합니다. (예: 이더리움 vs 이더리움 클래식)

소프트포크: 이전 버전과 호환되는 가벼운 업데이트. 참여자들은 강제성이 덜하며, 자연스럽게 새로운 규칙을 따르게 됩니다.

- **핵심 포인트**

코인 복사: 하드포크가 일어나 체인이 분리되면, 기존 코인 보유자는 쪼개진 새 코인을 공짜로 받기도 합니다. (비트코인 캐시 등)

리스크: 하드포크 과정에서 커뮤니티가 싸우고 갈라서면 네트워크의 힘이 분산되어 가격이 떨어질 수 있습니다.

- **예시 (게임 업데이트)**

소프트포크: "버그 패치했으니 업데이트하세요. 안 해도 게임 접속은 됩니다."

하드포크: "확장팩이 나왔습니다. 이거 안 깔면 기존 유저랑 게임 못 합니다. 아예 다른 게임 서버로 갈라집니다."

블록체인 트릴레마 (Blockchain Trilemma) [심화 용어 ★★★]

"세 마리 토끼를 다 잡을 순 없다, 블록체인이 가진 태생적 한계"

이더리움의 창시자 비탈릭 부테린은 블록체인 기술이 가진 근본적인 딜레마를 '트릴레마(Trilemma)'라고 명명했습니다. 트릴레마란 세 가지 옵션이 있는데, 이 중 두 가지는 선택할 수 있지만, 세 가지를 동시에 모두 만족시키는 것은 불가능하다는 뜻입니다. 블록체인의 세 가지 축은 '탈중앙화(Decentralization)', '보안성(Security)', '확장성(Scalability)' 입니다. 이 셋은 마치 가위바위보처럼 서로 물고 물리는 관계에 있어, 하나를 강화하면 반드시 다른 하나가 약해지는 구조적 모순을 안고 있습니다. 이 문제를 어떻게 해결하느냐가 지난 10년간 코인 시장의 가장 큰 화두이자, 수많은 '이더리움 킬러'들이 탄생한 이유이기도 합니다.

비트코인의 선택: 속도를 포기하고 신뢰를 얻다 비트코인과 이더리움은 '탈중앙화'와 '보안성'을 선택했습니다. 전 세계 수만 개의 노드(컴퓨터)가 장부를 검증하고 나눠 가지므로, 그 누구도 네트워크를 마음대로 조작할 수 없고(탈중앙화), 해킹하려면 전 세계 컴퓨터 과반수를 동시에 공격해야 하니 사실상 불가능합니다(보안성). 그 대가로 치러야 할 희생은 '확장성(속도)'입니다. 모든 노드가 일일이 검증해야 하니 속도가 느릴 수밖에 없습니다. 비자(Visa) 카드가 초당 24,000건을 처리할 때, 비트코인은 고작 7건, 이더리움은 15건밖에 처리하지 못합니다. 사람들이 몰리면 전송 수수료(가스비)가 폭등하고 네트워크가 마비되는 이유입니다.

속도를 선택한 자들의 대가: 왕좌의 게임 반면 솔라나(Solana)나 이오스(EOS) 같은 후발 주자들은 '확장성(속도)'을 선택했습니다. 검증하는 노드의 수를 줄여서(소수의 대표자 선출) 속도를 비자 카드 수준으로 끌어올렸습니다. 하지만 그 대가는 '탈중앙화'의 훼손입니다. 소수의 노드만 매수하거나 공격하면 네트워크가 멈추거나(솔라나의 잦은 중단 사태), 중앙화된 권력이 네트워크를 좌지우지할 위험이 생깁니다. "그렇게 중앙화될 거면 굳이 블록체인을 왜 써? 그냥 아마존 서버(AWS)를 쓰지"라는 비판을 받는 이유입니다.

투자자의 결론: 완벽함을 주장하는 자를 의심하라 수많은 신규 코인들이 백서를 통해 "우리는 트릴레마를 해결했다!"고 주장합니다. 하지만 물리적으로 완벽한 해결은 없습니다. 단지 기술적 타협이 있을 뿐입니다. 투자자는 날카롭게 물어야 합니다. **"당신들은 속도를 높이기 위해 무엇을 희생했는가?"** 보안을 조금 헐겁게 했는지, 아니면 탈중앙화를 포기하고 중앙 집중식 서버에 의존했는지 말입니다. 최근에는 레이어 2(Layer 2)

나 롤업(Rollup) 기술 등을 통해 이 한계를 우회적으로 극복하려는 시도가 이어지고 있습니다. 트릴레마를 가장 균형 있게, 그리고 영리하게 풀어내는 프로젝트가 차세대 블록체인의 패권을 쥐게 될 것입니다.

블록체인 트릴레마 (Blockchain Trilemma)
탈중앙화·보안·확장성 세 가지를 동시에 완벽히 만족시키기 어렵다는 문제

POW (작업 증명) [심화 용어 ★★★]

"전기를 태워 신뢰를 만드는, 가장 무식하지만 가장 완벽한 보안"

비트코인을 비판할 때 가장 많이 나오는 이야기는 "비트코인 채굴에 들어가는 전기가 아르헨티나 전체 사용량보다 많다"는 것입니다. 환경 파괴의 주범이라는 것이죠. 하지만 비트코인 지지자들은 이렇게 반박합니다. **"그 막대한 에너지가 바로 비트코인의 보안(Security) 그 자체다."** POW(작업 증명)는 컴퓨터가 아주 어려운 수학 문제를 풀게 하여, 정답을 맞힌 사람에게 장부를 기록할 권한과 보상(코인)을 주는 방식입니다. 이 문제를 풀려면 엄청난 전기와 고성능 반도체가 필요합니다. 이것은 의도된 비효율성입니다. 누군가 장부를 조작하려면, 전 세계 채굴자들이 쓰는 에너지의 합보다 더 많은 에너지를 써야 하기 때문입니다.

보안의 비용: 해킹을 '수지타산'이 안 맞게 만들다 은행의 보안은 두꺼운 금고와 보안 요원이 지킵니다. 하지만 중앙 주체가 없는 탈중앙화 네트워크인 비트코인의 보안은 '비용(Cost)'이 지킵니다. 만약 어떤 해커가 비트코인 장부를 조작(51% 공격)하려고 한다면, 그는 전 세계에 흩어진 채굴기 전체 성능의 과반수를 압도할 슈퍼컴퓨터 군단과 발전소를 준비해

야 합니다. 천문학적인 돈이 듭니다. 설령 성공한다 해도, 조작된 네트워크의 가치는 폭락할 것이므로 해커는 들인 돈조차 건지지 못합니다. 즉, POW는 해킹을 '기술적으로 불가능한 것'이 아니라 '경제적으로 손해 보는 짓'으로 만듦으로써 보안을 완성합니다.

디지털 금(Gold)의 조건: 생산 비용의 존재 POW가 중요한 또 다른 이유는 코인에 '내재 가치'를 부여하기 때문입니다. 금(Gold)이 가치 있는 이유 중 하나는 채굴하는 데 많은 노동력과 자본이 들기 때문입니다. 아무나 쉽게 만들 수 없죠. 비트코인도 마찬가지입니다. 전기를 태우고 하드웨어를 갈아 넣는 '물리적 비용'이 들어갔기에, 사람들은 이를 단순한 데이터 조각이 아닌 '디지털 금'으로 인정합니다. 반면, 돈만 있으면 찍어낼 수 있는 법정화폐나, 에너지 비용 없이 지분만으로 돌아가는 POS(지분 증명) 코인들은 이러한 '생산 비용의 가치'를 주장하기 어렵습니다.

투자자의 결론: 에너지 낭비인가, 가치의 저장인가? 이더리움은 에너지 효율을 위해 POW를 버리고 POS로 전환했습니다. 하지만 비트코인은 여전히 POW를 고집합니다. 속도가 느리고 전기를 많이 먹더라도, '탈중앙화'와 '보안'이라는 가상자산의 본질을 지키기 위해서입니다. 투자자는 판단해야 합니다. POW 코인(비트코인, 도지코인 등)은 에너지를 담보로 한 '원자재(상품)'에 가깝고, POS 코인(이더리움, 솔라나 등)은 주주총회 권한을 가진 '주식(증권)'에 가깝습니다. 당신이 투자하려는 코인이 '가치의 저장 수단'이 되려면, 그 뒤에 막대한 에너지라는 성벽이 버티고 있는 POW 방식이 더 매력적일 수 있습니다.

개념 한 줄 정리

POW (작업증명, Proof of Work)
채굴자가 막대한 연산 작업을 수행해 블록을 생성하고 보상을 받는 방식

POS (지분 증명) [심화 용어 ★★★]

"에너지가 아닌 자본으로 지키는 성벽, 효율성인가 부의 독점인가?"

비트코인의 POW(작업 증명) 방식이 막대한 전기를 소모한다는 비판을 받을 때, 그 대안으로 등장한 것이 바로 POS(지분 증명)입니다. 현재 시가총액 2위인 이더리움이 역사적인 업데이트(The Merge)를 통해 POW에서 POS로 전환하면서, 이제 블록체인 시장의 주류는 POS가 되었다고 해도 과언이 아닙니다. POW가 "누가 더 많은 전기를 쓰고 컴퓨터를 돌렸는가?"로 장부 기록 권한을 줬다면, POS는 "누가 더 많은 코인을 네트워크에 예치했는가?"로 권한을 줍니다. 즉, 채굴기 대신 '지분(돈)'이 그 역할을 대신하는 것입니다.

Skin in the game: 내 돈을 걸고 하는 약속 POS의 보안 철학은 간단합니다. **"네가 이 네트워크의 주인(지분 보유자)이라면, 네트워크를 망가뜨리는 짓을 하지 않을 것이다."** 검증자(Validator)가 되려면 자신의 코인을 담보로 맡겨야 합니다. 만약 그가 장부를 조작하거나 해킹을 시도하면, 시스템은 즉시 그가 맡긴 코인을 몰수하거나 삭감해 버립니다(Slashing). 내 전 재산이 묶여 있는데 내 집에 불을 지를 사람은 없다는 논리, 즉 '이해관계의 일치'를 통해 보안을 유지하는 것입니다.

효율성의 빛과 중앙화의 그림자 POS의 가장 큰 장점은 압도적인 '효율성'입니다. 축구장만 한 채굴 공장이 필요 없고, 전기를 낭비하지 않으며, 거래 처리 속도도 훨씬 빠릅니다. 친환경적이고 지속 가능한 기술이라는 평가를 받습니다. 하지만 치명적인 비판도 존재합니다. 바로 "돈 많은 사람이 더 많은 돈을 버는 구조(Rich get richer)"라는 점입니다. 코인이 많은 사람이 더 많은 검증 권한을 갖고 더 많은 이자를 받아 가기 때문에, 시간이 지날수록 소수의 고래에게 권력이 집중될 위험(중앙화)이 큽니다. 이는 탈중앙화를 외치는 블록체인 정신에 위배된다는 지적을 끊임없이 받습니다.

투자자의 결론: 코인의 성격이 바뀌었다 (원자재 → 배당주) 투자자 관점에서 POS 도입의 가장 큰 변화는 코인이 '이자 받는 자산(Yield Bearing Asset)'이 되었다는 점입니다. 비트코인(POW)은 금덩이처럼 들고 있어도 이자가 나오지 않습니다. 하지만 이더리움(POS)은 은행에 예금하듯 스테이킹을 하면 이자(보상)가 나옵니다. 이는 코인의 성격을 단순한 시세차익용 상품에서, 현금 흐름을 창출하는 '채권'이나 '배당주'와 같은 금융 자산으로 변화시켰습니다. 당신이 투자하려는 코인이 POS 방식이라면, 단순히 가격만 볼 것이 아니라 "스테이킹 이율은 얼마인가? 전체 물량 중 얼마나 스테이킹(락업)되어 있는가?"를 확인해야 합니다. 그것이 이 자산의 매력도와 가격 안정성을 결정하는 핵심 지표이기 때문입니다.

개념 한 줄 정리

> ***POS** (지분증명, Proof of Stake)*
>
> 보유한 코인 수와 기간 등 '지분'에 따라 블록 생성 권한을 부여하는 방식

노드 / 검증자 (Validator) [심화 용어 ★★★]

"블록체인이라는 민주주의를 지키는 시민이자 감시자"

은행에는 중앙 서버가 있고, 그 서버를 관리하는 직원이 있습니다. 만약 직원이 장부를 조작하거나 서버가 불에 타면 은행 시스템은 마비됩니다. 하지만 비트코인이나 이더리움은 주인이 없습니다. 그런데도 전 세계에서 24시간 멈추지 않고 돌아갑니다. 그 비결은 전 세계 곳곳에 흩어져 있는 수만 대의 컴퓨터가 서로를 감시하고 기록을 공유하기 때문입니다. 이

컴퓨터들을 '노드(Node)'라고 부르며, 그중에서도 장부 기록에 직접 참여하는 핵심 세력을 '검증자(Validator)'라고 부릅니다.

노드(Node): 장부를 가진 목격자들 노드는 블록체인 네트워크에 연결된 모든 컴퓨터를 뜻합니다. 누구나 노드가 될 수 있습니다. 노드의 역할은 '감시'와 '기록'입니다. 모든 거래 내역이 담긴 장부(블록체인)를 자신의 컴퓨터에 저장해 두고, 새로운 거래가 발생할 때마다 "이거 위조된 거 아니야?"라고 검사합니다. 만약 누군가 해킹을 시도해 가짜 장부를 들이밀면, 전 세계의 노드들이 "내 장부랑 다른데? 너 가짜구나!"라며 거부해 버립니다. 노드가 많을수록 그 코인은 해킹이 불가능해지고 탈중앙화가 강화됩니다. 즉, 노드는 블록체인의 '무결성(Integrity)'을 지키는 파수꾼입니다.

검증자(Validator): 투표권을 가진 의원들 단순히 장부를 갖고 있는 것을 넘어, 새로운 블록(페이지)을 생성하고 투표할 권한을 가진 노드를 '검증자(Validator)'라고 합니다. (POW에서는 채굴자, POS에서는 검증자라 부릅니다.) 검증자는 막중한 책임과 권한을 갖습니다. 올바른 거래를 모아 블록을 만들고, 다른 검증자들의 투표를 받아 블록체인에 연결하면 그 대가로 코인(보상)을 받습니다. 하지만 만약 게으름을 피워 서버를 꺼두거나(오프라인), 나쁜 마음을 먹고 장부를 조작하려다 걸리면 자신이 맡겨둔 돈(Stake)을 몰수당합니다. 이를 '슬래싱(Slashing)'이라 합니다. 즉, 검증자는 자신의 돈을 인질로 잡히고 시스템의 안정을 위해 일하는 계약직 직원과 같습니다.

탈중앙화의 딜레마: 고래들의 리그 문제는 검증자가 되기 위한 진입장벽이 점점 높아지고 있다는 점입니다. 이더리움 검증자가 되려면 32 ETH(수천만원)가 필요하고, 솔라나는 고사양의 슈퍼컴퓨터가 필요합니다.

결국 자금력 있는 소수의 기업이나 고래들이 검증자 자리를 독점하게 되면서, "탈중앙화를 외쳤지만 결국 다시 소수에게 권력이 집중되는 것 아니냐"는 비판이 제기되기도 합니다.

투자자의 결론: 누구에게 투표(위임)할 것인가? 개인 투자자가 직접 검증자가 되기는 어렵습니다. 대신 자신이 가진 코인을 검증자에게 맡기고 이자를 나눠 받습니다. 이때 중요한 것은 '검증자의 신뢰도'입니다. 이율을 조금 더 준다고 해서 이름 모를 검증자에게 코인을 맡겼다가, 그 검증자가 잘못을 저질러 슬래싱(벌금)을 당하면 내 코인까지 같이 삭감될 수 있습니다. 코인을 살 때 그 코인의 노드 수가 충분히 많은지(탈중앙화 수준), 그리고 스테이킹할 때는 내가 선택한 검증자가 성실하게 서버를 운영하는 곳인지 확인하는 것은 내 자산을 지키는 기본 중의 기본입니다.

노드 (Node)

블록체인 네트워크에 참여해 거래 정보를 저장·전달하는 참여 컴퓨터로, 네트워크를 구성하는 기본 단위

검증자 (Validator)

POS 등에서 블록 생성·거래 검증을 담당하는 참여자

EVM (이더리움 가상머신) [심화 용어 ★★★]

"블록체인을 '계산기'에서 '세계 컴퓨터'로 진화시킨 운영체제"

비트코인이 '디지털 장부(계산기)'라면, 이더리움은 '월드 컴퓨터(World Computer)'입니다. 계산기는 숫자를 더하고 빼는 것만 할 수 있지만, 컴

퓨터는 게임도 하고, 금융 거래도 하고, 그림도 그릴 수 있습니다. 이 차이를 만드는 핵심 엔진이 바로 'EVM(이더리움 가상머신)'입니다. EVM은 블록체인 위에서 코드를 실행할 수 있게 해주는 '가상의 CPU'이자 '운영체제(OS)'입니다. 개발자가 스마트 컨트랙트(코드)를 짜서 넣으면, EVM은 전 세계에 흩어진 수만 대의 노드(컴퓨터)를 동원해 그 코드를 똑같이 실행하고 결과를 저장합니다. 즉, 중앙 서버 없이 돌아가는 거대한 공용 컴퓨터를 만든 것입니다.

크립토 세상의 안드로이드, 표준을 장악하다 EVM이 무서운 이유는 기술적 우월함보다 '네트워크 효과'에 있습니다. 이더리움이 성공하자 수많은 개발자가 이더리움 언어(Solidity)로 앱(DApp)을 만들었습니다. 그러자 후발 주자인 바이낸스 스마트 체인(BSC), 폴리곤, 아발란체 같은 경쟁 메인넷들도 고민에 빠졌습니다. 독자적인 언어를 만들면 개발자들이 오지 않을 것이 뻔했기 때문입니다. 결국 그들은 자신의 체인을 'EVM 호환'으로 만들었습니다. "이더리움에서 만든 앱, 우리도 그대로 돌아갑니다! 수수료만 더 싸요!"라고 홍보하기 위해서죠. 그 결과 EVM은 스마트폰 시장의 '안드로이드'처럼 블록체인 개발의 사실상 표준이 되었습니다.

낡은 엔진인가, 넘을 수 없는 벽인가? 하지만 EVM에도 한계는 있습니다. 초기 설계 모델이라 데이터를 순차적으로 처리하다 보니 속도가 느립니다. 최근 솔라나(SVM)나 앱토스(Move VM) 같은 비(非)EVM 진영은 '병렬 처리'라는 신기술을 들고나와 압도적인 속도로 EVM의 아성에 도전하고 있습니다. 그럼에도 불구하고 EVM 생태계는 여전히 견고합니다. 이미 깔려 있는 수많은 인프라와 개발자 커뮤니티를 하루아침에 바꿀 수는 없기 때문입니다.

투자자의 결론: 호환성이냐, 독자 노선이냐? 새로운 레이어 1(메인넷) 코

인에 투자할 때 가장 먼저 확인해야 할 것이 바로 "이 코인은 EVM 호환인가?"입니다. EVM 호환 코인이라면 기존 이더리움 생태계의 자금과 유저를 쉽게 흡수할 수 있어 초기 성장이 빠릅니다. 반면 비(非)EVM 코인(솔라나, 수이 등)이라면, 기존의 불편함을 해결할 만큼 압도적인 성능을 보여줘야만 살아남을 수 있습니다. EVM은 현재 블록체인 시장의 가장 강력한 '해자(Moat)'이자, 모든 도전자가 넘어서야 할 거대한 산입니다.

EVM (이더리움 가상머신, Ethereum Virtual Machine)
이더리움에서 스마트계약을 실행하는 핵심 시스템, 모든 노드가 동일한 코드를 동일하게 실행하도록 해 블록체인의 일관성과 신뢰성을 유지하는 역할

스마트 컨트랙트 (Smart Contract) [심화 용어 ★★★]
"사람 대신 코드가 보증하는 약속, 중개인 없는 세상의 계약서"

비트코인이 '은행'을 대체하려 했다면, 이더리움과 스마트 컨트랙트는 '변호사'와 '법원'까지 대체하려는 시도입니다. 현실 세계에서 계약을 맺으려면 신뢰를 보증해 줄 제3자(공증인, 은행, 에스크로 등)가 필요합니다. 하지만 스마트 컨트랙트는 이 제3자를 '코드(Code)'로 대체해 버렸습니다. 계약 조건을 코드로 짜서 블록체인에 올려두면, 조건이 충족되는 순간 그 누구의 개입도 없이 계약이 자동으로 실행됩니다. **"신뢰할 수 없는 상대방과도, 신뢰할 수 있는 거래를 하게 만드는 기술"**, 이것이 스마트 컨트랙트의 본질입니다.

닉 자보의 자판기(Vending Machine) 이론 이 개념을 처음 제안한 닉

자보는 스마트 컨트랙트를 '자판기'에 비유했습니다. 자판기에는 주인이 지키고 서 있지 않습니다. 하지만 우리는 돈을 넣고 버튼을 누르면 콜라가 나올 것이라고 100% 신뢰합니다. 기계 안에 "돈이 들어오면 -> 물건을 내보낸다"는 규칙(계약)이 프로그래밍되어 있기 때문입니다. 스마트 컨트랙트는 이 자판기를 금융과 비즈니스 전반으로 확장한 것입니다. "내일 비가 오면 -> 보험금을 자동 지급한다", "선거일이 되면 -> 투표 결과를 집계한다". 블록체인 위에서 돌아가는 이 투명한 자판기 덕분에 디파이(DeFi)와 NFT라는 거대한 생태계가 탄생할 수 있었습니다.

Code is Law: 코드가 곧 법이다 스마트 컨트랙트의 철학은 "Code is Law(코드가 곧 법이다)"입니다. 사적인 감정이나 부패한 중개인이 개입할 여지가 없습니다. 한 번 배포된 계약은 수정할 수 없고(불변성), 전 세계 누구나 코드를 검증할 수 있으며, 조건이 맞으면 무조건 실행됩니다. 이 무결성은 블록체인의 축복이지만, 동시에 가장 큰 리스크이기도 합니다. 만약 계약서(코드) 자체에 버그나 오류가 있다면? 현실에서는 판사가 "이건 작성자의 실수였군"이라며 바로잡아 주지만, 블록체인에서는 해커가 그 오류를 이용해 돈을 빼가도 막을 방법이 없습니다. 코드가 법이기 때문에, 버그조차도 법으로 간주되어 실행되기 때문입니다. (대표적인 예: The DAO 해킹 사건).

투자자의 결론: 플랫폼의 가치를 측정하는 잣대 투자자가 스마트 컨트랙트를 이해해야 하는 이유는, 이것이 **'플랫폼 코인(이더리움, 솔라나 등)'의 가치**를 결정하기 때문입니다. 스마트 컨트랙트가 없는 비트코인은 '계산기'지만, 스마트 컨트랙트가 있는 이더리움은 '스마트폰'입니다. 스마트폰의 가치는 그 위에서 돌아가는 앱(App)이 얼마나 많고 유용한가에 달려 있습니다. 투자하려는 코인이 메인넷(플랫폼)이라면 물어보십시오. **"이 위에서 얼마나 많은 스마트 컨트랙트(DApp)가 활발하게 돌아가**

고 있는가?" 아무도 계약서를 쓰지 않는 텅 빈 법원은 가치가 없습니다. 훌륭한 스마트 컨트랙트가 붐비는 곳이 곧 디지털 세상의 강남 땅입니다.

스마트 컨트랙트 (Smart Contract)
조건이 충족되면 자동으로 실행되는 블록체인 기반 계약으로, 중개자 없이 투명하고 변경 불가능하게 거래·프로세스를 처리하는 기술

롤업 (Rollup) [심화 용어 ★★★]

"이더리움이라는 막힌 도로 위에 뚫린, 초고속 8차선 고속도로"

이더리움은 '블록체인의 왕'이지만, 동시에 '가장 느리고 비싼 컴퓨터'이기도 합니다. 사용자가 몰리면 전송 수수료(가스비)가 수만원, 수십만원까지 치솟아 실사용이 불가능할 정도가 됩니다. 이를 해결하기 위해 등장한 것이 **'레이어 2(L2)'** 솔루션이며, 그중에서도 기술적 승자로 인정받은 방식이 바로 '롤업(Rollup)'입니다. 롤업의 원리는 간단합니다. 이더리움 메인넷(레이어 1)은 너무 붐비니, 연산과 거래 처리는 밖에서(레이어 2) 따로 수행하고, 그 **결과값만 돌돌 말아서(Roll-up)** 이더리움에 기록하는 것입니다. 수백, 수천 건의 거래를 압축해 한 번만 기록하므로 수수료는 1/100로 줄어들고 속도는 수십 배 빨라집니다.

낙관적인 믿음 vs 수학적인 증명 (Optimistic vs ZK) 롤업은 데이터를 검증하는 방식에 따라 크게 두 가지 진영으로 나뉘어 치열한 기술 경쟁을 벌이고 있습니다.

옵티미스틱(Optimistic) 롤업: "일단 다 맞다고 믿을게 (성선설)"

이름 그대로 '낙관적(Optimistic)'입니다. L2에서 처리한 거래들이 기본적으로 '문제가 없다'고 가정하고 이더리움에 올립니다. 대신 '7일간의 유예 기간'을 둡니다. 만약 누군가 "이거 사기 거래인데?"라고 이의를 제기(Fraud Proof)하면, 그때 검사해서 사기꾼을 처벌하고 거래를 취소합니다.

장점: 기술 구현이 쉽고 이더리움 생태계(EVM)를 그대로 옮겨오기 편합니다. (대표 코인: 아비트럼, 옵티미즘)

단점: 출금할 때 검증 기간(7일)을 기다려야 하는 불편함이 있습니다.

ZK(Zero-Knowledge) 롤업: "완벽하게 증명했어 (성악설)"

거래를 처리할 때마다 복잡한 암호를 풀어 '영지식 증명'이라는 수학적 증명서를 만듭니다. "내용을 다 까보지 않아도, 이 거래가 참이라는 것을 수학적으로 보증한다"는 뜻입니다. 이더리움은 이 증명서만 확인하면 되므로, 의심할 필요도 없고 기다릴 필요도 없습니다.

장점: 보안이 완벽하고 출금 지연 시간이 없습니다. 비탈릭 부테린이 꼽은 '이더리움의 최종 진화 형태(Endgame)'입니다.

단점: 기술 난이도가 극악으로 높아 개발이 어렵습니다. (대표 코인: 스타크넷, zkSync 등)

이더리움의 미래: 모듈러 블록체인 롤업의 등장은 블록체인의 패러다임을 '모듈러(Modular)'로 바꿨습니다. 과거에는 이더리움이 혼자서 모든 일(연산, 기록, 보안)을 다 했다면, 이제는 이더리움이 '보안과 기록(합의 계층)'만 담당하고, 롤업 체인들이 '실제 거래 처리(실행 계층)'를 담당하는 분업화가 이루어지고 있습니다. 마치 국가(이더리움)가 법과 국방을

맡고, 지방자치단체(롤업)가 행정을 맡는 것과 같습니다.

투자자의 결론: 땅(L1)을 살 것인가, 건물(L2)을 살 것인가? 이더리움 (L1)에만 투자하는 것은 개발되지 않은 땅을 사두는 것과 같습니다. 하지만 실제 사람들이 북적거리고 돈이 도는 곳은 그 땅 위에 지어진 쇼핑몰 (L2 롤업)입니다. 당신이 블록체인의 미래에 베팅한다면, 현재 시장을 장악한 **옵티미스틱 롤업**이 점유율을 유지할지, 아니면 기술적으로 우월한 **ZK 롤업**이 결국 왕좌를 차지할지를 지켜봐야 합니다. 블록체인의 대중화(Mass Adoption)는 이더리움이 아니라, 바로 이 롤업 위에서 일어날 것이기 때문입니다. 롤업 생태계의 1등이 누가 될지 찾는 것이 향후 5년 크립토 투자의 핵심 과제입니다.

롤업 (Rollup)

메인 블록체인 밖에서 거래를 묶어 처리한 뒤 요약본만 본체에 기록해 속도·처리량을 크게 높이는 확장 기술

오라클 (Oracle) [심화 용어 ★★★]

"고립된 블록체인이라는 섬에, 현실 데이터를 실어 나르는 다리"

블록체인은 완벽한 보안을 자랑하지만, 태생적으로 치명적인 약점을 가지고 있습니다. 바로 '외부 세계의 정보를 모른다'는 것입니다. 블록체인은 자기들끼리의 장부 기록(온체인 데이터)은 완벽하게 검증할 수 있지만, 지금 서울의 날씨가 어떤지, 삼성전자 주가가 얼마인지, 손흥민 선수가 골을 넣었는지 같은 '현실 세계(오프체인)의 정보'는 알 방법이 없습

니다. 인터넷에 연결되지 않은 고성능 계산기와도 같기 때문입니다. 이 고립된 블록체인에게 바깥세상의 데이터를 신뢰할 수 있게 가져다주는 메신저, 그것이 바로 '오라클(Oracle)'입니다.

스마트 컨트랙트의 눈과 귀 스마트 컨트랙트가 "내일 비가 오면 A에게 보험금을 지급하라"는 계약을 짰다고 칩시다. 코드는 준비되었지만, 정작 내일 비가 왔는지 안 왔는지를 코드는 알 수 없습니다. 이때 기상청 데이터를 가져와 블록체인에 입력해 주는 것이 오라클입니다. 특히 금융(DeFi) 분야에서 오라클의 역할은 절대적입니다. 담보 대출을 해줄 때 담보인 이더리움의 가격이 지금 얼마인지 알아야 대출 한도를 정할 수 있습니다. 만약 오라클이 가격 정보를 제때 주지 않거나 잘못된 정보를 준다면, 수조원 규모의 디파이 시장은 그 즉시 마비되거나 붕괴합니다.

오라클 문제 (The Oracle Problem): 메신저를 믿을 수 있는가? 여기서 블록체인 난제 중 하나인 '오라클 문제'가 발생합니다. 블록체인 내부는 해킹이 불가능할지 몰라도, 외부 데이터를 가져오는 오라클은 조작될 수 있다는 점입니다. 만약 누군가 오라클을 해킹해서 "지금 이더리움 가격은 100원이다"라는 거짓 정보를 블록체인에 입력하면 어떻게 될까요? 스마트 컨트랙트는 **"Code is Law"** 원칙에 따라 이 거짓 정보를 '진실'로 받아들이고, 멀쩡한 담보물들을 헐값에 강제 청산시켜 버립니다. 이것이 바로 수많은 디파이 해킹 사고의 주원인인 '오라클 조작 공격'입니다. 입력된 데이터가 쓰레기면, 결과도 쓰레기가 되는(Garbage In, Garbage Out) 현상입니다. 이를 해결하기 위해 체인링크(Chainlink) 같은 프로젝트는 하나의 소스가 아닌 수백 개의 데이터를 비교 검증하는 '탈중앙화 오라클'을 제시하며 시장의 표준이 되었습니다.

투자자의 결론: 디파이의 심장을 쥐고 있는 인프라 오라클은 화려한 서

비스는 아니지만, 블록체인 생태계의 '상하수도'이자 **'전기'** 같은 필수 인 프라입니다. 오라클 없이는 디파이도, 보험도, 예측 시장도 존재할 수 없 습니다. 따라서 블록체인 인프라에 투자하고 싶다면, 가장 신뢰받는 오 라클 프로젝트가 어디인지 주목해야 합니다. 수많은 디파이 앱들이 어떤 오라클을 쓰고 있는지가 그 프로젝트의 **안전성**을 담보하기 때문입니다. **"데이터를 지배하는 자가 블록체인의 진실을 결정한다."** 이것이 오라클 이 가진 막강한 권력의 실체입니다.

오라클 *(Oracle)*
블록체인 외부의 현실 세계 데이터(가격·날씨·이벤트 등)를 스마트컨트랙트 가 사용할 수 있도록 안전하게 전달하는 중개 시스템

멀티체인 / 인터체인 [심화 용어 ★★★]
"고립된 섬들을 잇는 다리, 블록체인의 '인터넷 혁명'을 꿈꾸다"

비트코인과 이더리움은 훌륭한 블록체인이지만, 서로 대화할 수 없습니 다. 비트코인 네트워크에서는 이더리움이 존재하는지조차 모르고, 그 반 대도 마찬가지입니다. 마치 카카오톡으로 보낸 메시지를 라인(Line) 앱 에서 확인할 수 없는 것과 같습니다. 초기 블록체인 생태계는 이처럼 서 로 단절된 '고립된 섬(Silo)'들이었습니다. 하지만 자산과 데이터가 자유 롭게 이동하지 못하면 확장에 한계가 있습니다. 이 섬들을 연결하여 하 나의 거대한 대륙처럼, 혹은 '블록체인의 인터넷'을 만들려는 시도가 바 로 **'인터체인'** 기술이자 **'멀티체인'** 생태계입니다.

하나의 왕좌는 없다, 공존의 시대 과거에는 "누가 이더리움을 이기고 최후의 승자가 될 것인가?"가 화두였습니다. 하지만 이제는 "승자는 한 명이 아니다"라는 것을 모두가 압니다. 보안이 중요한 자산은 이더리움에, 속도가 중요한 게임은 솔라나에, 금융 특화 서비스는 또 다른 체인에 존재할 것입니다. 멀티체인은 이러한 다양한 블록체인이 공존하며, 사용자가 필요에 따라 이 체인 저 체인을 자유롭게 넘나드는 세상을 말합니다. 그리고 이 이동을 가능하게 해주는 기술적 연결 고리(프로토콜)가 바로 인터체인(코스모스, 폴카닷 등)입니다.

브릿지(Bridge): 연결의 통로이자, 해커들의 먹잇감 체인과 체인 사이를 잇기 위해 가장 많이 쓰는 기술은 '브릿지(Bridge)'입니다. A체인의 코인을 금고(스마트 컨트랙트)에 가두고(Lock), 그만큼의 가치를 지닌 토큰을 B체인에서 찍어내는(Mint) 것입니다. 문제는 이 브릿지가 가장 취약한 '보안의 구멍'이라는 점입니다. 수천억원의 자산이 오가는 통로이다 보니 해커들의 타깃이 됩니다. 실제로 로닌 브릿지, 웜홀 브릿지 해킹 사건 등 역대급 코인 도난 사고는 대부분 이 다리 위에서 일어났습니다. 연결은 효율을 가져다주지만, 동시에 치명적인 보안 위험을 동반합니다.

투자자의 결론: 연결하는 자가 천하를 얻는다 인터넷이 위대한 이유는 전세계의 컴퓨터를 연결했기 때문입니다. 블록체인도 마찬가지입니다. 고립된 자산은 가치가 떨어집니다. 앞으로의 투자는 **'상호운용성'**, 즉 얼마나 다른 체인들과 잘 연결되는지를 봐야 합니다. 코스모스(ATOM)나 체인링크(LINK/CCIP) 같은 프로젝트가 주목받는 이유도 바로 이 '연결의 힘' 때문입니다. 생태계가 파편화될수록, 그 파편들을 잇는 접착제 역할을 하는 프로젝트의 가치는 올라갈 수밖에 없습니다.

멀티체인 (Multichain)

여러 블록체인을 각각 따로 사용하며 필요한 경우 브리지 등을 통해 연결해 활용하는 구조

인터체인 (Interchain)

서로 다른 블록체인이 직접 상호 운용되도록 설계된 구조

해시 함수 (Hash Function) [심화 용어 ★★★]

"디지털 세계의 지문, 그 누구도 위조할 수 없는 불변의 낙인"

우리가 현실 세계에서 계약서에 도장을 찍거나 지문을 남기는 이유는 무엇일까요? "이 문서는 원본이며, 조작되지 않았다"는 것을 증명하기 위해서입니다. 디지털 세계에서는 '해시 함수'가 바로 이 도장과 지문의 역할을 합니다. 해시 함수는 어떤 길이의 데이터(입력값)를 넣더라도 항상 고정된 길이의 알 수 없는 문자열(출력값)로 바꿔주는 수학적 마법입니다. 예를 들어, 성경책 전체를 해시 함수에 넣어도, 단어 하나인 "Hello"를 넣어도 결과는 똑같이 64자리(SHA-256 기준)의 외계어 같은 문자로 나옵니다. 이 결과값을 '해시값(Hash Value)'이라고 부릅니다.

눈사태 효과: 점 하나만 바뀌어도 모든 것이 변한다 해시 함수의 가장 무서운 특징은 '눈사태 효과'입니다. 입력된 데이터에서 띄어쓰기 하나, 점 하나만 바뀌어도 결과인 해시값은 완전히 다른 문자로 뒤바뀝니다. 원본과 사본을 대조할 때 눈으로 일일이 확인할 필요가 없습니다. 해시값만 비교해 보면 됩니다. 두 값이 토씨 하나 안 틀리고 똑같다면 원본이고, 글

자 하나라도 다르다면 누군가 몰래 데이터를 조작했다는 명백한 증거입니다. 이것이 해시가 데이터의 '무결성'을 보증하는 방식입니다.

과거를 바꿀 수 없는 이유 (불가역성) 또한 해시는 '일방향 함수'입니다. 믹서기에 넣고 갈아버린 고기를 다시 원래의 스테이크로 되돌릴 수 없듯이, 결과값(해시)을 보고 입력값(원본 데이터)을 유추하는 것은 수학적으로 불가능합니다. 블록체인은 이 원리를 이용해 블록들을 체인처럼 연결합니다. 100번째 블록에는 99번째 블록의 해시값이 들어 있고, 99번째에는 98번째의 해시값이 들어 있습니다. 만약 해커가 5년 전의 거래 장부(1번째 블록)를 조작하면 어떻게 될까요? 1번째 블록의 해시값이 변하고, 그것을 담고 있는 2번째도 변하고, 결국 100번째 블록까지 모든 연결 고리가 끊어지게 됩니다. 전 세계의 노드들이 이 변화를 즉시 감지하고 거부하기 때문에, 블록체인의 역사는 수정될 수 없습니다.

투자자의 결론: 수학이 보증하는 신뢰 비트코인이 '디지털 금'이 될 수 있었던 이유는 중앙은행 총재의 서명 때문이 아니라, 바로 이 해시 함수라는 수학적 진리 때문입니다. 인간은 거짓말을 할 수 있고 장부를 조작할 수 있지만, 수학은 거짓말을 하지 않습니다. 해시 함수는 중개인(은행, 정부) 없이도 서로를 신뢰할 수 있는 '무신뢰 시스템'의 근간입니다. 우리가 코인을 전송할 때 생성되는 긴 문자열(트랜잭션 해시)은 단순한 영수증이 아닙니다. 그것은 당신의 자산이 전 세계 컴퓨터에 의해 불변의 기록으로 남았음을 증명하는, 수학이 찍어준 '확정 일자'입니다.

해시함수 (Hash Function)

임의의 데이터를 고정된 길이의 값으로 변환하는 함수로, 입력이 조금만 달라도 전혀 다른 값이 나오며 위변조 탐지와 보안에 널리 사용

Chapter 3

잠자고 있는 코인을 깨워라!
'이자' 받고 'NFT' 수집하기

(디지털 은행(DeFi)과 디지털 아트(NFT)로 수익 파이프라인 만들기)

DEX (탈중앙화 거래소) [필수 용어 ★★]

"주인 없는 거래소, 로그인 대신 지갑만 연결하면 끝"

업비트나 빗썸처럼 회사가 운영하는 중앙화 거래소(CEX)와 달리, **블록체인 위에서 코드로만 돌아가는 거래소**입니다. (대표 예: 유니스왑) 회원가입이나 신원 인증(KYC)이 필요 없고, 내 개인지갑(메타마스크 등)만 연결하면 전 세계 누구와도 코인을 바꿀 수 있습니다.

• **핵심 포인트**

상장 심사 없음: 누구나 자신이 만든 코인을 올릴 수 있어 신생 코인(밈코인 등)이 가장 먼저 거래되는 곳입니다. (그만큼 사기 코인도 많음)

해킹 내성: 거래소가 내 돈을 보관하지 않고, 거래 순간에만 지갑끼리 교환하므로 거래소 자체가 털려서 내 돈을 잃을 걱정이 없습니다.

• **예시 (은행 vs 자판기)**

- CEX(은행): 직원이 신분증 검사하고 돈 바꿔줌. (영업, 점검시간 있음)
- DEX(자판기): 신분증 없이 돈만 넣으면 기계가 물건 내줌. (24시간 운영)

스왑 (Swap) [필수 용어 ★★]

"환전소 갈 필요 없이, 코인과 코인을 즉시 맞바꾸다"

DEX에서 코인을 거래하는 방식을 '매수/매도'라 하지 않고 '스왑(교환)'이라고 합니다. 내가 가진 A코인을 주고 B코인으로 바꾸는 행위입니다. 시장가로 체결되며, 스마트 컨트랙트를 통해 자동으로 이루어집니다.

- **핵심 포인트**

슬리피지(Slippage): 거래하려는 물량이 너무 크거나 유동성이 부족하면, 내가 본 가격보다 더 비싸게 사지거나 싸게 팔리는 가격 오차가 발생할 수 있습니다.

가스비: 스왑을 할 때마다 블록체인 네트워크 수수료(가스비)를 내야 합니다. 이더리움 체인에서는 배보다 배꼽이 더 클 수 있습니다.

- **예시 (물물교환)**

"내 사과(이더리움) 1개 줄게, 네 바나나(테더) 3,000개 줘." → 장부(호가창)에 적는 게 아니라, 물건을 즉시 맞교환함.

풀 (Pool) / 유동성 공급 [필수 용어 ★★]

"거래가 일어나게 만드는 자금 웅덩이, 그리고 이자 농사"

DEX에는 주인이 없는데 누가 코인을 팔아줄까요? 바로 일반 유저들이 자신의 코인(예: 이더리움+테더)을 한 쌍으로 묶어서 거래소에 맡겨두었기 때문입니다. 이 코인이 모여 있는 웅덩이를 '풀(Pool)'이라고 합니다. 풀에 내 코인을 넣어서 다른 사람들이 거래할 수 있게 돕는 것을 '유동성 공급'이라 하며, 그 대가로 거래 수수료를 이자처럼 받습니다.

- **핵심 포인트**

이자 수익: 은행 예금보다 훨씬 높은 수수료 수익을 얻을 수 있어 '이자 농사(Yield Farming)'라고도 불립니다.

비영구적 손실: 코인 가격이 급변하면 그냥 들고 있는 것보다 손해를 볼 수 있는 구조적 위험이 있습니다. (※ 심화 용어 참조)

- **예시 (환전소 금고)**

환전소 금고에 달러와 원화가 넉넉히 있어야 손님들이 돈을 바꿀 수 있습니다. 내 돈을 금고에 채워주는 대신, 환전소가 버는 수수료의 일부를 나눠 갖습니다.

스테이킹 (Staking) [필수 용어 ★★]

"코인을 맡기고 이자를 받는, 암호화폐판 정기예금"

내가 가진 코인을 블록체인 네트워크 운영(검증)에 활용하도록 맡기고 (Lock-up), 그 대가로 **코인을 보상으로 받는 것**입니다. 지분 증명(POS) 코인에서만 가능합니다. 단순히 가격 상승만 기다리는 게 아니라, 코인 개수를 늘릴 수 있는 투자법입니다.

- **핵심 포인트**

락업 기간: 스테이킹을 하면 일정 기간 코인을 팔거나 옮길 수 없습니다. 급락장이 오면 대응을 못해 손해를 볼 수 있습니다.

이율(APR): 코인마다 다르지만 보통 연 3~10% 정도의 이자를 코인으로 줍니다. 인플레이션율(코인 발행량)이 높은 코인일수록 이자율도 높은 경향이 있습니다.

- **예시 (은행 예금)**

돈(코인)을 은행(네트워크)에 1년간 묶어두면, 은행이 그 돈을 굴려서 이자(보

상 코인)를 얹어 줌. 단, 중간에 깨기가 어렵거나 며칠 걸림

언스테이킹 (Unstaking) [필수 용어 ★★]

"맡긴 돈을 찾는 과정, 하지만 바로 주지는 않는다"

스테이킹한 코인을 다시 내 지갑으로 찾아오는(해지) 행위입니다. 은행 예금은 해지하면 즉시 돈이 들어오지만, 블록체인의 언스테이킹은 '대기 기간(Unbonding Period)'이 존재한다는 점이 결정적 차이입니다.

- **핵심 포인트**

대기 기간: 네트워크 보안을 위해 해지 신청 후 실제 코인을 받기까지 일정 시간(코스모스는 21일, 폴카닷은 28일 등)이 걸립니다. 이 기간에는 이자도 안 나오고, 코인을 팔 수도 없습니다.

유동성 리스크: 코인 가격이 폭락해서 빨리 팔고 싶어도, 언스테이킹 기간에 묶여 있으면 꼼짝없이 손실을 봐야 합니다.

- **실전 활용법**

기간 확인: 스테이킹하기 전에 반드시 "해지하는 데 며칠 걸리나요?"를 확인하세요. 급하게 써야 할 자금이라면 스테이킹하지 않는 게 좋습니다.

- **예시 (적금 해지)**

은행 창구에서 "적금 깰게요"라고 했더니, 직원이 "알겠습니다. 하지만 돈은 21일 뒤에 입금됩니다"라고 하는 상황.

TVL (총 예치 자산) [필수 용어 ★★]

"이 은행 금고에 돈이 얼마나 들어있는가? 신뢰의 척도"

TVL은 특정 디파이(DeFi) 프로토콜이나 블록체인 네트워크 전체에 **예치된 암호화폐의 총 금액**을 달러로 환산한 수치입니다. 주식으로 치면 '시가총액'이나 '은행의 수신고'와 비슷한 개념으로, 프로젝트의 인기와 안정성을 보여주는 가장 중요한 지표입니다.

- **핵심 포인트**

신뢰도: TVL이 높다는 것은 많은 사람이 그 서비스를 믿고 돈을 맡겼다는 뜻입니다. 반대로 TVL이 낮거나 급격히 줄어든다면 '뱅크런'이나 '먹튀' 위험이 있습니다.

성장성: 신생 체인의 TVL이 빠르게 늘어난다면, 그 생태계가 급성장하고 있다는 강력한 호재입니다.

- **실전 활용법**

순위 확인: 'DefiLlama' 같은 사이트에서 TVL 순위를 확인하세요. 이자율이 아무리 높아도 TVL이 너무 낮은 프로젝트는 피하는 게 상책입니다.

- **예시 (맛집 줄 서기)**
  - TVL 높음: 손님이 꽉 차고 줄 서 있는 식당. (맛과 위생이 검증됨)
  - TVL 낮음: 파리만 날리는 식당. (재료가 신선할지 의심됨)

일드 파밍 (이자 농사) [필수 용어 ★★]

"가장 이자를 많이 주는 곳을 찾아 돈을 옮겨 심는 농부들"

단순히 코인을 보유하는 것을 넘어, 디파이 서비스들에 유동성을 공급하고 그 대가로 **이자(토큰)를 최대한 많이 받아내는 투자 전략**입니다. 마치 씨앗을 뿌리고 농작물(이자)을 수확하는 것 같다고 해서 '이자 농사'라 부릅니다.

- **핵심 포인트**

고위험 고수익: 연 100%, 1,000%의 이자를 주기도 하지만, 대가로 받는 토큰 가격이 폭락하면 원금보다 손해가 날 수 있습니다.

복잡성: 이쪽 풀(Pool)에 넣었다가, 받은 이자를 다시 저쪽 풀에 넣는 등 전략이 복잡하고 손이 많이 갑니다.

- **실전 활용법**

보상토큰: 이자로 주는 토큰(일명 곡괭이)은 가격 변동이 심하므로, 팔아서 현금화하거나 비트코인 같은 우량 자산으로 바꾸는 것이 안전합니다.

- **예시 (철새 예금족)**

A은행이 5% 준다니 거기 넣었다가, 다음 날 B은행이 10% 준다니 돈 빼서 B로 옮기고, C은행이 사은품 준다니 또 옮기는 부지런한 투자자

브릿지 (Bridge) [필수 용어 ★★]

"다른 나라로 돈을 보낼 때 건너야 하는 디지털 다리"

비트코인과 이더리움은 서로 다른 블록체인(나라)이라 직접 돈을 보낼 수 없습니다. 이때 **서로 다른 체인 간에 자산을 이동시켜 주는 기술**을 '브릿지'라고 합니다. 이더리움 체인에 있는 코인을 솔라나 체인으로 옮겨서 쓰고 싶을 때 사용합니다.

- **핵심 포인트**

보안 취약점: 브릿지는 양쪽 체인의 코인을 보관하는 거대한 금고 역할을 하므로, 해커들의 집중 공격 대상 1순위입니다.

전송 시간: 같은 체인 내 전송보다 오래 걸리고 수수료도 비쌉니다.

- **실전 활용법**

공식 브릿지 사용: 수수료 아끼려다 이름 모를 브릿지를 쓰면 돈이 증발할 수 있습니다. 반드시 재단에서 운영하거나 검증된 대형 브릿지(Portal, Stargate 등)를 사용하세요.

- **예시 (환전소)**

한국 돈(이더리움)을 미국(솔라나)에서 쓰려면, 공항 환전소(브릿지)를 거쳐서 달러로 바꿔야만 가져갈 수 있습니다.

WETH (랩핑된 토큰) [필수 용어 ★★]

"규격이 안 맞는 콘센트에 꽂기 위해 어댑터를 끼운 코인"

이더리움(ETH)은 이더리움 네트워크의 기축통화(코인)지만, 이더리움 네트워크 위에서 만든 토큰 표준(ERC-20)과는 규격이 미묘하게 다릅니다. 그래서 디파이에서 다른 토큰과 교환(Swap)하려면 **이더리움에 포장지(Wrap)를 씌워 '토큰 형태'로 변환**해야 하는데, 이것이 WETH입니다.

- **핵심 포인트**

가치 연동: 1 ETH = 1 WETH입니다. 가치는 언제나 똑같고, 언제든 1:1로 다시 바꿀 수 있습니다.

사용처: 유니스왑 같은 DEX나 NFT 마켓(오픈씨)에서 경매 입찰을 할 때 주로 사용됩니다.

- **실전 활용법**

당황 금지: 디파이를 하려는데 "ETH가 부족합니다"가 아니라 "WETH가 부족합니다"라고 뜨면, 가지고 있는 ETH를 WETH로 'Wrap(변환)' 버튼만 누르면 해결됩니다.

• **예시 (돼지코 어댑터)**

한국 가전제품(ETH)을 샀는데 코드가 둥근 모양입니다. 이걸 110v를 쓰는 일본(디파이 생태계)에서 쓰려면, 앞에 돼지코 어댑터(Wrapping)를 끼워야 꽂을 수 있습니다. 성능은 똑같습니다.

NFT (대체 불가능 토큰) [필수 용어 ★★]

"복제가능한 디지털 세상에서, '원본'임을 증명하는 등기권리증"

NFT는 블록체인 기술을 이용해 디지털 콘텐츠(그림, 영상, 아이템 등)에 고유한 인식 값을 부여한 것입니다. 비트코인은 내가 가진 1개나 네가 가진 1개나 똑같아서 서로 바꿔도 상관없지만(Fungible), NFT는 토큰마다 일련번호와 속성이 달라서 서로 대체할 수 없습니다(Non-Fungible).

• 핵심 포인트

소유권 증명: 인터넷에 떠도는 이미지는 누구나 '저장'할 수 있지만, 이미지의 '주인'이 누구인지는 NFT를 가진 사람만이 증명할 수 있습니다.

희소성: 디지털 파일은 무한 복제가 가능해서 가치가 없었지만, NFT는 '원본은 딱 1개(또는 한정판)'라고 못 박음으로써 가치를 부여합니다.

• 실전 활용법

활용 분야: 예술품, 게임 아이템, 멤버십 회원권, 공연 티켓 등 '소유'와 '인증'이 필요한 모든 분야에 쓰입니다.

• **예시 (모나리자 그림)**

- 이미지 파일: 누구나 구글에서 검색해서 다운로드 가능. (가치 없음)
- NFT: 루브르 박물관이 발행한 '진품 보증서'. (전 세계에 하나뿐인 자산)

민팅 (Minting) [필수 용어 ★★]

"디지털 파일을 코인으로 찍어내는 것, 최초의 분양"

화폐를 주조한다는 뜻의 'Mint'에서 유래했습니다. 디지털 파일을 블록체인에 올려 NFT로 만들거나, 처음으로 NFT를 대중에게 판매하는 행위를 말합니다. 주식의 공모주 청약(IPO)이나 아파트 청약과 비슷합니다.

- **핵심 포인트**

선착순 경쟁: 인기 있는 프로젝트의 민팅은 1초 만에 매진됩니다. 이를 '가스비 전쟁(Gas War)'이라고도 합니다.

민팅가 vs 시장가: 민팅 가격(분양가)은 보통 시장 가격보다 저렴하게 책정되므로, 민팅에 성공하면 시세 차익을 얻을 확률이 높습니다.

- **실전 활용법**

화이트리스트(WL): 경쟁이 치열한 민팅은 미리 자격을 얻은 사람(화이트리스트)에게만 우선권을 줍니다. SNS 활동 등을 통해 WL을 따는 것이 NFT 투자의 첫걸음입니다.

- **예시 (한정판 운동화 발매)**

나이키가 "내일 10시에 한정판 운동화를 10만원에 팝니다"라고 공지하고 판매하는 행위가 민팅입니다. 이후에는 리셀 시장에서 웃돈을 주고 거래됩니다.

리빌 (Reveal) [필수 용어 ★★]

"랜덤 박스를 뜯는 순간, 대박인가 꽝인가?"

NFT를 민팅하면 처음에는 모두 똑같은 모양의 상자나 달걀 이미지만 보입니다. 그러다 며칠 뒤 정해진 날짜에 포장이 벗겨지면서 진짜 캐릭터나 그림이 공개되는데, 이를 '리빌'이라고 합니다.

- **핵심 포인트**

뽑기 운: 리빌 전에는 내가 산 NFT가 희귀한 것(레어)인지 흔한 것(노멀)인지 모릅니다. 리빌 순간에 희귀한 특성을 가진 NFT가 나오면 가격이 수십 배 뛸 수 있습니다.

가격 변동: 보통 리빌 직전에 기대감으로 가격이 가장 높고, 리빌 직후에는 실망 매물이 쏟아져 가격이 떨어지는 경향이 있습니다.

- **실전 활용법**

전략적 매도: 도박을 싫어한다면 리빌 전에 '미개봉 박스' 상태로 파는 것이 안전하고, 대박을 노린다면 리빌까지 기다리는 전략을 씁니다.

- **예시**

포켓몬 카드팩: 편의점에서 산 카드팩(민팅)을 뜯어서(리빌) 뒤집어 봤더니, 전설의 포켓몬(레어 NFT)이 나왔습니다!

바닥가 (Floor Price) [필수 용어 ★★]

"이 아파트 단지에서 가장 싼 매물의 호가"

NFT 컬렉션(시리즈) 중에서 **현재 구매할 수 있는 가장 낮은 가격**을 말합니다. 주식의 '현재가'와 비슷한 개념으로, 해당 NFT 프로젝트의 가치를 판단하는 기준이 됩니다.

- **핵심 포인트**

진입 장벽: "지루한 원숭이(BAYC) 바닥가가 50 이더리움이다"라는 말은, 커뮤니티에 들어가려면 최소 50 이더리움이 필요하다는 뜻입니다.

패닉 셀: 악재가 터지면 사람들이 서로 먼저 팔려고 가격을 낮추면서 바닥가가 급격히 무너집니다.

- 실전 활용법

건강 상태 체크: 거래량이 꾸준하면서 바닥가가 우상향하는 프로젝트가 건강한 프로젝트입니다. 바닥가와 평균 거래가의 차이가 좁을수록 환금성이 좋습니다.

- 예시 (아파트 시세)

"우리 아파트 30평대 못해도 10억은 줘야 살 수 있어." → 여기서 10억이 바로 바닥가(Floor Price)입니다.

PFP (프로필 사진형 NFT) [필수 용어 ★★]
"디지털 세상의 명품 시계이자 신분증"

PFP는 트위터나 디스코드 같은 소셜 미디어의 **프로필 사진으로 쓰기 위해 만든 NFT**입니다. (예: 크립토펑크, BAYC). 얼굴 모양의 그림이 대다수이며, NFT 시장에서 가장 거래가 활발한 장르입니다.

- 핵심 포인트

커뮤니티와 소속감: 비싼 PFP를 프로필로 건다는 것은 "나 이 정도 재력과 취향을 가진 사람이야"라고 과시(Flex)하는 것과 같습니다. 같은 PFP를 가진 사람끼리 끈끈한 유대감을 형성합니다.

저작권 활용: 내가 산 PFP 캐릭터를 이용해 굿즈를 만들거나 사업을 할 수 있는 상업적 권리를 주기도 합니다.

- 실전 활용법

멤버십 혜택: 유명한 PFP를 가지고 있으면 파티 초대권, 코인 에어드롭, 전용 게임 접속 권한 등 다양한 혜택을 줍니다.

- **예시 (손목 위의 롤렉스)**

롤렉스를 차면 부자라고 알아주듯이, 온라인에서는 수억원짜리 원숭이 그림 (BAYC)을 프로필로 걸어두면 디지털 자산가로 대우받습니다.

화이트리스트 (WL) [필수 용어 ★★]

"선택받은 자들을 위한 우선 입장권, 확정 수익의 기회"

화이트리스트(WL, 화리)는 NFT 민팅이나 코인 프리세일(사전 판매)에 참여할 수 있는 '우선 구매 권한을 가진 지갑 주소 목록'입니다. 인기 있는 프로젝트는 경쟁이 치열해 클릭 전쟁(Gas War)이 벌어지는데, 화이트리스트에 등록된 사람은 경쟁 없이, 남들보다 더 싼 가격에, 확실하게 구매할 수 있습니다.

- **핵심 포인트**

노력의 대가: 그냥 주는 게 아닙니다. 디스코드에서 채팅을 많이 하거나, 트위터 홍보를 돕거나, 퀴즈를 푸는 등 '기여'해야 얻을 수 있습니다.

확정 수익: 보통 퍼블릭(일반) 판매가보다 저렴하게 살 수 있기 때문에, 상장 직후 팔아도 차익을 얻을 확률이 매우 높습니다.

- **실전 활용법**

초기 진입: 유망한 NFT 프로젝트 초기 단계에 활동을 열심히 해서 WL을 따는 것이 소액으로 시드를 불리는 가장 확실한 방법 중 하나입니다.

- **예시 (백화점 오픈런 vs VIP 초청)**
  - 퍼블릭 민팅: 문 열리자마자 사람들이 우르르 뛰어들어가 물건을 집어야 함.
  - 화이트리스트: VIP 룸에 미리 초대받아 커피 마시며 여유롭게 물건을 고름.

실물연계자산 (RWA) [필수 용어 ★★]

"금, 달러, 채권이 블록체인 위로 올라오다"

RWA는 부동산, 국채, 미술품, 금 등 현실 세계에 존재하는 **실물 자산을 블록체인 토큰으로 만든 것**입니다. "코인은 내재 가치가 없는 데이터 쪼가리"라는 비판을 정면으로 반박하는 트렌드로, 블랙록 같은 월가 공룡들이 가장 주목하고 있는 분야입니다.

- **핵심 포인트**

유동성 공급: 팔기 힘들었던 빌딩이나 미술품을 토큰으로 잘게 쪼개면, 주식처럼 쉽게 사고팔 수 있어 환금성이 좋아집니다.

안전성: 실체가 없는 밈코인과 달리, 실제 자산(예: 미국 국채)이 담보로 잡혀 있어 가치가 0원이 될 위험이 적습니다.

- **실전 활용법**

이자 수익: 미국 국채를 토큰화한 RWA 상품을 사면, 코인 지갑에 넣어두기만 해도 달러 이자가 들어옵니다. (디파이와 실물 경제의 결합)

- **예시 (금 투자)**
- 기존: 금은방 가서 금반지를 사거나, 은행 가서 골드바를 사서 금고에 넣음.
- RWA: 금 1g과 연동된 '골드 토큰'을 삼. 핸드폰으로 전송도 가능하고, 필요하면 언제든 실제 금으로 바꿔줌.

토큰 증권 (STO) [필수 용어 ★★]

"코인의 탈을 쓴 주식, 법의 보호를 받는 디지털 증권"

STO는 자본시장법(증권법)의 규제를 받는 '증권형 토큰'을 말합니다. 일반 코인(유틸리티 토큰)은 회사가 망하면 휴지 조각이 되고 법적 보호를 못 받지만, STO는 주식처럼 회사의 지분이나 이익 분배 청구권을 법적으로 보장받습니다. 즉, **블록체인 기술로 발행된 주식**이라고 보면 됩니다.

• **핵심 포인트**

법적 권리: 배당금, 의결권, 잔여 재산 분배권 등 주주로서의 권리가 완벽하게 보장됩니다.

조각 투자: 미술품, 한우, 저작권 등 비싼 자산을 1,000원 단위로 쪼개서 증권으로 발행할 수 있습니다.

• **실전 활용법**

안전한 투자: "코인 거래소는 못 믿겠는데 블록체인 투자는 해보고 싶다"는 보수적인 투자자에게 적합합니다. 증권사 계좌를 통해 거래될 예정입니다.

• **예시 (음원 저작권)**

내가 좋아하는 가수의 히트곡 저작권을 STO로 1주 사면, 그 노래가 스트리밍될 때마다 저작권료가 내 통장에 배당금으로 들어옵니다.

임퍼머넌트 로스 (비영구적 손실) [심화 용어 ★★★]

"디파이(DeFi)의 이자 뒤에 숨겨진, 보이지 않는 마이너스 통장"

은행에 예금하면 이자를 줍니다. 원금은 그대로죠. 하지만 코인판의 은행인 디파이(DeFi)에 코인을 예치(유동성 공급)하면 이자를 엄청나게 많이 주는 대신, 원금이 줄어들 수 있는 기이한 현상이 발생합니다. 바로 '비영구적 손실(Impermanent Loss)'입니다. 많은 투자자가 "연 이자율(APY) 100%를 준다"는 말에 혹해 자신의 소중한 코인을 유동성 풀(Pool)에 넣습니다. 하지만 나중에 꺼내 보면, 코인 개수가 줄어들어 있거나, "차라리 예치 안 하고 그냥 지갑에 가만히 들고 있었으면 더 벌었을 텐데"라고 후회하는 상황이 벌어집니다. 이 기회비용이 바로 비영구적 손실입니다.

오르는 놈은 팔고, 내리는 놈은 사는 알고리즘 이 손실은 디파이 거래소(DEX)의 작동 원리인 **AMM(자동 시장 조성자)** 때문에 발생합니다. AMM은 두 코인(예: 이더리움-테더)의 가치 비율을 항상 50:50으로 맞추도록 설계되어 있습니다. 만약 당신이 맡긴 이더리움 가격이 폭등하면 어떻게 될까요? AMM은 비율을 맞추기 위해 비싸진 **이더리움을 자동으로 팔고, 상대적으로 싼 테더를 사들입니다.** 즉, 당신은 가만히 있었으면 이더리움 떡상 효과를 온전히 누렸을 텐데, 디파이 시스템이 강제로 이더리움을 팔아치워 수익을 제한해 버린 것입니다. 가격이 폭락할 때도 마찬가지입니다. 가치가 떨어지는 코인을 더 사들여 손실을 키웁니다. 이것이 유동성 공급자가 겪는 구조적 불리함입니다.

왜 '비영구적'이라고 부르는가? (희망 고문) 이 손실을 '비영구적'이라고 부르는 이유는, 코인 가격이 예치했던 시점의 가격으로 다시 돌아오면 손실이 사라지기 때문입니다. 하지만 변동성이 극심한 코인 시장에서 가격이 원래대로 돌아올 확률은 희박합니다. 출금하는 순간 이 손실은 '영구적 손실'로 확정됩니다. 학계에서는 이를 두고 "이름을 잘못 지었다. '변동성 손실'이라고 불러야 투자자들이 경각심을 가질 것이다"라고 비판하기도 합니다.

투자자의 결론: 이자가 손실을 덮을 만큼 큰가? 비영구적 손실은 디파이 투자의 '세금'과 같습니다. 따라서 유동성을 공급할 때는 반드시 계산기를 두드려야 합니다. **"내가 받는 이자(수수료+보상 토큰)가 비영구적 손실보다 더 큰가?"** 가격 변동이 적은 스테이블 코인끼리 묶인 풀(USDT-

USDC)에 넣으면 이 손실은 거의 '0'에 가깝습니다. 하지만 변동성이 큰 밈코인이나 신규 코인 풀에 넣는다면, 연 500% 이자를 받아도 원금 손실이 더 커서 깡통을 찰 수 있습니다. 디파이의 높은 이자는 공짜가 아닙니다. 내 코인의 가격 변동 리스크를 떠안은 대가임을 명심해야 합니다.

임퍼머넌트 로스 (비영구적 손실)

유동성 풀에 예치한 토큰 가격이 예치 당시 대비 크게 변할 때 발생하는 손실로, 단순 보유했을 때보다 가치가 줄어드는 현상

슬래싱 (Slashing) [심화 용어 ★★★]

"신뢰를 배신한 대가, 자산을 태워버리는 디지털 형벌"

은행원은 횡령을 하면 감옥에 갑니다. 그렇다면 블록체인의 검증자(Validator)가 장부를 조작하거나 게으름을 피우면 어떻게 될까요? 경찰 대신 '슬래싱(Slashing)'이라는 자동화된 처벌 시스템이 그들의 재산을 즉시 빼앗습니다. 슬래싱은 지분 증명(POS) 블록체인에서 검증자가 규칙을 어겼을 때, 담보로 맡겨둔(Staking) 코인의 일부 또는 전부를 강제 몰수해 소각하는 벌금 제도입니다. 이는 단순한 벌칙을 넘어, 검증자가 딴마음을 품지 못하게 만드는 POS 보안의 핵심 기둥입니다.

Nothing at Stake (잃을 것이 없다) 문제를 해결하다 초기 POS 이론에는 치명적 약점이 있었습니다. "검증자가 나쁜 짓을 해도 물리적 비용이 들지 않으니, 밑져야 본전 식으로 공격하지 않을까?"라는 우려였습니다. 이를 '잃을 게 없는' 문제라 합니다. 슬래싱은 이 문제를 "잃을 것을 아주

많게 만듦"으로써 해결했습니다. "네가 공격해서 얻을 이익보다 슬래싱으로 잃을 돈을 훨씬 크게 만들겠다"는 경제적 논리입니다. 전 재산이 인질로 잡힌 상황에서 집에 불을 지를 바보는 없기 때문입니다.

게으름과 배신, 죄질에 따른 처벌 슬래싱 사유는 크게 두 가지입니다.

게으름 (Downtime): 서버 관리를 소홀히 해 오랫동안 꺼두거나 블록 생성에 참여하지 않는 경우. 네트워크 속도를 늦춘 죄로 소량의 코인을 삭감합니다. (경징계)

배신 (Double Signing): 같은 블록 높이에 서로 다른 두 개의 블록을 동시 서명하는 등 장부를 조작하려는 행위. 신뢰를 파괴하는 중범죄로 간주해 막대한 코인을 몰수하고 자격을 영구 박탈합니다. (중징계)

투자자의 결론: 연대 책임의 무서움 투자자에게 슬래싱이 중요한 이유는 '연대 책임' 때문입니다. 대부분의 개인 투자자는 코인을 검증자에게 위임(Delegation)하고 이자를 받습니다. 그런데 내가 맡긴 검증자가 슬래싱을 당하면 내 코인도 같이 삭감됩니다. 따라서 스테이킹 시 단순히 "이자를 많이 준다"는 이유만으로 신생 검증자를 고르면 안 됩니다. "서버를 안정적으로 운영하는가? 사고 이력은 없는가?"를 꼼꼼히 따져보고, 신뢰할 수 있는 검증자를 선택해야 내 원금을 지킬 수 있습니다.

슬래싱 (Slashing)

검증자가 네트워크 규칙을 어기거나 부정행위를 할 경우 보유한 지분 일부를 강제로 몰수하는 처벌로, 블록체인의 보안과 신뢰를 유지하기 위한 제도

Chapter 4

'고래'의 등을 타고
거친 파도 속에서 살아남는 법
(온체인 데이터 분석과 리스크 관리로 승률 높이기)

스캠 (Scam) [기초 용어 ★]

"그럴듯한 말로 포장된 모든 종류의 사기 프로젝트"

투자자를 속여 돈을 가로채기 위해 만든 가짜 코인이나 사기 행위를 통칭합니다. "유명 대기업과 파트너십을 맺었다", "상장만 되면 100배 간다", "원금이 보장된다" 등의 달콤한 거짓말을 합니다. 홈페이지나 백서가 조잡하거나, 개발팀의 신원이 불분명하다면 스캠일 확률이 99%입니다. 유명인 사칭: 일론 머스크나 비탈릭 부테린이 공짜로 코인을 준다는 유튜브 라이브나 트위터 글은 100% 스캠이니 클릭도 하지 마세요.

- **예시 (보이스피싱)**

"검찰청입니다. 계좌가 도용되었으니 돈을 보내세요." → 코인판에서는 "재단입니다. 이벤트 당첨됐으니 지갑 연결하세요"라고 속입니다.

러그풀 (Rug Pull) [기초 용어 ★]

"양탄자를 확 잡아당겨 밥상을 엎어버리는 먹튀"

갑자기 발밑의 양탄자(Rug)를 잡아당겨 사람들을 넘어뜨린다는 뜻입니다. 개발자가 프로젝트를 열심히 운영하는 척하다가, 투자자들이 돈을 많이 넣으면 갑자기 **자금을 빼돌리고 잠적해 버리는 행위**입니다. 주로 탈중앙화 거래소(DEX)에 신규 상장된 코인이나 NFT 프로젝트에서 자주 발생합니다. 러그풀이 발생하면 코인 가격은 순식간에 -99.9%가 되어 0원에 수렴하고, 팔고 싶어도 팔 수 없는 상태가 됩니다.

- **예시 (곗돈 먹튀)**

계주(개발자)가 계원(투자자)들을 모아 곗돈을 불려주겠다고 꼬드긴 뒤, 돈이 모이자마자 야반도주하는 것.

피싱 / 해킹 [기초 용어 ★]

"내 돈을 노리는 디지털 덫과 강도"

은행은 해킹당하면 보상해 주지만, 코인은 털리면 누구도 책임져주지 않습니다.

피싱(Phishing): 가짜 거래소 사이트나 이메일을 보내 비밀번호나 니모닉을 입력하게 유도하는 사기 수법입니다. (낚시질)

해킹(Hacking): 내 컴퓨터나 거래소의 보안 취약점을 뚫고 들어와 코인을 훔쳐 가는 행위입니다.

- **핵심 포인트**

URL 확인: 거래소에 접속할 때는 즐겨찾기를 이용하고, 문자로 온 링크는 절대 누르지 마세요.

니모닉 사수: 어떤 경우에도, 그 누구에게도 니모닉(복구 단어)을 알려줘선 안 됩니다. 그걸 물어보는 건 100% 사기입니다.

- **예시 (가짜 고객센터)**

"계정이 정지되었습니다. 해제하려면 여기를 클릭하세요"라는 문자를 받고 링크를 눌러 비번을 입력했더니, 1분 뒤 지갑이 텅 비었습니다. (피싱)

백서 (Whitepaper) [기초 용어 ★]

"코인의 설계도이자, 투자자에게 건네는 사업계획서"

프로젝트 팀이 "우리는 이런 기술로 이런 문제를 해결할 것이며, 코인은 이렇게 발행하고 분배할 것입니다"라고 적어놓은 공식 문서입니다. 비트코인도 사토시 나카모토의 A4용지 9장짜리 백서에서 시작되었습니다.

필독서: 백서를 읽지 않고 코인을 사는 것은, 메뉴판도 안 보고 음식을 시키는 것과 같습니다. 코인의 사용처와 발행량 계획은 확인해야 합니다.

스캠 구별: 백서가 없거나, 기술적 내용 없이 "가격이 오를 것이다"라는 말만 가득하다면 사기(스캠)일 확률이 높습니다.

- **예시 (창업 제안서)**

친구가 사업하자고 돈을 빌려달라는데, 구체적인 계획서(백서)도 없이 "그냥 대박 날 거야"라고만 한다면? 돈을 빌려주면 안 됩니다.

고래 (Whale) [기초 용어 ★]

"시장의 파도를 일으키는 거대 보유자"

코인을 수천억원, 수조원어치 보유하고 있는 개인이나 기관을 '고래'라고 부릅니다. (반대는 새우나 개미) 주식 시장보다 시가총액이 작은 코인판에서는 고래 한두 마리의 움직임이 시세에 절대적인 영향을 미칩니다.

고래 경보: 고래 지갑에서 거래소로 대량의 코인이 이동하면, 곧 팔아서 현금화할 가능성이 높으므로 '하락 신호'로 봅니다.

방어력: 하락장에서 개미들이 던질 때 고래가 그 물량을 다 받아먹고 있다면(매집), 가격은 쉽게 떨어지지 않고 반등할 가능성이 큽니다.

- **예시 (수영장의 고래)**

수영장(코인 시장)에 고래가 들어와서 몸을 한 번 뒤척이면 파도(급등락)가 쳐서 옆에 있던 새우들(개미)은 휩쓸려 나갑니다.

고래 지갑 추적 [필수 용어 ★★]

"큰손들이 움직이면 파도가 친다, 스마트 머니 따라잡기"

코인을 엄청나게 많이 보유한 개인이나 기관을 '고래(Whale)'라고 부릅니다. 이들의 지갑 주소는 대부분 공개되어 있어 추적이 가능합니다. 고래가 움직이면 시장이 출렁이므로, 지갑을 감시하는 것은 필수입니다.

- **핵심 포인트**

매도 폭탄 경보: 잠자던 고래 지갑에서 수천억원어치 비트코인이 갑자기 거래소로 이동했다면? 곧 대량 매도가 나올 수 있다는 폭락 경보입니다.

스마트 머니: 승률이 높은 고래 지갑을 찾아내어, 그가 어떤 코인을 사는지 훔쳐보고 따라 사는 카피 트레이딩 전략도 유효합니다.

- **실전 활용법**

웨일 알럿(Whale Alert): 트위터나 텔레그램의 '웨일 알럿' 봇을 구독하면 거액의 자금 이동을 실시간으로 알림 받을 수 있습니다.

- **예시 (주포의 움직임)**

동네에서 제일 부자가 땅문서를 들고 부동산 중개소(거래소)로 들어가는 걸 봤다면? 곧 그 땅이 매물로 나올 거라 예상할 수 있습니다.

패닉셀 (Panic Sell) [기초 용어 ★]

"공포에 질려 바닥에서 집어 던지는 행위"

악재가 터지거나 가격이 급락할 때, 이성적인 판단을 잃고 "더 떨어지기 전에 팔아야 해!"라며 공포감에 매도하는 것을 말합니다. 보통 패닉셀이 나오는 시점이 단기 저점(바닥)인 경우가 많아, 팔고 나면 기가 막히게 반등하는 경험을 하게 됩니다.

뇌동매매: 남들이 파니까 나도 무서워서 따라 파는 행위입니다. 투자의 가장 큰 적입니다.

대응: 미리 손절 라인을 정해뒀다면 기계적으로 팔아야 하지만, 계획 없이 공포 때문에 파는 건 계좌를 망치는 지름길입니다.

- **예시 (백화점 세일)**

백화점이 "오늘만 50% 할인(폭락)"을 하는데, 물건을 줍는 게 아니라 내가 가진 물건을 헐값에 반품하고 오는 꼴입니다.

포모 (FOMO) [기초 용어 ★]

"나만 빼고 다 돈 벌까 봐 두려워 추격 매수하는 심리"

"옆집 철수가 코인으로 2배 벌었대", "비트코인 1억 간대"라는 소리를 들으면, 나만 벼락거지가 될 것 같은 불안감에 휩싸입니다. 이 소외 공포감을 '포모(FOMO)'라고 합니다. 포모가 오면 이미 많이 오른 코인을 꼭대기에서 사게 되고(상투), 결국 물량 넘겨받기(설거지)를 당하게 됩니다.

고점 신호: "너도나도 돈 벌었다"는 소리가 들리고 내가 포모를 느낀다면, 그곳이 바로 고점일 확률이 99%입니다.

마인드셋: "놓친 버스는 다시 오지 않지만, 다음 버스는 반드시 온다"는 생각으로 현금을 지키는 인내심이 필요합니다.

- **예시 (마지막 탑승객)**

버스가 이미 출발해서 속도를 내고 있는데(급등), 억지로 올라타려다가는 다칩니다. 남들이 내릴 준비를 할 때 타는 것이 포모 매매입니다.

비트코인 반감기 [필수 용어 ★★]

"4년마다 찾아오는 공급 충격, 가격 상승의 알람시계"

비트코인은 2,100만 개로 발행량이 정해져 있는데, 약 4년마다 채굴자들이 받는 보상(신규 공급량)이 절반으로 줄어듭니다. 이를 '반감기'라고 합니다. 공급이 갑자기 반으로 줄어드는데 수요가 그대로라면? 가격은 오를 수밖에 없습니다. 역사적으로 반감기 다음 해에는 항상 역대급 불장이 왔습니다.

- **핵심 포인트**

희소성 증가: 금을 캐는 게 점점 어려워지는 것처럼, 비트코인도 갈수록 귀해지도록 설계되었습니다.

사이클: 반감기 1년 전부터 기대감으로 오르고, 반감기 직후에는 잠시 주춤하다가, 6개월~1년 뒤 공급 부족 효과가 나타나며 폭등하는 패턴을 보

여왔습니다.

- **실전 활용법**

장기 투자: 4년 주기 사이클을 믿고, 하락장(반감기 1~2년 전)에 꾸준히 모아가는 적립식 투자의 근거가 됩니다.

- **예시 (딸기 농사)**

매년 100상자 나오던 딸기가 올해부터 50상자밖에 안 나온대요(반감기). 딸기를 찾는 사람은 여전히 많은데 물건이 없으니 가격이 뛸 수밖에 없습니다.

도미넌스 (Dominance) [필수 용어 ★★]

"비트코인의 독주인가, 알트코인의 반란인가?"

전체 암호화폐 시장 시가총액 중에서 **비트코인이 차지하는 비율**입니다. (예: 도미넌스 50% = 전체 코인 돈의 절반이 비트코인에 있음) 시장의 자금 흐름(Money Flow)을 읽는 가장 중요한 나침반입니다.

자금쏠림: 하락장이나 상승장 초기에는 비트코인 혼자 오르며 도미넌스가 올라갑니다. (안전 자산 선호)

알트장(Alt-season): 비트코인이 충분히 오르고 횡보할 때, 도미넌스가 빠지면서 그 돈이 알트코인으로 흘러가 알트 불장이 옵니다.

- **실전 활용법**

매매 타이밍: 비트 도미넌스가 높을 때는 비트코인을 사고, 도미넌스가 고점을 찍고 내려올 때 알트코인으로 갈아타는 것이 정석입니다.

- **예시 (대장과 부하들)**
- 도미넌스 상승: 대장(비트)만 달리고 부하들(알트)은 기를 못 폄.
- 도미넌스 하락: 대장이 쉴 때 부하들이 신나서 날뜀.

해시레이트 (채굴 연산력) [필수 용어 ★★]

"비트코인 네트워크의 심장 박동수이자 기초 체력"

작업 증명(POW) 방식의 블록체인에서 채굴자들이 문제를 풀기 위해 동원하는 '컴퓨터 연산 능력의 총합'입니다. 해시레이트가 높다는 것은 더 많은 채굴기가 더 많은 전기를 쓰며 네트워크를 지키고 있다는 뜻으로, 보안이 강력하고 건강하다는 증거입니다.

- **핵심 포인트**

가격과의 관계: 일반적으로 "가격이 오르면 → 채굴자가 몰려 해시레이트 상승"의 순서를 따르지만, 반대로 해시레이트가 꾸준히 오르는 것은 장기적인 가격 상승의 선행 지표로 해석되기도 합니다.

채굴자 항복(Capitulation): 가격이 폭락해서 채굴 비용도 안 나오면 해시레이트가 급락합니다. 이때가 역사적인 바닥인 경우가 많습니다.

- **실전 활용법**

안전성 체크: 비트코인 외의 소형 POW 코인들은 해시레이트가 낮으면 '51% 공격' 같은 해킹 위험이 있으므로, 투자 전 해시레이트 추이를 확인해야 합니다.

- **예시 (군사력)**

성벽을 지키는 병사 수(해시레이트)가 많을수록 적군(해커)이 침입하기 어렵고, 그 나라(비트코인)는 안전합니다.

온체인 데이터 [필수 용어 ★★]

"거짓말을 하지 않는 블록체인상의 실시간 장부"

주식 시장은 분기마다 재무제표를 보지만, 코인 시장은 '온체인 데이터'

를 봅니다. 블록체인상에서 일어나는 모든 거래 기록(송금, 지갑 수, 거래량 등)을 뜻합니다. 누가 언제 얼마를 어디로 보냈는지 투명하게 공개되므로, 이를 분석하면 시장의 은밀한 움직임을 포착할 수 있습니다.

• 핵심 포인트

거래소 유출입: 코인이 거래소로 많이 들어오면 '**매도 신호**' (팔려고 가져옴), 거래소에서 밖으로 빠져나가면 '**매수/보유 신호**'로 봅니다.

지갑 활성도: 코인을 실제로 사용하는 지갑 수(Active Address)가 늘어난다는 것은 네트워크가 성장하고 있다는 가장 확실한 증거입니다.

• 실전 활용법

데이터 사이트 활용: '크립토퀀트'나 '글래스노드' 같은 사이트에서 온체인 데이터를 확인하고 매매 전략을 세우는 것이 투자자의 기본입니다.

• 예시

CCTV 확인: "나 안 팔았어"라고 말해도 소용없습니다. CCTV(온체인 데이터)를 돌려보면 그 사람이 거래소로 코인을 옮겼는지 안 옮겼는지 다 보입니다.

락업 / 락업 해제 [필수 용어 ★★]

"물량이 쏟아지는 날, 댐의 수문이 열린다"

프로젝트 초기 투자자(VC)나 개발팀에게 배정된 코인을 일정 기간 팔지 못하게 묶어두는 것을 '락업'이라고 합니다. 그리고 약속한 날짜가 되어 이 물량이 풀리는 것을 '락업 해제(Unlock)'라고 합니다.

• 핵심 포인트

공급 충격: 락업이 해제되는 날에는 그동안 팔고 싶어서 안달 났던 초기 투자자들의 물량이 한꺼번에 쏟아져 나와 가격이 급락할 수 있습니다.

베스팅(Vesting) 일정: 물량을 한 번에 다 푸는지(Cliff), 매달 조금씩 푸는지(Linear)에 따라 가격 충격이 다릅니다.

- **실전 활용법**

토큰 언락 캘린더: 'Token Unlocks' 같은 사이트에서 코인의 다음 락업 해제일을 확인하세요. 해제일이 다가오면 미리 파는 것이 상책입니다.

  - **예시 (보호예수 해제)**

  상장 후 대주주 물량이 풀리는 날, 주가가 곤두박질치는 것과 똑같습니다.

유통량 VS 총 발행량 [필수 용어 ★★]
"지금 풀린 물량과 앞으로 쏟아질 물량의 차이"

시가총액을 계산하거나 코인의 가치를 평가할 때 가장 헷갈리기 쉬운 개념입니다.

유통량: 현재 시장에서 실제로 사고팔 수 있는 코인 개수.

총 발행량: 락업된 물량이나 아직 채굴되지 않은 물량까지 합쳐서, 미래에 존재하게 될 코인의 총개수.

- **핵심 포인트**

희석 시가총액(FDV): 유통량은 적은데 총 발행량이 엄청나게 많다면? 지금 가격은 유지되기 어렵습니다. 앞으로 쏟아질 물량이 많아 가치가 희석되기 때문입니다.

저유통 코인 주의: 상장 초기 유통량이 총 발행량의 5%밖에 안 되는 코인은 세력들이 가격을 띄우기 쉽지만, 나중에는 폭락할 운명입니다.

• 실전 활용법

FDV 확인: 시총이 1,000억원이라 싸 보였는데, FDV(완전 희석 시총)를 보니 10조원이라면? 실제로는 엄청나게 고평가된 위험한 코인입니다.

• 예시 (빙산의 일각)
 - 유통량: 물 위에 떠 있는 얼음 조각. (눈에 보이는 것)
 - 총 발행량: 물 밑에 잠겨 있는 거대한 빙산 전체. (잠재 매물)

핫월렛 / 콜드월렛 [필수 용어 ★★]

"편리하게 쓸 지갑인가, 금고에 넣어둘 지갑인가?"

인터넷 연결 유무에 따른 지갑의 분류입니다.

핫월렛(Hot Wallet): 인터넷에 항상 연결된 지갑. 거래소 지갑이나 모바일 앱, 웹 브라우저 지갑 등. (사용하기 편하지만 해킹 위험 있음)

콜드월렛(Cold Wallet): 인터넷이 차단된 물리적 지갑. USB 형태의 하드웨어 월렛(레저, 트레저 등)이나 종이 지갑. (해킹으로부터 안전함)

• 핵심 포인트

용도 분리: 자주 사고파는 코인은 핫월렛에, 장기 투자하거나 큰 금액은 콜드월렛에 보관하는 것이 정석입니다.

보안: 핫월렛은 비밀번호가 털리면 끝이지만, 콜드월렛은 해커가 내 방에 침입해서 USB를 훔쳐 가지 않는 한 온라인 해킹이 불가능합니다.

• 실전 활용법

거래소 리스크: 거래소 파산이 걱정된다면, 코인을 거래소(핫월렛)에 두지 말고 개인이 소유한 콜드월렛으로 옮겨야 합니다.

- **예시 (현금 보관)**

- 핫월렛: 뒷주머니에 넣은 지갑. (꺼내 쓰기 쉽지만 소매치기 위험)

- 콜드월렛: 집 안 깊숙이 숨겨둔 금고. (귀찮지만 도둑맞을 일 거의 없음)

메타마스크 (MetaMask) [필수 용어 ★★]
"디파이와 NFT 세계로 들어가는 필수 여권"

가장 대표적인 이더리움 기반의 **개인용 핫월렛**입니다. 여우 머리 로고로 유명합니다. 거래소 계정은 거래소가 내 돈을 관리해 주지만, 메타마스크는 내가 직접 내 돈을 관리합니다. 오픈씨(NFT)나 유니스왑(DEX) 같은 서비스에 접속하려면 아이디 대신 메타마스크를 연결해야 합니다.

- **핵심 포인트**

웹 3.0의 관문: 거의 모든 블록체인 서비스(DApp)가 메타마스크 연결을 지원합니다. 코인 투자자에게는 필수 앱입니다.

책임은 나에게: 비밀번호를 잃어버리거나 해킹당하면 고객센터가 없어서 복구가 불가능합니다.

- **실전 활용법**

네트워크 추가: 기본은 이더리움이지만, 설정만 하면 바이낸스 체인, 폴리곤 등 다른 체인의 코인도 보관할 수 있습니다.

- **예시 (삼성페이)**

현실에서 삼성페이로 버스도 타고 편의점도 가듯이, 블록체인 세상에서는 메타마스크 하나로 쇼핑(NFT), 환전(DEX), 예금(DeFi)을 다 할 수 있습니다.

니모닉 (Mnemonic) [필수 용어 ★★]

"지갑을 잃어버렸을 때 되찾을 수 있는 유일한 마법의 주문"

지갑을 복구하기 위해 사용되는 **12개 또는 24개의 영어 단어 나열**입니다. '시드 구문(Seed Phrase)'이라고도 합니다. 핸드폰을 잃어버려도 이 니모닉 단어만 알고 있으면, 새 핸드폰에서 내 지갑과 코인을 그대로 복구할 수 있습니다. 반대로 이 단어를 남에게 들키면 내 돈은 다 털립니다.

- **핵심 포인트**

절대 사수: 니모닉은 은행 보안카드보다 더 중요합니다. 절대 카톡, 메일, 클라우드에 저장하지 말고, 종이에 적어서 금고에 보관해야 합니다. (해커는 클라우드를 텁니다.)

복구 불가: 니모닉을 잃어버리면, 신이 와도 지갑을 열 수 없습니다.

- **실전 활용법**

피싱 주의: "지갑 오류를 해결해 줄 테니 니모닉을 입력하세요"라는 사이트는 100% 사기입니다. 니모닉은 오직 지갑을 처음 만들거나 복구할 때만 씁니다.

- **예시 (알리바바의 주문)**

"열려라 참깨"라는 주문(니모닉)을 아는 사람만이 보물창고(지갑)를 열 수 있습니다. 주문을 까먹으면 영원히 못 엽니다.

프라이빗 키 (Private Key) [필수 용어 ★★]

"내 자산에 서명하고 송금할 수 있는 최종 권한, 디지털 도장"

지갑 주소(계좌번호)가 '공개키(Public Key)'라면, 그 주소에서 돈을 뺄 수 있는 암호는 **'개인키(Private Key)'**입니다. 매우 길고 복잡한 숫자와 문자로 되어 있으며, 사실 위에서 본 '니모닉'은 이 프라이빗 키를 사람이 외우기 쉽게 단어로 변환한 것입니다.

- **핵심 포인트**

소유권의 증명: 블록체인상에서 "이 돈은 내 거야"라고 증명하는 유일한 수단입니다. 키를 가진 자가 곧 주인입니다.

공유 금지: 계좌번호(공개키)는 남에게 알려줘도 되지만, 프라이빗 키는 절대, 그 누구에게도 알려주면 안 됩니다.

- **실전 활용법**

지갑 가져오기: 메타마스크 같은 지갑 앱에 다른 지갑을 불러올 때 프라이빗 키를 입력하면 연동됩니다.

  - **예시 (집 주소 vs 집 열쇠)**

  지갑 주소: 우리 집 주소. (택배 받으려면 남한테 알려줘야 함)

  프라이빗 키: 현관문 열쇠. (남한테 주면 도둑 듦)

재정거래 (차익거래) [필수 용어 ★★]

"가격의 틈새를 노려 무위험 수익을 만드는 기술"

같은 코인이라도 거래소마다 가격이 미세하게 다른 점을 이용해, **싼 곳에서 사서 비싼 곳에 팔아 차익을 남기는 매매**입니다. 주식과 달리 코인 시장은 거래소 간 연결이 완벽하지 않아 가격 괴리가 자주 발생합니다.

- **핵심 포인트**

김프 매매: 해외 거래소(바이낸스)에서 싸게 사서 한국 거래소(업비트)로 보내 비싸게 파는 것이 대표적입니다. (김치 프리미엄 활용)

리스크: 이론상 무위험이지만, 코인을 전송하는 도중에 가격이 급락하거나 입출금이 막히면 손해를 볼 수 있습니다.

- **실전 활용법**

거래소 간 이동: A거래소에서는 100원, B거래소에서는 105원이라면, A에서 사서 B로 보내 팔면 5% 수익입니다. 단, 전송 수수료와 시간을 고려해야 합니다.

- **예시 (금 시세 차익)**

종로 금은방에서는 금 1돈이 30만원인데, 부산 금은방에서는 31만원에 쳐준다면? 서울에서 사서 부산 가서 팔면 1만원을 법니다.

에어드롭 (Airdrop) [필수 용어 ★★]

"하늘에서 코인이 떨어진다! 생태계 기여자에게 주는 공짜 보상"

프로젝트가 홍보나 커뮤니티 활성화를 위해 사용자들의 지갑에 **코인을 무료로 나눠주는 이벤트**입니다. 주식의 '무상증자'나 '배당'과 비슷하지만, 초기 기여자에게 주는 보너스 성격이 강합니다.

- **핵심 포인트**

조건부 지급: 예전에는 그냥 줬지만, 요즘은 특정 미션(거래하기, 친구 초대, 트위터 팔로우 등)을 수행해야 줍니다.

대박의 기회: 유니스왑(UNI)이나 아비트럼(ARB) 같은 대형 프로젝트는 에어드롭만으로 수백만원에서 수천만원의 수익을 안겨주기도 했습니다.

- **실전 활용법**

숙제(Tasks): 신생 코인의 테스트넷을 이용하거나 디스코드 활동을 열심히 해서 에어드롭 자격을 따내는 것을 '숙제한다'고 표현합니다.

- 예시 (오픈 이벤트)

백화점 개업 날 방문한 고객들에게 선착순으로 상품권을 나눠주는 것. 소문내
달라는 마케팅 비용입니다.

ICO / IEO / IDO [필수 용어 ★★]

"코인이 세상에 처음 나오는 데뷔 무대들"

주식의 IPO(공모주 청약)처럼 코인을 처음 발행해서 자금을 모으는 방
식들입니다.

ICO (Initial Coin Offering): 재단이 홈페이지에서 직접 팖.
(규제 없고 먹튀 위험 높음)

IEO (Initial Exchange Offering): 거래소(바이낸스 등)가 검증하고 대
신 판매. (상대적으로 안전, 상장 펌핑 기대)

IDO (Initial DEX Offering): 탈중앙화 거래소(DEX)에서 팖.
(누구나 참여 가능, 선착순 경쟁 치열)

- **핵심 포인트**

난이도와 수익: IEO가 가장 안전하고 수익률이 높은 편이지만, 거래소
코인을 보유해야 하는 등 참여 조건이 까다롭습니다.

러그풀 주의: 검증되지 않은 IDO나 ICO는 돈만 받고 프로젝트가 사라
지는 사기가 많습니다.

- **실전 활용법**

런치패드: 바이낸스나 바이비트 같은 대형 거래소의 '런치패드(IEO)'에
참여하면, 상장 직후 수십 배 상승하는 '상장 프리미엄'을 먹을 수 있는
기회가 생깁니다.

- **예시 (데뷔 무대)**

- ICO: 길거리 버스킹. (직접 홍보, 사기꾼일 수도 있음)

- IEO: 대형 기획사 오디션 합격. (데뷔하자마자 스타 예약)

- IDO: 유튜브 데뷔. (누구나 가능하지만 뜨기 어려움)

오더북 (Order Book) [필수 용어 ★★]

"매수와 매도 주문이 치열하게 대치하는 전선(Frontline)"

거래소 화면에서 빨간색(매도)과 초록색(매수) 숫자들이 빽빽하게 쌓여 있는 '호가창 목록'입니다. 현재 시장 참여자들이 얼마에 사고팔고 싶은지를 적나라하게 보여줍니다.

• 핵심 포인트

매물대: 특정 가격에 주문이 쌓여 있다면(벽), 그 가격을 뚫기가 힘들다는 뜻입니다. 이를 '매수벽(지지)' 또는 '매도벽(저항)'이라고 합니다.

허매수/허매도: 세력들이 주문을 잔뜩 걸어서 벽을 만들어 놓고, 개미들이 따라붙으면 취소해 버리는 속임수도 많으니 주의해야 합니다.

• 실전 활용법

스프레드: 매수 호가와 매도 호가 사이의 간격이 좁고 물량이 많아야(오더북이 두꺼워야) 내가 원할 때 제값 받고 팔기 쉽습니다.

- **예시 (경매장 게시판)**

"나는 100원에 살래", "나는 105원에 팔래"라고 써 붙인 포스트잇들이 잔뜩 붙어 있는 칠판.

토크노믹스 (Tokenomics) [심화 용어 ★★★]

"디지털 국가의 통화 정책, 지속 가능성을 결정하는 설계도"

새로운 코인 프로젝트가 나오면 사람들은 백서(Whitepaper)를 봅니다. 기술이 얼마나 혁신적인지, 팀원이 얼마나 화려한지를 봅니다. 하지만 정작 가장 중요한 질문을 놓치는 경우가 많습니다. **"이 코인은 도대체 왜 가격이 올라야 하는가?"** 이 질문에 답하는 것이 바로 '토크노믹스(Tokenomics)'입니다. 토큰(Token)과 경제학(Economics)의 합성어로, 코인의 발행, 분배, 소각, 그리고 사용처까지 아우르는 경제 생태계의 설계도를 말합니다. 현실 세계에서 중앙은행이 금리와 통화량을 조절해 경제를 관리하듯, 블록체인 프로젝트는 코드로 짜인 토크노믹스를 통해 자체적인 경제 시스템을 유지합니다.

공급의 미학: 인플레이션과 디플레이션의 줄타기 토크노믹스의 핵심이라면 '수요와 공급'의 균형입니다. 아무리 좋은 코인이라도 무한대로 찍어내면(인플레이션) 가치는 똥값이 됩니다. 반대로 너무 안 찍어내면 생태계가 돌아가지 않습니다. 비트코인은 2,100만 개라는 '공급량 제한'과 4년마다 채굴 보상이 줄어드는 '반감기'를 통해 희소성을 강제로 주입했습니다. 반면 이더리움은 네트워크를 많이 쓸수록 코인을 태워버리는(소각) '디플레이션 모델'을 도입해 가치를 방어합니다. 투자자는 확인해야 합니다. 내가 산 코인이 시간이 지날수록 희해지는 금(Gold) 같은 모델인지, 아니면 계속해서 찍어내는 짐바브웨 달러 같은 모델인지 말입니다.

분배의 정의: 누구의 배를 불려주는가? 토크노믹스 분석의 꽃은 '토큰 배분'과 **'락업 해제'** 일정입니다. 전체 발행량의 50%를 개발팀이나 초기 투자자(VC)가 가지고 있다면 어떨까요? 그들이 락업(매도 제한)이 풀리는 날 물량을 시장에 던지면, 개인 투자자들은 속수무책으로 당할 수밖

에 없습니다. 건전한 토크노믹스는 팀과 투자자의 물량은 적고, 생태계 기여자나 커뮤니티에 돌아가는 몫이 큽니다. 또한 물량이 한꺼번에 쏟아지지 않고 수년에 걸쳐 서서히 풀리도록 설계되어 있습니다(선형 분배). 초기 투자자의 배만 불려주는 구조인지, 생태계 참여자 모두가 성장하는 구조인지 파악하는 것은 사기를 피하는 첫걸음입니다.

유틸리티: 이 코인을 가지고 있어야 할 이유 공급을 아무리 잘 조절해도, 아무도 그 코인을 원하지 않으면(수요 부족) 가격은 오르지 않습니다. 그래서 토크노믹스는 코인의 '사용처'를 명확히 해야 합니다. 수수료를 낼 때 쓰거나, 거버넌스 투표를 하거나, 혹은 스테이킹을 해서 이자를 받을 수 있어야 합니다. 단순히 "가지고 있으면 오릅니다"라고 말하는 것은 폰지 사기에 가깝습니다. 코인을 팔지 않고 쥐고 있어야 할 확실한 '인센티브'가 설계되어 있는가? 이것이 가격 방어력의 원천입니다.

투자자의 결론: 기술은 엔진이고, 토크노믹스는 연료다 아무리 뛰어난 페라리 엔진(기술)을 가진 프로젝트라도, 연료(토크노믹스)가 줄줄 새거나 엉뚱한 곳으로 흐른다면 그 차는 결승선에 도달할 수 없습니다. 차트를 보기 전에 토크노믹스를 보십시오. **"매년 몇 %의 코인이 새로 발행되는가?"**, **"다음 달에 VC 물량이 얼마나 풀리는가?"**, **"이 코인을 소각하는 모델이 있는가?"** 이 질문들에 대한 답이 명확하지 않다면, 그 코인은 투자가 아니라 기부일 뿐입니다. 지속 가능한 경제 모델 없는 상승은 신기루에 불과합니다.

개념 한 줄 정리

토크노믹스 *(Token Economics)*
코인의 발행량·분배 구조·보상 방식 등 토큰의 경제 설계를 의미

소각(Burn) / 바이백 [심화 용어 ★★★]

"디지털 화폐를 태워 없애는 의식, 희소성을 향한 인위적인 개입"

중앙은행은 경제 위기가 오면 돈을 찍어내어(양적완화) 시장에 풉니다. 돈이 흔해지니 화폐 가치는 떨어지고 인플레이션이 발생합니다. 반대로 암호화폐 프로젝트들은 가치를 올리기 위해 정반대의 길을 택하곤 합니다. 바로 시장에 풀린 코인을 사들여(**바이백**), 아무도 쓸 수 없는 지갑으로 보내 영원히 없애버리는(**소각**) 것입니다. 이것은 주식 시장의 '자사주 매입 및 소각'과 완벽하게 동일한 원리입니다. 전체 발행량(공급)을 줄임으로써, 가만히 있는 홀더(보유자)들의 지분 가치를 상대적으로 높여주는 가장 강력한 주주(토큰 홀더) 환원 정책입니다.

블랙홀로 보내진 코인들 (Dead Wallet) 소각의 기술적 원리는 간단합니다. 누구도 개인키(Private Key)를 알지 못해, 입금은 되지만 출금은 절대 불가능한 주소(Dead Wallet)로 코인을 전송하는 것입니다. 이 지갑으로 들어간 코인은 영원히 잠들게 되며, 블록체인상에서 총 공급량(Total Supply)이 줄어들게 됩니다. 대표적인 예로 바이낸스 코인(BNB)은 분기마다 영업이익의 일부로 BNB를 사들여 소각하고, 이더리움(ETH)은 네트워크를 사용할 때마다 발생하는 수수료의 일부를 실시간으로 태워 없앱니다(EIP-1559). 공급이 줄어드는 자산은 수요가 일정하기만 해도 가격이 오르는 '디플레이션 자산'이 됩니다.

바이백만 하고 소각은 안 한다면? (눈속임의 경계) 투자자가 주의해야 할 점은 '바이백(Buyback)'과 '소각(Burn)'을 구분하는 것입니다. 어떤 프로젝트는 "가격 방어를 위해 100억원어치 바이백을 하겠다"고 공지합니다. 호재는 맞습니다. 하지만 사들인 코인을 소각하지 않고 재단 지갑에 그대로 넣어둔다면? 그것은 언제든 다시 시장에 내다 팔 수 있는 물량입니다. 이는 진정한 공급 축소가 아니라 일시적인 '매수 쇼(Show)'에 불과할 수 있습니다. 주식에서도 자사주를 매입만 하고 소각하지 않으면 나중에 다시 매물로 나올 수 있는(오버행) 잠재적 악재가 되는 것과 같은 이치입니다.

투자자의 결론: 지속 가능한 소각 모델을 찾아라 단발성 이벤트로 하는 소각은 효과가 짧습니다. 진정한 가치 상승은 시스템에 의해 '자동으로, 끊임없이' 소각되는 모델에서 나옵니다. 이더리움처럼 사람들이 네트워크를 쓸수록 코인이 타버리는 구조, 혹은 루나(LUNA) 사태 이전의 모델처럼 생태계 성장과 소각이 연동된 구조(물론 루나는 실패했지만 메커니즘 자체는 혁신적이었습니다)를 눈여겨봐야 합니다. 재단이 "소각할게요"라고 말만 하는 것은 믿지 마십시오. **블록체인 위에서 실제로 소각된 트랜잭션(TX ID)을 확인**하고, 그 소각이 일회성인지 시스템적인지 판단하는 것이 투자의 정석입니다.

개념 한 줄 정리

소각 (Coin Burn)

유통 중인 코인을 영구히 제거해 공급을 줄이는 과정

바이백 (Buyback)

발행사가 시장에서 자체 코인을 매입해 수급 안정 및 가격 방어

인플레이션 / 디플레이션 모델 [심화 용어 ★★★]
"가치가 희석 vs 응축, 공급량이 결정하는 코인의 운명"

현실 세계에서 중앙은행은 위기가 오면 돈을 무제한으로 찍어냅니다. 돈이 흔해지니 화폐 가치는 떨어지고 자산 가격은 오르죠. 이를 인플레이션이라고 합니다. 블록체인 세계는 이 중앙은행의 자의적인 발권력에 대한 반작용으로 탄생했습니다. 그래서 모든 코인은 태어날 때부터 "나는 앞으로 돈을 얼마나 찍어낼 것인가?"에 대한 운명이 코드로 정해져 있습니다. 이것이 바로 인플레이션 모델과 디플레이션 모델입니다.

인플레이션 모델: 생태계 유지를 위한 세금 대부분의 코인은 초기에 '인플레이션 모델'을 따릅니다. 블록체인을 유지해 주는 채굴자나 검증자에게 보상을 줘야 하는데, 줄 돈이 없으니 코인을 새로 찍어서(발행) 주는 것입니다. 예를 들어, 도지코인(DOGE)은 발행량 제한이 없고 매년 50억 개씩 영원히 늘어납니다. 솔라나나 이오스 같은 많은 알트코인들도 매년 수 %씩 공급량이 늘어납니다. 공급이 늘어나는 만큼, 가만히 들고 있는 홀더(보유자)들의 지분 가치는 희석됩니다. 즉, 인플레이션은 생태계의 보안을 유지하기 위해 홀더들이 암묵적으로 지불하는 '세금'과 같습니다.

디플레이션 모델: 가치의 응축과 희소성 반면, 시간이 지날수록 코인 개수가 줄어드는 '디플레이션 모델'이 있습니다. 대표적인 예가 이더리움(ETH)입니다. 이더리움은 네트워크를 사용할 때 내는 수수료(가스비)의 일부를 영구히 소각해 버립니다(EIP-1559). 사람들이 이더리움을 많이 쓸수록 시장에 풀린 이더리움은 줄어듭니다. 공급은 줄어드는데 수요가 그대로라면? 가격은 오를 수밖에 없습니다. 이를 '울트라 사운드 머니'라고 부르며, 가치가 응축되는 효과를 낳습니다.

비트코인의 선택: 디스인플레이션(Disinflation) 비트코인은 엄밀히 말하면 디플레이션이 아니라 **디스인플레이션(물가 상승 둔화)** 모델입니다. 2,100만 개라는 총발행량이 정해져 있고, 4년마다 채굴 보상이 반으

로 줄어드는 '반감기'를 통해 새로 나오는 양을 줄여나갑니다. 공급이 늘어나긴 하지만, 그 속도가 점점 0에 수렴하도록 설계하여 희소성을 극대화한 것입니다.

투자자의 결론: 이자율(APR)의 함정에 속지 말라 많은 투자자가 "이 코인을 스테이킹하면 연 20% 이자를 준대!"라며 현혹됩니다. 하지만 그 코인의 인플레이션율(발행 증가율)이 연 30%라면 어떨까요? 내 코인 개수는 20% 늘었지만, 전체 공급량이 30% 늘어나 가치가 희석되었으므로 내 자산의 실질 가치는 -10%가 된 것입니다. 높은 이자율은 대부분 높은 인플레이션(가치 희석)을 감추기 위한 미끼일 뿐입니다. 내가 사려는 코인이 시간이 지날수록 가치가 물처럼 묽어지는 코인인지, 아니면 금처럼 단단하게 응축되는 코인인지 확인하십시오. 장기 투자의 승패는 기술력이 아니라, 이 '공급의 설계도'에서 갈립니다.

개념 한 줄 정리

인플레이션 모델

토큰 공급량이 시간이 지나며 증가하는 구조

디플레이션 모델

토큰 공급을 점차 줄이거나 고정해 희소성을 높이는 구조

DAO (탈중앙화 자율 조직) [심화 용어 ★★★]

"사장님 없는 주식회사, 코드로 구현된 냉혹한 민주주의"

인류 역사상 조직은 항상 피라미드 구조였습니다. 맨 꼭대기에 왕이나 CEO가 있고, 아래로 명령이 하달되는 방식이죠. 하지만 블록체인은 이

수천 년 된 상식을 깨뜨렸습니다. 'DAO(다오)'는 사장님도, 이사회도, 본사 건물도 없습니다. 오직 '코드(스마트 컨트랙트)'와 '커뮤니티'만이 존재할 뿐입니다. DAO는 구성원들이 공통의 목표(투자, 수집, 개발 등)를 위해 모여 자금을 모으고, 투표를 통해 의사결정을 내리며, 수익을 분배하는 인터넷 자생 조직입니다. 모든 규칙이 코드에 박제되어 있고, 모든 자금 흐름이 블록체인 위에 투명하게 공개되므로, 횡령이나 배임이 원천적으로 불가능한 이상적인 조직처럼 보입니다.

1코인 1표: 민주주의인가, 금권 정치인가? DAO의 의사결정은 '거버넌스 토큰'을 통한 투표로 이루어집니다. 주주총회와 비슷해 보이지만 결정적인 차이가 있습니다. 현실의 주주총회는 법의 견제를 받지만, DAO는 오직 '토큰의 수량'만이 법입니다. 여기서 DAO의 딜레마가 발생합니다. 1인 1표가 아니라 **1코인 1표**이기 때문입니다. 코인을 많이 가진 고래(Whale) 몇 명이 담합하면 DAO의 금고를 마음대로 털어갈 수도 있고, 프로젝트의 방향을 엉뚱한 곳으로 틀어버릴 수도 있습니다. 실제로 많은 DAO가 소수 지분 증명자들의 독단으로 인해 중앙화된 기업보다 더 독재적으로 운영되기도 합니다. 탈중앙화를 외쳤지만, 결국 '돈이 곧 권력'인 가장 자본주의적인 결말을 맞이하는 역설입니다.

법적 책임의 진공 상태 또 하나의 치명적인 문제는 '책임의 주체'가 없다는 것입니다. 회사가 불법을 저지르면 CEO가 감옥에 갑니다. 하지만 DAO가 문제를 일으키거나 해킹을 당하면 누구를 고소해야 할까요? 코드를 짠 개발자? 투표한 토큰 홀더? 전 세계에 흩어진 익명의 다수가 운영하기 때문에 법적 규제를 적용하기가 매우 까다롭습니다. 최근 미국 규제 당국(SEC)이 DAO 자체를 처벌하려는 움직임을 보이고 있지만, 여전히 DAO는 법의 사각지대인 '무법 지대'에서 활동하는 경우가 많습니다.

투자자의 결론: 투표권인가, 배당권인가? 많은 투자자가 DAO의 거버넌스 토큰을 주식처럼 생각하고 매수합니다. 하지만 주식은 회사 자산에 대한 '소유권'을 보장하지만, 대부분의 거버넌스 토큰은 단순히 안건에 찬반을 던질 수 있는 '투표권'에 불과한 경우가 많습니다. 내가 산 토큰이 프로젝트의 **수익을 배당받을 권리**가 있는지, 아니면 단순히 **거수기 역할**만 하는지 확인해야 합니다. 수익을 나눠주지 않는 거버넌스 토큰은, 회사가 돈을 아무리 잘 벌어도 내 주머니로 들어오는 것이 없는 '빛 좋은 개살구'일 뿐입니다. 진정한 DAO 투자는 커뮤니티의 비전에 동참하는 것을 넘어, 그 성장이 나의 이익으로 귀결되는 구조(토크노믹스)가 갖춰져 있을 때만 유효합니다.

DAO (탈중앙화 자율 조직)

스마트컨트랙트를 기반으로 구성원들이 투표와 합의를 통해 운영하는 조직으로, 중앙 관리자 없이 투명·자동으로 의사결정이 이루어지는 구조

거버넌스 토큰 (Governance Token) [심화 용어 ★★★]
"블록체인 민주주의의 투표권, 혹은 디지털 주주총회의 입장권"

주식회사의 주인은 주주이고, 국가는 국민이 주인입니다. 그렇다면 주인이 없는 탈중앙화 조직(DAO)이나 디파이(DeFi) 프로토콜의 주인은 누구일까요? 바로 '거버넌스 토큰'을 가진 사람들입니다. 이 토큰은 단순한 화폐가 아닙니다. 프로젝트의 방향성을 결정하는 '의결권'입니다. 수수료를 얼마로 할지, 개발 자금을 어디에 쓸지, 혹은 파트너십을 누구랑 맺을지 등을 결정할 때, 토큰 보유자들은 투표를 통해 자신의 의사를 행사합

니다. 즉, 거버넌스 토큰은 디지털 세계에서 주주총회에 참석해 손을 들 수 있는 권한을 토큰화한 것입니다.

1코인 1표: 민주주의인가, 금권 정치인가? 블록체인 거버넌스는 "모두가 평등하게 참여한다"는 이상을 가지고 출발했습니다. 하지만 현실은 냉혹합니다. 현실 민주주의는 '1인 1표'지만, 블록체인 거버넌스는 '1토큰 1표'이기 때문입니다. 돈이 많아 코인을 많이 산 사람이 절대적인 권력을 갖습니다. 이를 '금권 정치'라고 합니다. 만약 전체 발행량의 51%를 가진 고래(Whale) 한 명이 있다면, 나머지 49%의 개미들이 아무리 반대해도 안건은 통과됩니다. 실제로 많은 프로젝트에서 소수의 고래나 벤처캐피털(VC)이 담합하여, 커뮤니티의 이익보다는 자신들의 이익(단기 차익 실현 등)을 위해 프로젝트 금고를 털어가는 일이 발생하곤 합니다. 탈중앙화를 외쳤지만, 구조적으로는 그 어떤 주식회사보다 더 중앙화될 위험을 안고 있는 역설입니다.

투표권 그 이상의 가치: 수익 공유(Revenue Share) 투자자가 주목해야 할 점은, 단순히 투표만 할 수 있는 토큰은 가치가 없다는 사실입니다. 투표는 귀찮은 일이기 때문입니다. 성공한 거버넌스 토큰들은 의결권에 더해 '경제적 보상'을 연결합니다. 프로토콜에서 발생하는 수수료 수익을 토큰 보유자에게 배당으로 나눠주거나, 수익금으로 토큰을 사서 소각(바이백)해 주는 모델입니다. 즉, 거버넌스 토큰의 진정한 가치는 '권력'이 아니라, 그 권력에서 파생되는 '현금 흐름'에서 나옵니다.

투자자의 결론: 빛 좋은 개살구인가, 황금알을 낳는 거위인가? 많은 투자자가 "이 코인은 거버넌스 기능이 있어 유망하다"는 말에 현혹되어 매수합니다. 하지만 냉정하게 따져봐야 합니다. **"내가 산 이 토큰이 나에게 프로젝트 수익을 나눠주는가? 아니면 단순히 찬반 투표 버튼만 누르게**

해주는가?" 수익 분배 모델이 없는 거버넌스 토큰은, 회사가 돈을 아무리 잘 벌어도 배당을 한 푼도 안 주는 주식과 같습니다. 그것은 투자가 아니라 '기부'나 '팬심'일 뿐입니다. 진정한 거버넌스 토큰 투자는 프로젝트의 성장 과실을 공유받을 수 있는 '주주로서의 권리'가 토크노믹스에 명시되어 있을 때만 유효합니다.

거버넌스 토큰 *(Governance Token)*
프로젝트 운영·정책·업데이트 등에 대한 투표권을 부여하는 토큰

선물 / 마진 거래 [심화 용어 ★★★]

"천국과 지옥을 오가는 레버리지의 두 얼굴"

현물(Spot) 거래는 내가 가진 돈만큼 코인을 사는 것입니다. 100만원이 있으면 비트코인 100만원어치를 살 수 있습니다. 하지만 선물(Futures)이나 마진(Margin) 거래는 다릅니다. 거래소에 내 돈(증거금)을 맡기고, 그 돈의 10배, 50배, 심지어 100배까지 돈을 빌려서 거래할 수 있습니다. 이를 '레버리지'라고 합니다. 100만원으로 1억원어치(100배) 포지션을 잡았는데 코인이 1%만 오르면? 내 원금은 순식간에 2배(200만원)가 됩니다. 하지만 반대로 1%만 떨어지면? 내 원금 100만원은 그 즉시 '0원'이 되어 사라집니다. 이것이 코인 선물 시장의 냉혹한 룰입니다.

롱(Long)과 숏(Short): 하락장에서도 웃는 자들 선물 거래의 가장 큰 매력은 '방향성'을 선택할 수 있다는 점입니다. 현물 투자자는 가격이 올라야만 돈을 벌지만, 선물 투자자는 가격이 떨어질 것이라 예상되면 **'공매**

도’ 포지션을 잡아서 하락장에서도 돈을 벌 수 있습니다. 2022년 같은 대세 하락장에서도 코인 부자가 탄생하는 이유는 그들이 숏 포지션을 잡았기 때문입니다. 선물은 위기조차 기회로 만드는 강력한 무기입니다.

청산(Liquidation): 거래소가 보내는 사형 선고 하지만 이 무기는 잘못 다루면 사용자의 목을 칩니다. 선물 거래의 끝판왕 공포는 바로 ‘강제 청산’입니다. 레버리지를 썼을 때, 손실이 담보금(증거금)을 초과하는 순간 거래소는 투자자의 포지션을 시장가로 강제로 팔아버리고 빚을 회수합니다. 투자자의 잔고는 ‘0’이 됩니다. 주식은 버티면 언젠가 구조대가 올 수도 있지만, 선물은 청산당하면 복구할 기회조차 주어지지 않습니다. 코인 시장의 변동성은 주식의 수십 배입니다. 20~30% 급등락이 일상인 이곳에서 고레버리지는 자살행위와 다름없습니다.

펀딩비(Funding Fee): 버티기를 불가능하게 만드는 세금 코인 선물 시장에는 만기일이 없는 ‘무기한 선물’이 주류입니다. 만기가 없으니 영원히 들고 갈 수 있을까요? 아닙니다. 현물 가격과 선물 가격의 차이를 맞추기 위해, 포지션을 잡은 사람끼리 8시간마다 이자를 주고받는 **‘펀딩비’** 시스템이 존재하기 때문입니다. 시장이 과열되어 롱(매수)이 많으면 롱 잡은 사람이 숏 잡은 사람에게 이자를 줘야 합니다. 레버리지를 크게 쓰면 이 펀딩비만으로도 하루에 원금의 몇 %가 깎여 나갑니다. 즉, 선물은 장기 투자를 위한 곳이 아닙니다.

투자자의 결론: 헷지(Hedge)인가, 도박인가? 기관 투자자나 고수들에게 선물은 내 현물 자산이 폭락할 때 손실을 방어하는 ‘보험(Hedge)’입니다. 하지만 99%의 개인 투자자에게 선물은 인생 역전을 노리는 ‘도박’입니다. “100배 레버리지로 100만원을 100억으로 만들었다”는 전설은 로또 당첨자 이야기와 같습니다. 존재하지만, 당신의 이야기는 아닐 확률이

99.9%입니다. 선물 거래를 하려거든 레버리지를 2~3배 이하로 낮추고, 칼 같은 손절 원칙을 지키십시오. 그렇지 않다면, 선물 버튼은 아예 누르지 않는 것이 돈을 버는 길입니다.

선물 거래 (Futures Trading)
미래의 정해진 시점에 특정 자산을 미리 정한 가격으로 사고파는 거래

마진 거래 (Margin Trading)
자금을 빌려 레버리지를 사용해 더 큰 규모로 매매하는 방식

롱(Long) vs 숏(Short)포지션 [심화 용어 ★★★]

"낙관론자와 비관론자의 전쟁, 시장을 움직이는 두 개의 엔진"

금융 시장은 거대한 전쟁터입니다. 가격이 오를 것이라 믿고 매수하는 **'황소(Bull, 롱 포지션)'** 군단과, 가격이 내릴 것이라 믿고 매도하는 **'곰(Bear, 숏 포지션)'** 군단이 매일 치열하게 싸웁니다. 롱(Long)은 "길게 본다"는 뜻에서 유래했듯 자산을 매수해서 보유하는 것을 말합니다. 우리가 흔히 하는 투자가 바로 롱입니다. 반면 숏(Short)은 "짧게 친다"는 의미로, 없는 자산을 빌려서 먼저 판 뒤 나중에 가격이 떨어지면 사서 갚는 공매도 전략입니다. 시장 가격은 이 두 세력의 힘겨루기가 멈추는 지점에서 결정됩니다.

손실의 비대칭성: 바닥은 있어도 천장은 없다 롱과 숏은 대칭적인 것 같지만, 수학적으로는 엄청난 불평등이 존재합니다. 롱(매수)을 잡았을 때 최악의 경우는 가격이 0원이 되는 것입니다. 손실은 -100%로 제한됩니

다. 하지만 이익은 무한대입니다. 10배, 100배도 오를 수 있으니까요. 반면 숏(공매도)은 정반대입니다. 가격이 0원이 되면 최대 100% 수익을 얻지만, 가격이 오르면 손실은 '무한대'가 됩니다. 테슬라나 게임스탑 사태 때 숏 포지션을 잡았던 헤지펀드들이 파산한 이유가 여기에 있습니다. 주가가 10배 오르면 숏 투자자는 원금의 10배를 물어내야 합니다. 숏은 닫힌 수익과 열린 손실 구조를 가진, 태생적으로 불리한 게임입니다.

숏 스퀴즈(Short Squeeze): 비관론자들의 항복 선언 코인 시장에서 폭등이 일어나는 원동력 중 하나는 아이러니하게도 숏 포지션입니다. 가격이 오르기 시작하면, 하락에 베팅했던 숏 투자자들은 손실을 막기 위해 급하게 코인을 사서 갚아야 합니다(**숏 커버링**). 이 매수세가 더해지면 가격은 더 오르고, 그러면 더 높은 가격에 숏을 쳤던 사람들까지 강제로 청산당하며 기계적으로 매수하게 됩니다. 이 연쇄 작용으로 가격이 수직 상승하는 현상을 '숏 스퀴즈'라고 합니다. 숏 스퀴즈는 시장을 비관했던 자들의 시체를 밟고 가격이 천장으로 솟구치는 잔혹한 불꽃놀이입니다.

투자자의 결론: 인류의 발전에 베팅하라 단기적으로는 공포를 먹고 사는 숏 포지션이 승리할 때도 있습니다. 하락장은 상승장보다 속도가 빠르고 공포심이 커서 짧은 시간에 큰돈을 벌 수 있기 때문입니다. 하지만 역사적으로 자산 시장은 우상향해 왔습니다. 인류의 기술은 발전하고 화폐 가치는 떨어지기 때문입니다. 숏은 헷지(보험) 용도로만 사용하거나, 정말 확신이 있을 때 짧게 치고 빠져야 합니다. 장기적으로 비관론자(숏)는 명성을 얻지만, 낙관론자(롱)는 부를 얻습니다. 당신의 메인 포지션은 언제나 인류의 발전(Long) 쪽에 서 있어야 합니다.

청산 (Liquidation) [심화 용어 ★★★]

"거래소가 집행하는 즉결 처형, 당신의 자산이 '0'이 되는 순간"

주식 현물 투자의 가장 큰 미덕은 '인내'입니다. 주가가 반 토막이 나도 버티면 언젠가 원금을 회복할 희망이 있기 때문입니다. 하지만 암호화폐 선물 시장에서 이 미덕은 통하지 않습니다. 이곳에는 '청산(Liquidation)'이라는 가차 없는 심판관이 존재하기 때문입니다. 청산은 손실이 담보금보다 커질 위험이 있을 때, 거래소가 강제로 포지션을 팔아 빚을 회수하는 시스템입니다. 주식의 반대매매와 비슷하지만 속도와 강도는 비교할 수 없습니다. 청산 당하는 순간 계좌 잔고는 즉시 '0원'이 됩니다. 복구 기회조차 없는 금융 시장의 사형 선고입니다.

레버리지의 역습: 1%의 변동이 목숨을 노린다 청산은 '레버리지'의 그림자입니다. 100만원으로 100배 레버리지를 써서 1억원어치 비트코인을 샀다고 가정해 봅시다. 1%만 오르면 100만원(100%)을 법니다. 반대로 1%만 떨어져도 원금 전액이 사라집니다. 거래소는 자신의 돈(9,900만원)을 떼일 리스크를 절대 지지 않습니다. 그래서 손실이 원금에 육박하는 순간, 동의 없이 포지션을 던져버리고 판을 정리합니다. 이것이 청산입니다.

350

연쇄 청산: 시장 붕괴의 주범 청산이 무서운 것은 나 혼자 망하는 것으로 끝나지 않기 때문입니다. '롱 포지션'을 잡은 사람들이 하락으로 줄줄이 청산당하는 상황을 상상해 보십시오. 롱 포지션 청산은 시스템상 '강제 매도'입니다. 매도가 쏟아지니 가격은 더 떨어지고, 이는 다른 사람들의 청산가까지 건드려 또다시 매도를 부릅니다. 이 악순환이 반복되면 순식간에 10~20%씩 폭락하는 '플래시 크래시(Flash Crash)'가 발생합니다. 청산은 변동성을 폭발시키는 화약고와 같습니다.

투자자의 결론: 청산가는 당신의 묘비명이다 선물 거래 시 가장 먼저 확인할 숫자는 수익률이 아니라 '청산 가격(Liq. Price)'입니다. 그 가격이 오면 죽는다는 뜻입니다. 고수들은 청산가를 아예 없애거나 멀리 두지만, 하수들은 "설마 여기까지 오겠어?"라며 고배율을 씁니다. 시장은 언제나 그 '설마' 하는 가격을 기어코 터치하고 다시 올라갑니다. 청산을 피하는 유일한 방법은 '손절(Stop Loss)'입니다. 내 손으로 뼈를 깎는 아픔(손절)을 감수하지 않으면, 시장이 당신의 목을 베어가는(청산) 꼴을 보게 될 것입니다.

청산 (Liquidation)

마진·선물 등 레버리지 거래에서 손실이 증거금을 초과할 때 플랫폼이 강제로 포지션을 정리해 더 큰 손실을 막는 과정

펀딩비 (Funding Fee) [심화 용어 ★★★]

"무기한의 자유를 누리는 대가, 균형을 맞추는 보이지 않는 손"

전통적인 선물(Futures)에는 '만기일'이 있습니다. 만기일이 되면 선물

가격과 현물 가격은 강제로 같아집니다. 하지만 암호화폐 시장에는 만기가 없는 '무기한 선물(Perpetual Futures)'이 주류입니다. 만기가 없으니 이론적으로 선물 가격은 현물 가격과 상관없이 하늘 끝까지 오르거나 땅 끝까지 떨어질 수 있습니다. 이 괴리를 막기 위해 도입된 천재적인 발명품이 바로 '펀딩비(Funding Fee)'입니다. 펀딩비는 거래소가 가져가는 수수료가 아니라, **롱(매수) 포지션과 숏(매도) 포지션 보유자끼리 주고받는 이자**입니다. 가격의 균형을 맞추기 위해 한쪽이 다른 한쪽에 돈을 주며 포지션을 유지하게 만드는, 일종의 페널티이자 인센티브 시스템입니다.

롱이 숏에게 줄까, 숏이 롱에게 줄까? (양수와 음수) 펀딩비는 보통 8시간마다 정산됩니다. 핵심은 '누가 더 많은가'입니다.

양수(+) 펀딩비: 사람들이 상승을 기대해 롱 포지션이 많아지면, 선물 가격이 현물보다 비싸집니다. 이때는 **롱 잡은 사람이 숏 잡은 사람에게** 펀딩비를 줍니다. "너희가 가격을 너무 올리고 있으니, 균형을 맞추는 숏에게 보너스를 줘라"는 논리입니다.

음수(-) 펀딩비: 반대로 하락장이어서 숏 포지션이 많아지면, 선물 가격이 현물보다 싸집니다. 이때는 **숏 잡은 사람이 롱 잡은 사람에게** 펀딩비를 줍니다.

상승장에서 롱을 잡고 가만히 있으면, 8시간마다 계좌에서 돈이 빠져나가 숏 투자자의 주머니로 들어갑니다. 반대로 숏 투자자는 가만히 있어도 꼬박꼬박 이자가 들어옵니다.

펀딩비 매매 이 원리를 이용한 것이 고수들의 **'펀딩비 따먹기(갭 투자)'** 전략입니다. 예를 들어 상승장에서 1배 숏을 칩니다. 가격이 오르면 손해를 보겠지만, 동시에 현물을 사두면(헷지) 자산 가치는 변하지 않습니다(

델타 뉴트럴). 이 상태로 가만히 있으면, 상승장에 흥분한 롱 투자자들이 바치는 펀딩비를 꼬박꼬박 챙길 수 있습니다. 연환산 수익률이 10~30% 에 달하기도 하는, 코인판의 대표적인 '무위험 차익거래' 전략입니다.

투자자의 결론: 시장의 과열을 읽는 온도계 펀딩비는 시장의 심리를 가장 정확하게 보여주는 '탐욕의 온도계'입니다. 펀딩비가 평소보다 터무니없이 높다면(예: 0.1% 이상), 시장이 '무분별한 상승'에 취해 있다는 뜻입니다. 이때는 롱 포지션을 잡는 것이 매우 위험합니다. 버는 돈보다 펀딩비로 나가는 돈이 더 많을 수도 있고, 곧 조정이 올 확률이 높기 때문입니다. 반대로 펀딩비가 마이너스로 깊게 내려갔다면, 대중이 공포에 질려 숏을 치고 있다는 뜻이므로 역발상으로 매수를 고려해 볼 만한 시점입니다. 펀딩비는 당신이 지금 대중과 함께 쏠려 있는지, 아니면 냉정하게 시장을 보고 있는지를 알려주는 청구서입니다.

펀딩비 (*Funding Fee*)
무기한 선물 시장에서 롱·숏 포지션 간 가격 균형을 맞추기 위해 주기적으로 서로 지급하는 비용으로, 현물·선물 가격 차이를 좁히는 역할

역프리미엄 [심화 용어 ★★★]

"전 세계 최저가 세일 중, 공포가 만들어낸 바겐세일 구간"

한국의 코인 가격이 해외보다 비싼 현상을 '김치 프리미엄(김프)'이라고 합니다. 반대로 **한국 가격이 해외보다 더 싼 현상**을 '역프리미엄(역프)'이라고 부릅니다. 예를 들어, 바이낸스(해외)에서는 비트코인이 1억원에 거래되는데, 업비트(한국)에서는 9,800만원에 거래된다면 약 -2%의 역

프가 발생한 것입니다. 이는 직구 사이트에서 100만원짜리 아이폰을 한국 매장에서 98만원에 파는 것과 같은 기이한 상황입니다. 이론적으로는 한국에서 사서 해외로 보내 팔면 앉은자리에서 돈을 벌 수 있는데, 왜 이런 가격 괴리가 사라지지 않는 걸까요?

원화 강세의 착시, 혹은 탈출 러시 역프가 발생하는 원인은 크게 두 가지입니다. 첫째, '환율의 급변'입니다. 달러 가치가 급격히 떨어지거나 원화 가치가 오르면, 해외 코인 가격(달러 기준)을 원화로 환산했을 때 일시적으로 한국 가격보다 비싸지는 계산이 나옵니다. 둘째, '국내 투자자들의 패닉 셀'입니다. 해외보다 한국 투자자들이 더 공포에 질려 코인을 투매할 때 역프가 발생합니다. "해외는 버티는데 한국만 던진다"는 뜻이죠. 또한, 고래들이 현금화를 위해 대량 매도를 할 때도 일시적인 역프가 발생합니다. 이는 시장의 심리가 '극단적인 공포'나 '무관심'에 빠져 있음을 보여주는 증거입니다.

재정거래의 장벽: 그림의 떡인가, 기회인가? 역프가 발생하면 소위 '보따리상(재정거래)'의 기회가 열립니다. 한국에서 싸게 사서 해외로 보내 비싸게 판 뒤, 그 달러를 다시 한국으로 가져오면 무위험 수익을 낼 수 있기 때문입니다. 하지만 한국의 **외국환거래법**은 개인이 해외 거래소로 거액을 송금하거나 차익을 다시 들여오는 것을 엄격하게 제한합니다. 이 '장벽' 때문에 가격 괴리가 즉시 해소되지 않고 유지되는 것입니다. 전문 트레이더들은 해외에 있는 자산을 한국으로 들여와야 할 때, 일부러 역프가 낄 때를 기다려 환전 비용을 아끼기도 합니다.

투자자의 결론: 역프일 때가 매수 적기다 역사적으로 '김프'가 10~20%씩 꼈을 때는 고점인 경우가 많았고, 반대로 '역프'가 발생했을 때는 저점인 경우가 많았습니다. 역프는 "지금 한국 시장은 코인에 대한 인기가 식

을 대로 식어서, 거품이 완전히 빠진 상태입니다"라고 말해주는 신호이기 때문입니다. 남들이 웃돈(김프)을 주고 살 때 팔고, 남들이 할인(역프)해서 던질 때 사는 것. 이것이 대중과 반대로 움직여 수익을 내는 역발상 투자의 기본입니다. 차트의 가격뿐만 아니라, 김프 사이트에 뜬 파란색 숫자(역프)를 확인하는 습관을 기르십시오.

역프리미엄 (역프)
선물 가격이 현물 가격보다 낮게 형성되는 상태

교차 / 격리 마진 [심화 용어 ★★★]

"전체를 담보로 잡힐 것인가, 손실을 최소화 할 것인가?"

선물 거래소 기본 설정은 대부분 '교차(Cross)'입니다. 모르고 거래하다 청산당하면, 포지션에 넣은 돈뿐만 아니라 지갑의 나머지 돈까지 몽땅 사라지는 마술을 경험하게 됩니다. 담보금(증거금) 운용 방식은 두 가지입니다. 모든 잔고를 공유하는 '교차'와, 해당 포지션 금액만 거는 '격리'입니다. 이 설정 버튼 하나가 당신의 파산 여부를 결정짓습니다.

교차 마진(Cross): 운명 공동체, 혹은 연좌제 교차 마진은 지갑 내 '모든 자산'을 담보로 잡습니다. 비트코인에서 손실이 나도, 이더리움 수익이나 현금(USDT)이 있다면 서로 잔고를 공유해 버팁니다. 청산가를 늦출 수 있다는 장점이 있지만, 치명적 단점이 있습니다. 비트코인이 폭락하면 손실을 메우기 위해 다른 수익금과 현금까지 모조리 빨려 들어갑니다. 결국 잔고가 '0'이 될 때까지 멈추지 않습니다. 하나가 망하면 다 같이 죽는 '연좌제'와 같습니다.

격리 마진(Isolated): 방어벽을 세우다 반면 격리 마진은 주문 시 설정한 '그 금액만큼만' 담보로 잡습니다. 100만원 중 10만원만 걸었다면, 청산당해도 딱 10만원만 사라지고 남은 90만원은 안전합니다. 담보금이 적어 교차보다 청산가가 타이트하게 잡히지만, 전체 자산을 지키기 위한 '손절의 자동화'이자 '방어벽' 역할을 합니다.

투자자의 결론: 초보자는 무조건 '격리'로 시작하라 고수나 기관은 헷지(Hedge)를 위해 교차 마진을 쓰지만, 개인 투자자에게 교차 마진은 '독이 든 성배'입니다. "물 타서 버텨야지" 하다가 전 재산을 날리는 지름길이기 때문입니다. 거래 버튼을 누르기 전 반드시 확인하십시오. 화면 상단에 'Isolated(격리)'라고 적혀 있는지 말입니다. 격리 마진은 당신이 시장에서 퇴출당하지 않고 다음 기회를 노릴 수 있게 해주는 최후의 안전장치입니다.

개념 한 줄 정리

교차 마진 (Cross Margin)

계좌 전체 잔고를 증거금으로 함께 사용해 포지션을 유지하는 방식

격리 마진 (Isolated Margin)

해당 포지션에 넣은 증거금만 사용하는 방식

트래블 룰 (Travel Rule) [심화 용어 ★★★]

"자금의 꼬리표를 추적하다, 익명성의 종말과 제도권의 시작"

비트코인의 탄생 철학은 '익명성'과 '자유'였습니다. 은행을 거치지 않고도 누구나 자유롭게 돈을 주고받을 수 있는 세상이었죠. 하지만 암호화

폐 시장이 커지자 각국 정부와 국제자금세탁방지기구(FATF)는 제동을 걸었습니다. "누가 누구에게 보냈는지 이름표를 붙이지 않으면, 이 판을 엎어버리겠다"는 경고였습니다. 이 경고가 현실화된 것이 바로 '트래블 룰(Travel Rule)'입니다. 코인이 이동(Travel)할 때, 보내는 사람과 받는 사람의 신원 정보를 거래소끼리 공유하도록 강제하는 규칙입니다. 이는 코인이 더 이상 어둠의 자식이 아니라, 은행 송금과 같은 '금융 시스템'의 일부로 편입되었음을 알리는 신고식과도 같습니다.

100만원 이상의 이체: 꼬리표가 붙는 순간 한국은 전 세계에서 트래블 룰을 가장 엄격하게 적용하는 나라 중 하나입니다. 국내 거래소(업비트, 빗썸 등)에서 100만원 이상의 코인을 다른 곳으로 보낼 때, 받는 사람의 이름과 지갑 주소 주인이 일치하는지 확인되지 않으면 전송이 거부됩니다. 과거에는 지갑 주소만 알면 묻지도 따지지도 않고 보낼 수 있었지만, 이제는 거래소끼리 서로 신원 정보를 주고받을 수 있는 '솔루션(Code, VerifyVASP 등)'이 연결되어 있어야만 송금이 가능합니다. 연결되지 않은 해외 거래소나 신원 확인이 안 된 개인 지갑으로의 전송은 차단됩니다. 마치 공항 검색대처럼, 신원이 확실한 자금만 통과시키는 '디지털 검문소'가 세워진 것입니다.

불편함과 투명성 사이의 딜레마 투자자 입장에서 트래블 룰은 매우 귀찮은 존재입니다. 내 돈을 내가 보내는데도 승인을 받아야 하고, 해외 거래소와의 차익거래(김프 매매)도 까다로워졌습니다. 탈중앙화 정신이 훼손되었다는 비판도 거셉니다. 하지만 이 불편함의 대가로 얻은 것은 '신뢰'입니다. 자금 세탁이나 테러 자금 조달에 쓰일 수 있다는 오명을 벗으면서, 기관 투자자(블랙록, 피델리티 등)들이 시장에 진입할 수 있는 명분이 생겼습니다. 트래블 룰은 거대 자본이 들어오기 위해 닦아놓은 도로 포장 공사였던 셈입니다.

투자자의 결론: 가두리 양식장의 형성 트래블 룰은 거래소 간의 장벽을 높여 '가두리(고립된 시장)' 현상을 심화시킵니다. 입출금이 자유롭지 못하면 특정 거래소의 가격이 다른 곳보다 비정상적으로 오르거나 내리는 현상이 자주 발생합니다. 트래블 룰 시행 이후, 자유로운 차익거래가 막히면서 국가 간, 거래소 간 가격 괴리(김치 프리미엄 등)가 해소되지 않고 오래 지속되는 경향이 있습니다. 투자자는 코인을 전송하기 전에 반드시 확인해야 합니다. **"내가 보내려는 거래소가 트래블 룰 연동이 되어 있는 곳인가?"** 자칫하다가는 코인이 허공에 묶여 오도가도 못하는 낭패를 볼 수 있습니다. 규제는 시장을 안전하게 만들지만, 그만큼 투자자의 자유도를 제한하는 양날의 검입니다.

개념 한 줄 정리

> **트래블 룰 *(Travel Rule)***
>
> 가상자산을 일정 금액 이상 전송할 때 송·수신자 정보가 함께 기록·전달되도록 의무화한 규제

KYC (고객확인제도) [심화 용어 ★★★]

"익명의 가면을 벗고, 제도권의 신분증을 제시하는 통과 의례"

초기 비트코인 지지자들은 '익명성(Anonymity)'을 생명처럼 여기는 사이퍼펑크(Cypherpunk)들이었습니다. 그들은 정부의 간섭 없이 누구나 자유롭게 지갑을 만들고 돈을 보낼 수 있는 세상을 꿈꿨습니다. 하지만 암호화폐 시장이 수천조원 규모로 커지자, 각국 정부는 "누가 거래하는지 신원을 밝히라"고 요구하기 시작했습니다. 이 요구에 따라 도입된 절차가 바로 'KYC(Know Your Customer)', 즉 고객 확인 제도입니다. 은

행 계좌를 만들 때 신분증을 내는 것과 똑같이, 암호화폐 거래소에 가입할 때 여권이나 운전면허증을 찍어 보내고 얼굴 인식을 통해 "내가 실재하는 사람임"을 증명하는 과정입니다. 이제 KYC 없이는 중앙화 거래소(CEX)에서 코인을 사고파는 것이 불가능해졌습니다.

자금 세탁 방지(AML)의 최전선 거래소들이 귀찮은 KYC를 의무화한 이유는 딱 하나, '자금 세탁 방지(AML)' 때문입니다. 북한 해커가 훔친 코인이나 마약 거래상이 번 돈이 거래소를 통해 현금화되는 것을 막으려면, 지갑 주소 뒤에 숨은 '주인'을 알아야 합니다. 만약 어떤 거래소가 KYC를 소홀히 한다면? 그 거래소는 범죄 자금의 세탁소로 낙인찍혀 국제적인 제재를 받고 문을 닫게 됩니다. 바이낸스(Binance) 같은 거대 거래소도 규제 당국의 압박에 못 이겨 모든 유저에게 강도 높은 KYC를 의무화했습니다. 이제 KYC는 거래소의 '생존 면허'이자, 코인 시장이 양지로 나오기 위한 '입장료'가 되었습니다.

탈중앙화 정신과의 충돌 (DeFi의 고민) 하지만 KYC는 블록체인의 근본 정신인 '무허가성(Permissionless)'과 정면으로 충돌합니다. "은행 없는 금융"을 외쳤는데, 결국 은행처럼 신원 확인을 해야 한다면 무슨 차이가 있냐는 비판입니다. 특히 탈중앙화 거래소(DEX)나 디파이(DeFi) 진영에서는 이 문제가 뜨거운 감자입니다. 규제 당국은 디파이에도 KYC를 도입하라고 압박하지만, 지갑 연결만으로 작동하는 디파이의 특성상 이를 구현하기가 기술적, 철학적으로 어렵기 때문입니다. 향후 규제 준수형 'Permissioned DeFi(허가형 디파이)'와 순수 '익명 DeFi'로 시장이 쪼개질 가능성이 높습니다.

투자자의 결론: 계정을 지키는 안전벨트 많은 투자자가 KYC 과정을 귀찮아하거나 개인정보 유출을 우려해 꺼립니다. 하지만 역설적으로 KYC

는 '내 돈을 지키는 안전벨트'입니다. 해킹으로 내 계정의 비밀번호가 털렸을 때, KYC 인증이 되어 있다면 "이 계정은 내 것"이라고 소명하고 자산을 동결하거나 찾을 수 있습니다. 반대로 인증되지 않은 계정은 비밀번호를 잃어버리는 순간 소유권을 증명할 방법이 요원해집니다. 또한, 트래블 룰 시행으로 인해 KYC 수준이 낮은 계정은 입출금이 제한될 수 있습니다. 거래소가 요구하는 최고 단계의 인증을 미리 마쳐두는 것이, 급변하는 시장에서 내 자산의 이동성(Mobility)을 확보하는 길입니다.

KYC (Know Your Customer, 고객확인제도)
금융기관·거래소 등이 고객의 신원·주소·자금 출처 등을 확인해 자금세탁·사기·불법거래를 방지하는 규제 절차

AML (자금세탁방지) [심화 용어 ★★★]

"검은 돈을 추적하는 디지털 수사관, 제도권을 위한 필수 면허"

비트코인 초창기, 암호화폐는 마약 거래 사이트(실크로드)나 해커들의 몸값 요구 수단으로 주로 쓰였습니다. "추적이 불가능하다"는 오해 때문이었습니다. 하지만 이제 상황은 완전히 역전되었습니다. 각국 정부와 규제 기관은 **AML(자금세탁방지)** 시스템을 통해 코인의 이동 경로를 현미경 들여다보듯 감시하고 있습니다. AML은 범죄 자금, 테러 자금, 탈세 자금이 금융 시스템을 통해 합법적인 돈으로 세탁되는 것을 막기 위한 법적·기술적 조치를 총칭합니다. 암호화폐 거래소가 은행 실명 계좌를 트고 영업할 수 있는 것도, 블랙록 같은 거대 자산운용사가 비트코인 ETF를 출시할 수 있는 것도 모두 이 AML 시스템이 완비되었기 때문에 가능

한 일입니다. 즉, AML은 코인 시장이 양지로 나오기 위해 획득해야만 했던 '제도권 면허증'입니다.

현금보다 추적이 더 쉽다 (온체인 데이터의 역설) 아이러니하게도 블록체인은 자금 세탁범들에게 최악의 도구입니다. 현금 007 가방은 건네주면 끝이지만, 코인은 생성되는 순간부터 이동하는 모든 경로가 블록체인 장부(Ledger)에 영원히 박제되기 때문입니다. 체이널리시스(Chainalysis) 같은 블록체인 데이터 분석 기업들은 이 장부를 분석해 지갑의 주인이 누구인지, 이 돈이 해킹된 자금인지 아닌지를 식별해 냅니다. 만약 해커가 코인을 믹서(Mixer, 자금 추적을 어렵게 섞어주는 기술)에 넣어 세탁하려 해도, AML 시스템은 믹서에서 나온 자금을 '오염된 코인(Tainted Coin)'으로 낙인찍어 버립니다.

오염된 코인의 공포 AML 시스템에서 가장 무서운 것은 '낙인효과'입니다. 만약 당신이 P2P 거래나 검증되지 않은 경로를 통해 코인을 받았는데, 그 코인이 과거 해킹 사건에 연루된 지갑을 스쳐 지나온 것이라면? 거래소의 AML 알고리즘은 당신의 계정을 '자금 세탁 의심 계정'으로 분류하고 즉시 동결해 버립니다. 나는 범죄와 무관하더라도, 오염된 돈을 만졌다는 이유만으로 자산이 묶이고 강도 높은 조사를 받아야 합니다.

투자자의 결론: 깨끗한 돈만 살아남는다 AML 규제가 강화될수록 시장은 '화이트 리스트(깨끗한 지갑)'와 '블랙 리스트(범죄 연루 지갑)'로 명확히 나뉠 것입니다. 규제 준수형 디파이(Permissioned DeFi)나 대형 거래소는 오직 신원이 확인되고 자금 출처가 깨끗한 코인만 받습니다. 반면 익명성을 강조하는 다크코인이나 믹싱 서비스는 시장에서 퇴출당하거나 그들만의 지하 경제로 숨어들게 됩니다. 투자자라면 내 지갑과 코인이 AML 기준에서 안전한지 항상 점검해야 합니다. "블록체인은 익명

성을 보장하지만, 범죄를 숨겨주지는 않는다"는 사실을 기억하십시오.

가상자산 이용자 보호법 [심화 용어 ★★★]

"무법지대의 종말, 제도권 금융으로 들어서는 첫 번째 관문"

오랫동안 암호화폐 시장은 '서부 개척 시대'와 같았습니다. 하루아침에 코인이 상장 폐지되어도, 거래소가 해킹을 당해 돈이 사라져도, 시세 조종 세력이 가격을 장난쳐도 하소연할 곳이 없었습니다. 법이 없었기 때문입니다. 하지만 테라-루나 사태와 FTX 파산이라는 거대한 재앙을 겪으며, 대한민국 정부는 2024년 7월, 역사적인 법안을 시행했습니다. 바로 '가상자산 이용자 보호법'입니다. 이 법의 시행은 코인이 더 이상 '데이터 조각'이나 '도박 칩'이 아니라, 법적으로 보호받아야 할 '자산'으로 인정받았음을 의미하는 중대한 사건입니다.

내 돈은 거래소가 아니라 '은행'에 있다 이 법의 가장 큰 핵심은 '예치금의 분리 보관'입니다. 과거 일부 거래소들은 고객이 입금한 현금을 자신들의 운영비로 쓰거나, 위험한 투자를 하다가 날리기도 했습니다(제2의 FTX 사태 방지). 하지만 이제 모든 원화 거래소는 고객의 현금을 반드시 '은행'에 별도로 맡겨야 합니다. 거래소가 망하거나 파산하더라도, 은행이 고객에게 직접 돈을 돌려줄 수 있게 된 것입니다. 또한, 고객이 맡긴 코인의 80% 이상은 해킹이 불가능한 '콜드월렛(인터넷 차단 지갑)'에 보관하도록 강제하여 기술적 보안 수준을 획기적으로 높였습니다.

시세 조종 세력에게 종신형을 선고하다 투자자들이 가장 환영할 부분은 '불공정 거래 행위 금지' 조항입니다. 그동안 코인판에서는 미공개 정보를 이용해 미리 사두거나, 자전 거래로 거래량을 부풀려 개미를 꼬드기는 일이 비일비재했습니다. 이 법은 이런 행위를 주가 조작과 동일한 중범죄로 규정합니다. 적발 시 부당 이득의 최대 5배까지 벌금을 물리고, 심각한 경우 '무기징역'까지 선고할 수 있게 되었습니다. "코인으로 장난치면 인생이 끝장날 수 있다"는 공포를 심어줌으로써, 시장을 정화하는 강력한 억제력을 갖게 된 것입니다.

투자자의 결론: 규제를 준수하는 곳에서 거래하라 물론 규제가 생기면서 상장 절차가 까다로워지고, 일부 코인이 퇴출당하는 등 단기적인 위축이 올 수도 있습니다. 하지만 이는 썩은 살을 도려내는 과정입니다. 투자자는 이제 거래소를 고를 때 수수료나 이벤트보다 "이 거래소가 법을 얼마나 잘 지키고 있는가?"를 먼저 봐야 합니다. 법의 보호를 받지 못하는 해외의 중소형 거래소나 신원 불명의 재단이 운영하는 곳은 언제든 당신의 돈을 들고 튈 수 있습니다. 규제는 귀찮은 간섭이 아니라, 당신의 자산을 지키는 가장 강력한 울타리입니다.

개념 한 줄 정리

가상자산이용자보호법

가상자산 거래소 등이 해킹·횡령 등으로부터 이용자 자산을 안전하게 보호하도록 의무를 부과한 법

수탁 (Custody) [심화 용어 ★★★]

"기관 자금의 문을 열다. 디지털 자산의 '포트 녹스(Fort Knox)'"

개인 투자자는 자신의 비트코인을 USB 모양의 개인 지갑(하드월렛)에 넣거나, 거래소 계정에 방치해 둡니다. 하지만 수조원을 굴리는 국민연금이나 블랙록 같은 거대 기관이 그들의 자산을 담당 매니저의 USB에 보관할 수 있을까요? 만약 매니저가 비밀번호(프라이빗 키)를 잃어버리거나, USB를 들고 도망간다면? 상상만 해도 끔찍한 일입니다. 그래서 기관 투자자들은 코인 시장에 진입하기 위해 반드시 제3의 전문 관리자를 찾습니다. 대신 보관해 주고, 관리해 주고, 사고가 나면 책임져 줄 존재. 바로 **'수탁(Custody)'** 서비스입니다. 커스터디는 암호화폐가 '개인의 장난감'에서 '기관의 자산'으로 격상되기 위한 필수 인프라입니다.

비밀번호를 잃어버려도 돈을 찾을 수 있는 유일한 방법 블록체인의 철칙은 "키가 없으면 코인도 없다(Not your keys, not your coins)"입니다. 개인이 프라이빗 키를 분실하면 그 돈은 영원히 찾을 수 없습니다. 은행처럼 "비밀번호 찾기" 기능이 없기 때문입니다. 하지만 수탁 서비스는 다릅니다. 그들은 군사 등급의 보안 시설을 갖춘 지하 벙커에 인터넷이 차단된 콜드월렛을 두고, 열쇠를 여러 개로 쪼개어(멀티시그) 보관합니다. 또한 막대한 보험에 가입되어 있어 해킹이나 분실 사고가 나도 보상을 해줍니다. 기관들이 안심하고 돈을 맡길 수 있는 유일한 '디지털 은행 금고'인 셈입니다.

ETF 승인의 숨은 공신 2024년 비트코인 현물 ETF가 미국 승인을 받을 수 있었던 결정적인 이유도 바로 이 수탁 시스템이 완성되었기 때문입니다. 블랙록 같은 운용사는 비트코인을 직접 들고 있지 않습니다. 코인베이스 커스터디(Coinbase Custody) 같은 전문 수탁 업체에 실물을 맡겨두고, 그 보관증을 바탕으로 ETF 상품을 팝니다. 또한, 수탁은 '거래와 보관의 분리'를 실현합니다. FTX 사태처럼 거래소가 고객 돈을 몰래 빼돌려 투자하는 것을 막기 위해, 매매는 거래소에서 하더라도 실제 자산은 제3의 수탁사에 보관하게 하는 것이 규제의 핵심 트렌드입니다.

투자자의 결론: 수탁사가 돈을 벌면 시장이 커진다 개인이 수탁 서비스를 직접 이용할 일은 드뭅니다(주로 B2B). 하지만 투자자는 수탁 시장의 성장을 예의주시해야 합니다. 코인베이스, 뉴욕멜론은행(BNY Mellon), 피델리티 같은 전통 금융의 거인들이 수탁 사업에 진출한다는 뉴스는, 곧 "기관 자금이 들어올 고속도로가 뚫리고 있다"는 가장 확실한 신호이기 때문입니다. 수탁(Custody)은 돈 많은 고래들이 마음 놓고 헤엄칠 수 있게 만드는 거대한 수조(Water Tank)와 같습니다.

개념 한 줄 정리

수탁 *(Custody)*

가상자산을 전문 기관이 대신 보관·관리하는 서비스

증권형 vs 유틸리티 토큰 [심화 용어 ★★★]

"주식인가, 디지털 쿠폰인가? 정체성을 확보하려는 SEC와의 전쟁"

지난 몇 년간 암호화폐 시장을 가장 공포에 떨게 만든 단어는 '해킹'도 '금리'도 아닌, 바로 'SEC(미국 증권거래위원회)'였습니다. SEC는 리플(XRP), 솔라나, 에이다 등 수많은 코인을 지목하며 "너희는 코인이 아니라, 등록되지 않은 불법 증권(Security)이다!"라고 소송을 걸었습니다. 이 싸움의 핵심은 코인의 정체성입니다. 만약 코인이 '증권형'으로 판명 나면, 주식처럼 까다로운 공시 의무와 거래 제한을 받아야 하므로 기존 거래소에서 상장 폐지될 수도 있습니다. 반면 '유틸리티'로 인정받으면, 서비스 이용권(쿠폰)처럼 비교적 자유롭게 거래될 수 있습니다. 코인의 운명이 달린 법적 줄다리기인 셈입니다.

하위 테스트(Howey Test): 100년 전 잣대로 코인을 재단하다 증권인지 아닌지를 가르는 기준은 1946년 판례에서 유래한 '하위 테스트(Howey Test)'입니다. 핵심 질문은 이것입니다. "투자자가 타인의 노력으로 인한 이익(수익)을 기대하고 돈을 투자했는가?"

YES (증권형): 재단이 "우리 코인 사면 개발 열심히 해서 가격 올려줄게"라고 홍보했고, 투자자가 오직 시세차익만 노리고 샀다면? 이는 사실상 '주식'과 다름없으므로 증권법의 규제를 받아야 합니다.

NO (유틸리티): 이더리움처럼 네트워크를 사용하는 데 필요한 가스비로 쓰이거나, 특정 서비스를 이용하기 위한 티켓 성격이라면? 이는 '상품(Commodity)'이나 '이용권'에 가까우므로 증권이 아닙니다.

리플(XRP) 판결의 교훈: 판매 방식이 중요하다 최근 법원은 리플 소송에서 "거래소에서 대중에게 판 것은 증권이 아니지만, 기관에게 직접 판 것은 증권이다"라는 솔로몬의 판결을 내렸습니다. 코인 자체의 속성보다 '어떻게 팔았느냐'가 중요하다는 것입니다. 미래의 수익을 약속하며 자금을 모집(ICO)했다면 증권일 확률이 높고, 이미 완성된 생태계 안에서 화폐처럼 쓰이고 있다면 증권이 아닐 확률이 높습니다. 비트코인이 유일하게 SEC의 시비에서 자유로운 이유는, "가격 올려줄게"라고 약속한 주인(재단)이 없기 때문입니다.

투자자의 결론: 규제의 안개가 걷혀야 진짜 봄이 온다 증권형으로 분류되는 것이 무조건 나쁜 것은 아닙니다. STO(토큰 증권) 시장이 열리면

법적 보호를 받으며 당당하게 거래될 수 있습니다. 하지만 과도기인 지금, SEC의 소송 대상이 된다는 것은 지루한 법적 공방과 가격 하락을 의미합니다. 투자하려는 코인이 '재단의 홍보와 노력'에만 전적으로 의존하고 있는지, 아니면 '실제 사용처와 생태계'를 가지고 있는지 확인하십시오. 전자는 증권 시비에 휘말릴 위험이 크지만, 후자는 규제의 파도를 넘어 살아남을 가능성이 높습니다. 불확실성이 해소되는 날, 코인 시장은 투기판을 넘어 진정한 자산 시장으로 도약할 것입니다.

개념 한 줄 정리

증권형 토큰 *(Security Token)*

투자 성격을 가진 토큰으로, 전통적 증권과 유사해 증권 규제를 적용

유틸리티 토큰 *(Utility Token)*

서비스 이용·결제·권한 제공 등 특정 플랫폼 내 기능 수행을 위해 사용

CBDC (중앙은행 디지털 화폐) [심화 용어 ★★★]

"현금의 종말, 모든 것을 지켜보는 '빅 브라더' 화폐의 탄생"

비트코인이 세상에 나오자 각국 정부와 중앙은행은 두려움을 느꼈습니다. 국가가 독점하던 '화폐 발행 권력'이 흔들릴 수 있다는 위기감 때문이었습니다. 이에 대한 국가의 반격이 바로 'CBDC(중앙은행 디지털 화폐)'입니다. CBDC는 비트코인처럼 블록체인(또는 분산원장) 기술을 쓰지만, 결정적인 차이가 있습니다. 비트코인은 주인이 없는 탈중앙화 화폐지만, CBDC는 중앙은행(한국은행, 연준 등)이 직접 발행하고 관리하는 '디지털 법정 화폐'입니다. 즉, 지갑 속의 5만원권 지폐가 스마트폰 속의

데이터로 형태만 바뀐 것입니다. 하지만 이 형태의 변화는 인류의 경제 생활을 송두리째 바꿀 파괴력을 가집니다.

프로그래밍 가능한 돈 (Programmable Money) CBDC의 가장 무서운 점은 돈에 '꼬리표(조건)'를 달 수 있다는 것입니다. 예를 들어, 경기 부양을 위해 재난지원금을 CBDC로 지급하면서 "이 돈은 한 달 안에 안 쓰면 사라집니다"라는 코드를 심을 수 있습니다. 또는 "이 돈으로는 술이나 담배를 살 수 없습니다"라고 제한을 걸 수도 있습니다. 심지어 마이너스 금리를 적용해, 저축하지 말고 강제로 소비하게 만들 수도 있습니다. 중앙은행 입장에서는 통화 정책의 효과를 즉각적으로, 그리고 강제적으로 집행할 수 있는 꿈의 도구지만, 사용자 입장에서는 내 돈을 내 마음대로 쓰지 못하게 되는 통제의 시작일 수 있습니다.

프라이버시의 실종: 디지털 판옵티콘 현금의 최대 장점은 '익명성'입니다. 내가 편의점에서 현금으로 무엇을 샀는지 정부는 알 수 없습니다. 하지만 CBDC는 다릅니다. 모든 거래 내역이 중앙은행의 장부에 실시간으로 기록됩니다. 국가는 국민이 언제, 어디서, 무엇을, 얼마에 샀는지 1원 단위까지 들여다볼 수 있게 됩니다. 탈세나 범죄 자금 추적에는 탁월하겠지만, 개인의 사생활이 국가 감시망 아래 놓이는 **'디지털 판옵티콘(Panopticon)'** 사회가 도래한다는 우려가 나오는 이유입니다.

투자자의 결론: 비트코인의 적(敵)인가, 동지인가? 많은 사람이 "CBDC가 나오면 비트코인은 망할 것"이라고 말합니다. 국가가 보증하는 디지털 화폐가 있는데 굳이 변동성 큰 비트코인을 쓸 이유가 없다는 논리입니다. 하지만 역설적으로 CBDC의 등장은 비트코인의 가치를 증명해 줍니다. 국가의 감시와 통제가 강해질수록, 누구의 간섭도 받지 않고 내 자산을 온전히 소유할 수 있는 '검열 저항성(Censorship Resistance)' 자

산인 비트코인의 수요는 오히려 늘어날 수 있기 때문입니다. CBDC는 디지털 지갑 사용을 대중화하여 코인 시장의 진입 장벽을 낮추는 '동지'가 될 수도, 개인의 금융 자유를 옥죄는 '적'이 될 수도 있습니다. 화폐 전쟁의 서막은 이제 막 올랐습니다.

CBDC (Central Bank Digital Currency, 중앙은행 디지털 화폐)
중앙은행이 직접 발행하는 디지털 형태의 법정화폐로, 현금과 동일한 가치를 지니며 안정성·효율성을 높이기 위해 국가가 운영하는 디지털 화폐 시스템

[마치며]

원고를 쓰며 스스로 자문했습니다. 우리가 주저하는 이유는 자본의 부족인가, 이해의 부족인가? 두려움은 실패보다 알지 못하는 세계에 대한 불안에서 옵니다. 낯선 용어와 숫자 앞에서 판단을 멈추는 바로 그 지점에서 이 책은 출발했습니다.

재테크는 재능이 아닌 언어의 문제입니다. 자본의 언어를 모르면 판단도 선택도 할 수 없고, 결국 결과만 뒤늦게 바라보게 됩니다. 그래서 이 책은 막연한 수익을 약속하기보다, 독자를 '이해의 자리'까지 데려가는 데 집중했습니다.

가장 경계한 것은 '쉽게 말하되 가볍지 않게' 하는 것이었습니다. 지나친 단순화는 오히려 판단력을 흐리기에, 용어 하나를 설명하더라도 그 이면의 위험과 기회를 함께 담았습니다. 투자는 불완전한 정보 속에서 이어지는 선택의 연속이기 때문입니다.

책을 덮는 순간 모든 답을 얻을 순 없겠지만, 뉴스가 다르게 보이고 타인의 말에 흔들리지 않는 기준 하나는 남기를 바랍니다. 재테크의 첫걸음은 계좌 개설이 아니라, 이해하려는 태도라고 믿습니다.

부디 이 책이 돈을 버는 기술을 넘어, '돈을 대하는 자세'를 돌아보는 계기가 되길 바랍니다. 숫자보다 판단이, 속도보다 방향이 중요하다는 사실을 기억하며 여러분의 선택을 응원합니다.

[찾아보기]

재테크가 막막한 당신을 위한 초보 탈출 가이드

한 권으로 끝내는 재테크 용어사전

초판 1쇄 발행 2026년 1월 20일

지은이   주정엽
발행인   박용범
펴낸곳   리프레시

출판등록 제 2015-000024호 (2015년 11월 19일)
주소   경기 의정부시 평화로 471, 418호
전화   031-876-9574
팩스   031-879-9574
이메일   mydtp@naver.com

편집책임 박용범
디자인   리프레시 디자인팀
마케팅   JH커뮤니케이션

ISBN 979-11-995317-4-1 (13320)